가장 쉬운 독학

NO.1 경매 멘토 새벽하늘
대한민국

부동산 첫
경매 걸음

가장 쉬운 독학 새벽하늘 부동산 경매 첫걸음

초판 1쇄 발행 2024년 3월 15일
초판 2쇄 발행 2024년 5월 15일

지은이 김태훈
발행인 김태웅
기획 김귀찬
편집 유난영
표지 디자인 남은혜
본문 디자인 고희선
표지 일러스트 김동호
마케팅 총괄 김철영
제작 현대순

발행처 (주)동양북스
등록 제 2014-000055호
주소 서울시 마포구 동교로22길 14(04030)
구입 문의 전화 (02) 337-1737 팩스 (02) 334-6624
내용 문의 전화 (02) 337-1763 이메일 dybooks2@gmail.com

ISBN 979-11-7210-013-1 03320

ⓒ김태훈, 2024

가장 쉬운 독학

NO.1 경매 멘토 새벽하늘
대한민국

부동산 경매 첫걸음

새벽하늘(김태훈) 지음

동양북스

2024~2026년 경매로 인생을 바꿀 만한 엄청난 기회가 다가오고 있다고 최근 각종 방송 매체에서 기회가 될 때마다 이야기를 하고 있다. 바야흐로 경매의 전성시대가 다시 시작되고 있는 것이다. 투자의 기본은 물건을 싸게 사는 것이다. 부동산을 싸게 살 수 있는 가장 좋은 방법은 바로 경매이다. 시장에 경매 매물이 많지 않은 시기에는 경매로 돈을 벌기가 쉽지 않다. 하지만, 최근 경매 데이터를 보면 경매 건수는 갈수록 증가하고 있는 데 반해, 매각률은 상당히 낮은 수준이다. 이는 경매 물건은 많은데, 아직은 매각이 잘 안 되고 있다는 것을 의미한다. 쉽게 말해 물 반, 고기 반의 경매 시장이 열리고 있다고 할 수 있는 것이다. 이러한 시기에 초보자를 위한 아주 좋은 경매 기본서가 출간되었다. 경매 관련 서적은 보통 딱딱하고 재미없는 경우가 많은데, 이 책은 일상생활의 스토리에 경매를 녹여내어 재미와 유익함을 겸비한 완성도 높은 경매 서적이라고 할 수 있다. 20년 가까운 경매 실전 투자 노하우와 10년간의 경매 강의를 통해 검증된 최고의 경매 멘토인 새벽하늘 김태훈 대표의 신간을 통해 다가오는 절호의 경매 기회를 잘 잡아 보자.

김기원
리치고 대표, 〈빅데이터 부동산 투자 2022 ~ 2023 대전망〉 저자

부동산 경매를 배우고자 하는 사람들은 첫 시작부터 벽에 부딪힌다. 경매라고 하니 가뜩이나 쉽지 않게 느껴지는데 막상 공부를 시작해 보면 어려운 법률용어 가득한 책과 강의 앞에서 주눅이 들 수밖에 없다. 그래서 부동산 경매 분야의 일타강사는 가장 쉽게 가르치는 사람이라는 말이 맞다. 내가 아는 부동산 경매 일타강사는 이 책의 저자 김태훈이다. 그는 실력도 뛰어나지만 경매를 정말 쉽게 가르친다. 오랜 시간 현장에서 쌓아 온 지식과 경험 덕택이다.

쉽지 않은 부동산 경매 이야기를 어쩌면 이렇게 잘 풀어냈을까. 저자의 내공에 연신 감탄하며 단숨에 책을 읽어 내려갔다. 저자의 별명이 괜히 '경매천재'가 아니라는 생각이 든다. 이 정도면 부동산 경매를 처음 접하는 사람도 얼마든지 쉽고 재미있게 공부할 수 있겠다는 확신이 든다. 저자가 현장에서 겪은 수많은 실전 사례를 스토리텔링 형식으로 녹여 낸 방식이 무척 새롭고 흥미롭다. 일부 사례는 마치 무협 소설을 보는 것처

럼 흥미진진하다.

쉽고 재미있고 유익한 부동산 경매 책을 찾고 있었다면 이 책이 딱이다. 이 책을 읽고 부동산 경매를 공부하여 경제적 자유에 한 걸음 가까워지게 될 당신을 응원한다.

청울림(유대열)
다꿈스쿨 대표, 〈나는 오늘도 경제적 자유를 꿈꾼다〉 저자

쉬우면서 재미있는 이야기 경매 책이라니! 아무리 좋은 내용도 이해하지 못하면 아무 득이 없는 법. 〈새벽하늘 부동산 경매 첫걸음〉의 스토리를 따라가다 보면 자연스레 경매의 기초부터 실전까지 한 번에 알 수 있다. 이 책의 저자 새벽하늘님은 10년 경매 노하우를 이 책 한 권에 제대로 담았다. 경매가 궁금하다면, 주인공과 힘께 우리의 진구 하늘이를 따라가 보자!

이현정
즐거운경매 대표, 〈나는 돈이 없어도 경매를 한다〉 저자

나락으로 간 경매 1세대 투자자들이 즐비한 가운데, 아직도 순수 경매로만 왕성한 투자와 강의를 하며 매년 전성기를 이어가고 있는 새벽하늘님의 신판! 경매 용어 참 딱딱합니다. 경매 절차도 복잡합니다. 이를 대화로 친절하게 풀어냈습니다. 어려운 내용도 공감과 이야기로 접근하면 쉽게 이해할 수 있습니다. 역시 대한민국에서 가장 쉽게 경매를 가르치는 전문가!

월용이(박지민)
월용청약연구소 소장, 〈청약 맞춤 수업〉 저자

혼돈의 부동산시장 상황에서 온갖 여러 가지 주장과 근거들은 부동산시장을 더 혼돈하게 하고 있다. 경매는 이런 시장에서 빛을 보는 상품이다. 본인은 25년간 부동산경매시장에서 강의도 많이 해 왔고 많은 교재를 보아 왔다. 이번 새벽하늘 김태훈 대표의 저서는 처음 시작하는 경매인들에게 그동안 왜 경매 공부를 했는지 후회하게 만들어주는 책이 될 것이다. 이 책은 "실전 경매를 위한 경매 공부는 10%만 해

도 충분하다"라는 말의 이유를 오랜 시장에서의 경험과 직접 깨달은 경매 노하우로 부드럽게 스토리텔링으로 전하고 있다.

경매에 어떻게 접근해야 할지 모르는 초보자에게 실전에서 유용한 기술을 아주 쉽게 알려 주는 지침서가 될 것이다.

고상철
㈜미스터홈즈 대표, 도시계획박사, 〈2024 메가랜드 공인중개사 부동산공법〉 저자

이 책은 초보 투자자들을 위한 경매 가이드북으로, 경매에 관심이 있는 사람들이 쉽고 재미있게 경매를 경험할 수 있도록 구성된, 경매 바이블과 같은 도서입니다. 또한 책의 내용이 등장인물들의 대화 형식으로 꾸려져 있어 독자들이 경매의 세계에 쉽게 몰입할 수 있도록 도와 줄 뿐만 아니라 경매에 대한 기본 개념부터 참여 방법, 투자 전략까지 구체적으로 다루고 있어 경매에 대한 이해도를 높이고 안전하게 투자할 수 있는 길을 안내합니다.

엄청난 위기와 기회가 공존하는 2024년!! 이 책과 함께라면 당신도 부자가 될 수 있습니다.

송도부자(남경엽)
㈜뉴빌드 대표, 〈집값 높여도 잘 팔리는 부동산 인테리어〉 저자

투자의 성공은 싸게 사서 비싸게 파는 것이 기본 원칙이고 그 성공을 위한 수단 중의 하나가 경매다. 〈새벽하늘 부동산 경매 첫걸음〉은 단순한 경매 서적이 아닌 저자의 지혜와 통찰력이 숨어 있는 경매 비법서와 같다. 불확실성이 커진 요즘 수많은 매물을 분석하고 숨은 진주 찾기와 리스크를 피하는 법까지 쉽게 알려 준 점이 상당히 매력적이고, 책의 서술 방식이 단순 암기식이 아닌 대화 형식이라 이해하기 쉽고 친근하다. 상식을 통한 재테크 통찰력에 자연스럽게 눈이 뜨이고 경제적인 자유인이 되기를 꿈꾼다면 경매는 선택이 아닌 필수라는 사실을 깨닫게 된다. 그런 깨달음과 함께 경매라는 또 다른 무기를 쉽고 자연스럽게 장착하게끔 구성되었다. 무엇보다 이 책의 차별점은 경매 학습에 유익할 뿐만 아니라 대화형 구성 방식이라 쉽고 재미있다는 것이다. 경매 분야의 초보자부터 노련한 투자자까지 경제적 자유의 기본을 익히고

경매 지식뿐만 아니라 투자의 통찰력까지 얻고자 한다면 이 책은 선택이 아닌 필수다.

별부자(김인화)
세무법인 BHL 대표, 〈세무사 사용 설명서〉 저자

10년 넘게 새벽하늘님을 투자 세계에서 지켜보아 온 나는 단연코 새벽하늘님을 이론과 실전의 문무를 겸비한 최고의 투자자이자 강사라고 말할 수 있다. 경매 투자의 모든 부분을 망라한 그는 어깨에 힘이 들어갈 법도 한데, 그의 한결같이 따스한 성품은 그를 더욱 빛나게 한다. 지식을 뽐내지 않으며 쉬운 경매, 누구나 할 수 있는 경매를 지향하는 그의 새 저서와 강의는 앞으로 다가올 신흥 부자가 될 기회를 당신 것으로 만들 수 있게 해 줄 강력한 길라잡이가 될 것임을 확신한다.

칼리오페(조영란)
㈜라니에 디자인 대표, 20년 차 부동산 전문 투자자 / 강사

경매! 수많은 사람이 어렵다, 두렵다며 도전해보지도 않고 포기한다. 그러나 새벽하늘 선생님의 강의를 접한 사람은 남달랐다. 나는 새벽하늘 선생님의 경매 실전 강의를 약 5년간 멤버십회원으로 수강하며 입찰과 패찰, 그리고 낙찰과 명도 과정을 경험하였다. 동료 회원들의 실제 사례들도 옆에서 지켜보았다. 경매의 과정은 아이의 성장 과정과 비슷해 보인다. 엉금엉금 기어다니기 수준에서 첫걸음마 그리고 걷기, 그다음은 각자 원하는 방향을 향해 달리기. 그러면서 어떤 이는 날개를 달고 비상한다. 이 모든 과정이 가능하도록 수강생을 성장시켜 주시는 이가 바로 새벽하늘 선생님이시다. 이번 출간 소식에 프롤로그를 읽어 보니 새벽하늘 선생님이 수강생들에게 경매의 툴로 더 싸게 매입해서 더 많은 수익을 만들라고 외치시던 모습이 떠오른다. 이번 책은 새벽하늘 선생님이 그동안 쌓아 오신 내공을 글로 풀어, 더 많은 이들이 경매 투자로 큰 수익을 낼 수 있도록 이정표를 제시해 주신 것이라고 생각한다.

금파(임규명)
일오삼 공인중개사 대표, 부동산 전문 투자자

대한민국에서 경매를 가장 쉽게 가르쳐 주시는 분은 누구? 바로 '새벽하늘 선생님'이라고 자부합니다. 난해하게만 느껴졌던 권리 분석과 외계어 같던 법률 용어를 이해하기 쉽게 설명해 주셔서, 누구나 몇 초 안에 권리 분석이 가능하게 만들어 주시죠. 두렵게만 느껴지던 명도도 선생님이 알려주신 절차대로만 하면 일사천리로 해결! 이 책의 스토리를 따라가시나 보면 "경매가 이렇게 쉬웠어?" 하며 자신감이 샘솟으실 거예요. 무조건 이기는 경매 투자의 시작은 새벽하늘 선생님의 〈부동산 경매 첫걸음〉으로!!

원더우먼 | 더원더하우스 대표, 직장인 투자자

항상 다주택자들을 부러워만 했습니다. 새벽하늘 선생님 덕분에 막연했던 다주택자의 꿈을 실현하고, 어렵기만 했던 경매에 직접 도전하였습니다. 세 자리 수 낙찰과 명도, 대한민국 경매계의 탑티어 새벽하늘 쌤!! 경매를 원하십니까? 부동산을 싸게 사고 싶으십니까? 다주택자가 되고 싶으십니까? 부동산 흐름, 각종 세금, 법인, 사업자, 쉬운 명도, 추천 물건까지 훑어 주시는 새벽하늘 쌤을 따라가세요!! 현장 강의도 적극 추천합니다. 무림의 고수들이 말씀하시더라고요. 이분은 찐입니다!! ^^

앞집할배 | 교수, 직장인 투자자

새벽하늘님의 경매실전 34기에서 경매를 배우고 두 달 후 제 인생 첫 낙찰을 받았습니다. 지금은 매각지급기한통지서를 설레는 마음으로 기다리고 있습니다. 새벽하늘님은 경매는 어려운 투자가 아니라는 것을 깨닫게 해 주셨습니다. 특히 저는 명도에 대한 두려움이 있었는데 소심한 성격의 여자도 자신감 있게 명도를 진행할 수 있는 방법을 명쾌하게 알려주십니다. 또한 부동산 시장의 흐름과 시장 상황 분석, 세금, 정책에도 능통한 부동산 투자의 전문가입니다. 저는 전문가에게 쉽고 재미있게 경매를 배우고 바로 실전 투자를 실행하였습니다. 새벽하늘님의 〈부동산 경매 첫걸음〉을 통해 쉽고 자신감 있게 경매를 시작하세요!

순백(서수정) | 직장인 투자자

제 인생 첫 경매 수업이 새벽하늘 선생님의 강의였고, 새벽하늘 선생님께 배운 그대로 A부터 Z까지 첫 낙찰과 명도를 끝내고 매도까지 했습니다. 새벽하늘 선생님은 만에 하나를 걱정하며 경매를 두려워하고 피했던 저에게 9999가지 경우의 쉽고 편한 경매에 대한 접근으로 큰 도움을 주신 분이십니다. 이번 책은 경매에 대한 막연한 두려움으로 선뜻 도전하지 못하는 분들에게 경매 성공의 쉽고 편한 길로 인도해 주는 길잡이 역할을 톡톡히 할 수학의 정석 같은 책입니다.

긍정대왕 ㅣ **직장인 투자자**

얼마 전 지인에게서 연락이 왔다. 투자가 아닌 본인이 살기 위한 아파트를 알아보는 중이라며 조언을 구하는 것이었다. 나는 그때 꼭 부동산 경매를 공부해 보길 권했다. 부동산 경매를 알면 내가 살고 있는 집 또는 내가 살아가게 될 집이 경매로 넘어가도 내 보증금을 지킬 가능성이 있는지에 대한 윤곽이 간략하게 보인다. 부동산 경매는 분명 어렵다. 하지만 이 책은 그 어려운 걸 우리가 살아가는 일상의 이야기로 쉽게 풀어 나간다. 대한민국 No.1 경매 멘토 새벽하늘님의 〈부동산 경매 첫걸음〉은 투자 목적이 아니더라도 우리가 사는 집이라는 부동산을 알기 위해서 꼭 읽어야 할 필독서이다.

그냥웃어요(김주성)
뽀송뽀송팜 대표, 직장인 투자자

정말 제대로 된 경매 기본서를 만들고 싶었다. '수학의 정석', '성문기본영어'처럼 부동산 경매 분야에 정석이 될 만한 책을 만들고 싶었다. 여기에 더해 지루하지 않은, 재미있는 책을 만들고 싶었다. 그 결과물이 바로 이 책이다.

경매 강의를 한 지 어느덧 10년이 넘었다. 경매에 막 입문하시는 분들을 위한 경매 기초 과정부터 부동산 경매 투자에 필요한 대출, 세금, 명도, 그리고 시장 흐름을 접목하여 추천 물건을 브리핑하는 경매 실전 과정, 마지막으로 특수물건 등을 다루는 고급 과정을 강의하고 있지만, 그중 강의하는 데 가장 어려운 파트는 단연코 기초 과정이다. '어려운 특수물건을 다루는 고급 과정이 아닌 기초 과정이 강의하는 데 가장 어렵다고?' 하는 의문을 가지실 수도 있다. 기초 과정이 강의하는 데 있어 가장 어려운 이유는 완전 초보를 대상으로 하여 어려운 법률용어부터 이해시켜야 하는 점도 있지만 모든 수강생 분을 이해시켜야 한다는 부담감 때문이다. 기초부터 막혀버린다면 그분들은 경매를 시작할 수 없다. 그래서 모두가 내용을 이해할 수 있도록, 정확한 지식을 기반으로 하여 어떻게 하면 좀 더 쉽고, 좀 더 재미있는 강의를 할 수 있을지 긴 시간 고민을 거듭하고 있다. 이 책은 그 고민의 결과물이자 10년 동안 미루어두고 하지 못했던 숙제의 완결판이다.

그동안 부동산 경매 관련하여 2권의 책을 출간했다. 공저까지 더한다면 총 4권의 책을 출간하였다. 그러나 정작 경매 기초에 관한 내용은 다루지 못했다.

부동산 경매 기초 과정 교재를 계속 업데이트하면서 그 내용을 책으로 엮으려는 계획을 세우게 되었다. 그러나 강의 없이 독자들에게 오로지 책으로만 경매를 이해시키기 위해서는 그보다 더 상세한 설명이 필요했다. 고민을 거듭하다가 구상한 것이 바로 일상생활에서 직간접적으로 경험할 수 있는 스토리에 경매를 녹여내는 것이었고, 이제야 그 책을 완성했다.

이 책의 내용은 주인공이 지인에게 돈을 빌려주고 돌려받지 못하는 상황에서부터 시작된다. 일련의 문제를 해결하기 위해 주인공이 경매에 도전하여 성공하기까지의 과정을 일상의 스토리로 다루었다. 그리고 경매 이론은 모두 경매 사건의 예시로 설명하였다. 정말 수많은 경매 사건의 예시를 담았다. 마지막으로 가장 중요한, 시장의 흐름에 따라 투자하는, 절대로 잃지 않는 투자를 넘어 높은 수익을 낼 수 있는 투자법에 관해 실제 낙찰 사례를 들어 설명하였다.

가벼운 마음으로 처음부터 읽어 나간다면 어느덧 입찰에서 명도까지 스스로 할 수 있는 수준에 이르는 놀라운 경험을 할 수 있을 것이다.

1 부동산 경매란?

2 권리 분석이 이렇게 간단한 거였어?

1

부동산 경매란?

1

경매 절차와 용어, 스토리만 알면
외울 필요 없다!

사건 번호는 이 사건의 이름표라고 생각하면 되는 거야.
나중에 검색할 때는 이 사건 번호만 입력해도 되고, 그리고 등기부에 보면
이 사건 번호가 기재되어 있지. 부동산 살 때도 마찬가지야.
경매라는 할인 카드를 사용하지 않을 이유가 없는 거지. 그래서 부동산 경매를
배우면 부동산 평생 할인 카드를 가지고 있는 셈인 거야.

▌ 부동산 경매란?

경수 아내 뭐?! 채무 씨가 연락이 안 된다고? 그럼 우리 전세 보증금
올려 주는 건 어떡할 거야?! 왜 당신 맘대로 돈을 막 빌려
주고 그래!

아내가 울상이 되어 소리치자 경수는 난감했다. 몇 달 후
전세 만기 때 전셋값을 올려 줘야 하는데 돈이 부족한 것이었다.

작년 이맘때 친한 친구인 채무에게서 연락이 왔다. 오랜만에 맥주 한잔 하면서 채
무는 경수에게 의기양양하게 말했다.

채무 드디어 필승 전략을 알아냈다! 주식이란 게 오래 하다 보니 패

턴이 보이기 시작했어. 3일 전에 미도홀딩스에 5천을 넣었는데 오늘 7천에 팔았지. 돈만 더 있으면 몇 천 버는 건 이제 일도 아니야. 그런데 넌 주식 안 하니?

—— **경수** 응, 별로 관심 없다.

채무 아니 왜? 너도 투자 좀 해 봐. 월급만 가지고 어떻게 사냐? 재테크도 좀 해야지.

—— **경수** 됐어. 그러다 날리면 어떡하냐? 내년에 전셋값도 올려 줘야 하는데.

채무 정 불안하면 나한테 돈을 빌려줘. 이자 10%는 무조건 챙겨 줄게. 대박 터지면 20%, 30%가 될 수도 있고.

경수는 계속 거절했지만 3일 만에 2천만 원을 벌었다는 채무의 말에 혹할 수밖에 없었고, 거듭되는 채무의 권유에 결국 5천만 원을 빌려주고 만 것이다.

—— **경수** 늦어도 5개월 후에는 꼭 줘야 한다?!

채무 걱정 마~. 환상적인 수익률로 더 얹어서 줄 테니까.

그런데 얼마 전부터 채무는 연락조차 되지 않았고, 집으로 찾아가 봤지만 그 집엔 이미 다른 사람이 살고 있었다. 심한 배신감이 들었다. 3일 만에 2천만 원을 벌었다면서 술값도 안 냈을 때부터 알아봤어야 하는데... 때늦은 후회였다. 어쨌건 이 상황에서 돈을 받을 수 있는 방법을 찾아야 했다.

이런저런 고민을 하던 경수의 머릿속에 번뜩, 동창인 경매 전문가 하늘이가 생각났다. 갑자기 연락을 하기엔 소원한 사이였지만 지금 그런 것을 가릴 때가 아니었다.

—— 경수   하늘아! 잘 지내지? 다름이 아니라...
&*^&$^*&||@$"

제법 긴 이야기를 들은 하늘이가 말했다.

하늘   돈을 어떻게 빌려줬어? 계좌 이체 해 준 거지?

—— 경수   응.

하늘   그럼 차용증이라도 받아 뒀니?

—— 경수   응.

하늘   그나마 다행이다... 그리고 혹시 채무 사는 집 주소는 알아?

—— 경수   응, 연락이 안 돼서 찾아가 봤는데 다른 사람이
살고 있더라고...

하늘   오키~ 그럼 바로 그 주소로 **등기사항전부증명서**를 발급 받아
봐.

—— 경수   등기사항전부증명서?

하늘 응, 보통 우리가 등기부 등본이라 부르는 문서가 바로 등기사항전부증명서야. 채무 소유로 되어 있는지를 확인해 봐야지.

——— 경수　그렇구나. 그런데 왜?

하늘 음... **가압류**도 해야 하고 경매 신청도 해야 하니까. 지금부터 어떻게 진행해야 하는지를 설명해 줄게. 우선, 소송을 해야 해.

——— 경수:　응? 소송?!.... 소송까지 해야 할까?

하늘 그럼 혹시 다른 방법 아는 거 있니?

——— 경수　.......... 없지..............

하늘 그럼 오늘 바로 근처에 있는 법무사 사무소로 가서 대여금 반환 청구 소송을 의뢰하는데, **소장** 접수하기 전에 채무가 사는 집이 채무 소유라면 그 부동산에 가압류를 하는 게 좋을 거야. 이 두 가지를 법무사한테 의뢰하면 돼.

——— 경수　법무사? 소송하려면 변호사한테 가야 하지 않나?

하늘 변호사가 더 좋긴 하지. 그런데 비싸겠지? 보통 이런 거처럼 간단한 소송의 수임료는 440만 원 정도 하거든. 그런데 법무사는 몇십만 원 정도면 돼. 돈 빌려준 거 맞고, 돈 안 갚는 거 맞으니 특별히 법리적으로 다툴 쟁점이 없으니까, 굳이 변호사를 선임할 필요는 없어. 이런 사안은 **지급명령**이라는 간단한 절차로 진행하면 돼.

——— 경수　그렇구나. 그런데 가압류는 왜 해야 하는 거야?

하늘 소송을 해서 판결문이 나오면 그걸로 **강제집행**을 할 수가 있어. 예를 들어 채무 소유 부동산이 있다면 그 부동산을 경매 신청해서 네가 받아야 할 돈을 받을 수 있는 거지. 그런데 만약 소송 도중에 채무가 그 부동산을 다른 사람한테 팔아 버리면 판결문이 나와도 어찌할 수가 없겠지? 그치만 가압류를 해놓으면 팔기가 어렵겠지. 등기부에 가압류가 기재되어 있을 테니까. 설령 팔았다 해도 네가 그 부동산을 경매로 진행시키면 돈을 받는 데는 큰 문제가 없어.

——— **경수**   와... 빌려준 돈 받기가 이렇게 힘든 거였어?

하늘   그건 상황에 따라 다르지. 만약 네가 돈을 빌려주면서 차용증이 아니라 채무 부동산에 **근저당**을 설정했다면 아무런 절차 없이 바로 경매 신청이 가능해. 이걸 **임의경매**라고 하지. 참고로 네가 해야 하는 것처럼 차용증을 받고 소송을 하고 채무자 소유 부동산을 찾아서 경매 신청한 경우를 **강제경매**라고 해. 이렇게 진행된 경매 절차에서 누군가 시세보다 싸게 낙찰 받는 거지.

——— **경수**   시세보다 싸게 낙찰 받는다고? 왜? 어떻게? 얼마나 싸게?

경수는 '시세보다 싸게'라는 말에 갑자기 경매에 관심이 가기 시작했다. 쏟아지는 경수의 폭풍 질문에 하늘이는 잠시 당황했지만 이내 말을 이어 갔다.

하늘   음... 말이 좀 길어지겠는데. 일단 네가 알아야 할 것은 경매가 어떻게 진행되고 그 과정에서 어떻게 빌려준 돈을 받을 수 있는지부터니까 이것 먼저 설명해 줄게.
그다음에 어떻게, 또 얼마나 싸게 그 부동산을 낙찰 받을 수 있는지를 공부해 보면 되겠지?

경매 진행 절차와 용어

하늘 소송을 해서 판결문을 받으면 법원에 채무 부동산을 경매 신청 할 수 있다고 했지?

경매 신청을 하면 법원은 2~3일 이내에 그 신청을 받아들여 주지. 경매를 진행시키겠다고 결정을 하는 거야. 이것을 **경매 개시 결정**이라고 해.

그럼 법원은 채무 부동산이 경매로 진행된다는 사실을 다른 사람들도 알 수 있게 해 줘야겠지? 왜냐하면 이런 사실을 모르고 채무 부동산을 담보로 채무한테 돈을 빌려주거나 그 부동산을 사면 안 되니까. 가장 좋은 방법은 누구나 볼 수 있는 등기사항전부증명서에 그 사실을 기재해 주는 거야.

경매 사건을 직접 보면서 설명해 주는 게 좋겠다. 아래는 서울 강북구 미아동에 있는 한 아파트의 등기부인데 순위번호 7번에 보면 '임의경매개시결정'이라고 기재되어 있지?

◀ 〈등기부〉 참조

[집합건물] 서울특별시 강북구 미아동 1353 에스케이북한산시티아파트 제102동 제18층 제1801호

순위번호	등기목적	접수	등기원인	권리자 및 기타사항
			2765)	서울보증보험) (부산신용지원단)
6	가압류	2022년11월1일 제156018호	2022년11월1일 서울북부지방법 원의 가압류 결정(2022카단6 86)	청구금액 금50,336,768 원 채권자 하나캐피탈 주식회사 110111-0519970 서울 강남구 테헤란로 127, 20층(역삼동, 하나금융그룹 강남사옥)
7	임의경매개시결정	2022년12월14일 제187214호	2022년12월14일 서울북부지방법 원의 임의경매개시결 정(2022타경452 6)	채권자 주식회사 하나은행 110111-0672538 서울 중구 을지로 35 (을지로1가) (여신관리부)

이게 바로 **경매 개시 결정 기입 등기**야. 그리고 그 위를 보면 아까 설명했던 가압류도 등기되어 있는 게 보이지?

경수   그러네? 그런데 등기부는 어디서 발급 받을 수
있는 거야? 등기소에 직접 가야 하나?

하늘   그래도 되는데 그럴 필요 없이 인터넷 등기소에서 언제나, 누
구나 쉽게 발급 받을 수 있어.

▶ 〈인터넷 등기소〉 참조   http://www.iros.go.kr/PMainJ.jsp

이렇게 어떤 부동산에 대해 경매가 진행되면 법원은 그림에
서처럼 그 부동산 등기부에 경매 개시 결정에 관한 내용을 등
기하고 **대한민국 법원 법원경매정보**라는 사이트에 해당 물건에
대한 정보를 게시하는 거야. 한번 들어가 볼까?

첫 화면을 보면 '빠른물건검색'이 있고 그 아래 '용도별 물건정
보'가 보이지? '용도별 물건정보' 중 아파트를 한번 클릭해 볼
까?

https://www.courtauction.go.kr/

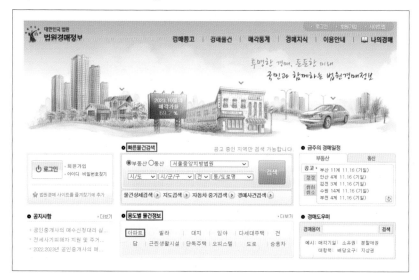

▲ 자료: 법원경매정보

▲ 자료: 법원경매정보

하늘 현재 전국적으로 경매 진행 중인 아파트가 1,713건이네.

—— **경수** 와! 많은데?

하늘 요즘 늘어난 건 사실인데 더 많을 때도 있었어. 이제 아까 등기부로 봤던 아파트를 한번 찾아볼 거야.

하늘 '빠른물건검색'에서 서울시 강북구를 선택하고 '검색' 클릭!

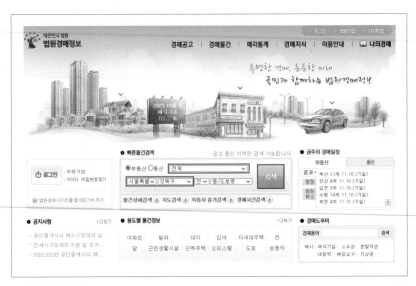

▲ 자료: 법원경매정보

하늘 그럼 아래와 같이 서울 강북구에서 2주 동안 진행되는 경매
물건이 모두 나올 거야.

▲ 자료: 법원경매정보

하늘 화면을 아래로 쭉 내리다 보면 아까 우리가 봤던 등기부(P.23)
에 해당되는 경매 사건이 있네. 보이지?

▲ 자료: 법원경매정보

─── **경수** 응! 신기하면서도 반가운데?

하늘 이 물건을 클릭하면 아래와 같이 자세한 정보가 나와.

▲ 자료: 법원경매정보

하늘 자, 이게 아까 등기부에서 봤던 경매 사건이야. 가장 위에 보면 '법원 : 서울북부지방법원 / **사건번호** : 2022타경 4526'이라고 되어 있지? 이 경매 사건을 진행하는 법원이 서울북부지방법원이고 입찰할 때 이 법원으로 가서 하면 돼. 그리고 이 경매 사건에 부여된 고유한 번호가 사건 번호야. 이 사건의 이름표라고 생각하면 되는 거야. 나중에 검색할 때는 이 사건 번호만 입력해도 되고. 그리고 등기부에 보면 이 사건 번호가 기재되어 있지.

——— **경수** 그렇구나. 사건 번호... 중요하겠네.

하늘 그렇지. 그다음엔 법원은 뭘 해야 할까?

——— **경수** 글쎄...?

하늘 자, 상식적으로 생각해 보자. 이렇게 경매를 진행하는 이유가 뭐라고 했지?

——— **경수** 음... 돈 빌리고 안 갚으니까 돈 빌려준 사람에게 돈을 주려고.

하늘 맞아. 돈 빌려준 사람들을 채권자라 하고 돈을 빌린 사람을 채무자라 하는데, 경매로 채무자의 부동산을 매각해서 그 돈을 채권자에게 나누어 주는 것을 **배당**이라고 해.

법원은 채무자인 채무에게 돈을 받아야 할 채권자들에게 우편물을 보내서 그 금액이 얼마인지를 신고하라고 안내하지. 채권자들이 얼마를 받아야 한다고 신고하는 것을 **배당요구**라고 해. 그런데 법원이 채권자들의 배당 요구를 마냥 기다릴 수는 없으니 늦어도 이날까지는 신고하라는 날짜를 정해 주는데 이게 바로 **배당요구종기일**이야.

경수 ─── 그렇구나. 그럼 채무 부동산을 경매로 진행시킨
다면 나도 배당요구종기일까지 배당요구를 해
야 하나?

하늘 아니, 경수 너는 직접 경매를 신청하면서 받을 돈이 얼마인지
를 신고했으니 따로 다시 할 필요는 없어.

그다음에 법원은 채무 부동산을 팔 준비를 하지. 우선 그 부동
산의 적정 가격이 얼마인지를 알아야 하니까 감정 평가 기관
에 감정을 의뢰해. 감정 평가사가 현장에 가서 감정한 가격을
감정 평가액이라고 하는데 이 가격을 기준으로 경매를 시작하
게 되는 거야. 이 물건의 삼성 평가액은 8억 1,200만 원이네.

 잠깐! 다시 떠올려보기

돈 빌려준 사람들을 채권자라 하고 돈을 빌린 사람을 채무자라 하는데,
경매로 채무자의 부동산을 매각해서 그 돈을 채권자에게 나누어 주는 것
을 배당이라고 한다.

경수 ─── 그럼 경매에 참여하는 사람들은 감정 평가액으
로 사는 거야? 아님 더 비싸게 불러서 사야 하
나? 왜 영화나 드라마에서 보면 경매 같은 거 할
때 앞에서 진행하는 사람이 "1억부터 시작합니
다." 하면 사람들이 점점 더 높은 가격을 불러서
마지막 가장 높은 가격을 부른 사람이 낙찰 받
는 거잖아.

(부동산)감정평가표

Page : 1

본인은 감정평가에 관한 법규를 준수하고 감정평가이론에 따라 성실하고 공정하게 이 감정평가서를 작성하였기에 서명날인합니다.

감 정 평 가 사 (인)
변 신 보

감정평가액	팔억일천이백만원정(₩812,000,000.-)		

의 뢰 인	서울북부지방법원 사법보좌관 정현	감정평가 목 적	법원경매
제 출 처	서울북부지방법원 경매5계	기준가치	시장가치
소 유 자 (대상업체명)	정주호 (2022타경4526)	감정평가 조 건	-

목록표시 근 거	귀 제시목록 등	기준시점	조 사 기 간	작 성 일
기 타 참고사항	-	2022.12.30	2022.12.29 ~ 2022.12.30	2023.01.02

	공부(公簿)(의뢰)		사 정		감 정 평 가 액	
	종 류	면적(㎡) 또는 수량	종 류	면적(㎡) 또는 수량	단 가	금 액
감정평가내용	구분건물	1개호	구분건물	1개호	-	812,000,000
	이		하	여	백	
	합 계					₩812,000,000

▲ 자료: 법원경매정보

하늘 하하, 그렇지. 하지만 부동산 경매는 달라. 우선 공개적으로 얼마에 사겠다고 부르는 것이 아니라 **입찰표**라는 종이에다 입찰 가격을 적어서 다른 사람이 볼 수 없도록 봉투에 넣어서 입찰하는 방식이야.

🖩 물건기본정보

⏷ 인쇄   ＜ 이전

사건번호	2022디경4526	물건번호	1	물건종류	아파트
감정평가액	812,000,000원	최저매각가격	649,600,000원	입찰방법	기일입찰
매각기일	2023.11.21 10:00 101호 경매법정				
물건비고					
목록1 소재지	(아파트) 서울특별시 강북구 솔샘로 174, 102동 18층 1801호 (미아동,에스케이북한산시티아파트) 🖩 🏠 🈂️				
담당	서울북부지방법원	경매5계			
사건접수	2022.12.13		경매개시일	2022.12.14	
배당요구종기	2023.02.23		청구금액	228,462,221원	

개황도〈1〉
관련사진〈4〉
위치도〈2〉
전경도〈2〉

⏷ 매각물건명세서   ⏷ 현황조사서   ⏷ 감정평가서   사건상세조회   관심물건등록

🖩 : 등기기록 열람   🏠 : 전자지도 보기   🈂️ : 씨:리얼(토지이용계획)

▲ 자료: 법원경매정보

─── **경수**   그래? 그럼 어떻게 시세보다 싸게 낙찰 받을 수
있다는 거야?

하늘   응, 생각보다 간단해.

아까 감정 평가액이 뭔지 배웠지? 보통 그 감정 평가액을 기준으로
경매가 시작되지.

더 자세히 볼까?

좀 전에 봤던 '물건기본정보' 화면 하단에 '사건상세조회'를 클릭하
면 '물건내역'에 '매각기일공고'가 있어.

사건기본내역			
사건번호	2022타경4526	사건명	부동산임의경매
중복/병합/이송	2022타경4632(중복)		
접수일자	2022.12.13	개시결정일자	2022.12.14
담당계	경매5계 전화 : 910-3675 (경매절차 관련 문의) 집행관사무소 전화 : 02-972-2005 (입찰 관련 문의) (민사집행법 제90조, 제268조 및 부동산등에 대한 경매절차 처리지침 제53조제1항에 따라, 경매절차의 이해관계인이 아닌 일반인에게는 법원경매정보 홈페이지에 기재된 내용 외에는 정보의 제공이 제한될 수 있습니다.)		
청구금액	228,462,221원	사건항고/정지여부	
종국결과	미종국	종국일자	

현황조사서   감정평가서   관심사건등록

배당요구종기내역

목록번호	소재지	배당요구종기일
1	서울특별시 강북구 솔샘로 174, 102동 18층1801호 (미아동,에스케이북한산시티 아파트)	2023.02.23

항고내역

물건번호	항고제기자	항고접수일자	항고		재항고		확정여부
		접수결과	사건번호	항고결과	사건번호	재항고결과	
검색결과가 없습니다.							

물건내역

물건번호		물건상세조회 매각기일공고 매각물건명세서	물건용도	아파트	감정평가액 (최저매각가격)	812,000,000원 (649,600,000원)
물건비고						

▲ 자료: 법원경매정보

하늘 매각기일공고를 보면 '매각 및 매각결정기일'이라 나와 있지? 여기서 매각 기일이란 바로 법원에 가서 입찰하는 날이라 생각하면 되고, 그다음 페이지 '부동산의 표시' 아랫부분을 보면 회차, 기일별로 **최저매각가격**이 있을 거야.

서 울 북 부 지 방 법 원
매 각 기 일 공 고

사　　건　　2022타경4526 부동산임의경매
　　　　　　2022타경4632(중복)

채 권 자　　주식회사 하나은행

채 무 자　　정주호 외 1명

소 유 자　　정주호 외 1명

다음 기재와 같이 이 사건(별지 기재) 부동산을 기일입찰의 방법으로 매각합니다.
등기부에 기입할 필요가 없는 부동산에 대한 권리를 가진 사람은 그 채권을 신고하여야 하며, 이해
관계인은 매각기일에 출석할수 있습니다. 매각물건명세서, 현황조사보고서, 평가서의 사본이 매각기
일 1주일전부터 법원에 비치되어 일반인의 열람에 제공됩니다.

> 1. 매각 및 매각결정기일
> 　가. 제 1회
> 　　　매각기일 2023.10.17. 10:00
> 　매각결정기일 2023.10.24. 14:00
> 　나. 제 2회
> 　　　매각기일 2023.11.21. 10:00
> 　매각결정기일 2023.11.28. 14:00
> 　다. 제 3회
> 　　　매각기일 2023.12.26. 10:00
> 　매각결정기일 2024.01.02. 14:00
> 　라. 제 4회
> 　　　매각기일 2024.01.30. 10:00
> 　매각결정기일 2024.02.06. 14:00

2. 매각 및 매각결정장소　서 울 북 부 지 방 법 원　(매각)101호 경매법정　(매각결정)제106호 법
　정
3. 매각담당 집행관의 성명　　김윤기
4. 부동산의 점유자, 점유의 근원,점유 사용할 수 있는 기간, 차임 또는 보증금의 약정유무와 그 액
　수 및 최저매각가격 기타 : 민사집행과 사무실에 비치되어 있는 매각물건명세서와 같음
5. 매수신청보증방법 : 현금, 자기앞수표, 지급보증위탁체결문서

주의: 제2회 이후의 매각기일은 선행매각기일에서 허가할 매수가격의 신고가 없이 매각기일이 최종
적으로 마감된 때에 실시된다는 사실을 유의하시기 바랍니다.

2023. 9. 11.

법원주사　　**오동훈**

▲ 〈매각기일공고〉 참조

부동산의 표시

[물건 1]
1. 1동의 건물의 표시
서울특별시 강북구 미아동 1353
에스케이북한산시티아파트
102동
[도로명주소] 서울특별시 강북구 솔샘로 174

철근콘크리트조 평스라브지붕 25층 아파트
1층 264.14㎡
2층 264.14㎡
3층 264.14㎡
4층 261.62㎡
5층 261.62㎡
6층 261.62㎡
7층 261.62㎡
8층 261.62㎡
9층 261.62㎡
10층 261.62㎡
11층 261.62㎡
12층 261.62㎡
13층 261.62㎡
4층 261.62㎡
14층 261.62㎡
15층 261.62㎡
16층 261.62㎡
17층 261.62㎡
18층 261.62㎡
19층 261.62㎡
20층 261.62㎡
21층 261.62㎡
22층 261.62㎡
23층 261.62㎡
24층 261.62㎡
25층 261.62㎡
지1층 259.62㎡

전유부분의 건물의 표시
18층 1801호
철근콘크리트조 114.85㎡

대지권의 목적인 토지의 표시
토지의 표시 : 1. 서울특별시 강북구 미아동 1353
대 144296.60㎡
대지권의종류 : 1. 소유권
대지권의비율 : 1. 144,296.6분의 51.16

감 정 평 가 액	812,000,000	
회차 기 일	최저매각가격	매수신청의 보증금액
1회 2023.10.17	812,000,000	81,200,000
2회 2023.11.21	649,600,000	64,960,000
3회 2023.12.26	519,680,000	51,968,000
4회 2024.01.30	415,744,000	41,574,400

▲ 〈부동산의 표시〉 참조

———— 경수   어, 그렇네!

하늘 먼저 1회 2023.10.17. 최저매각가격이 812,000,000원으로 되어 있지? **최저매각가격**이란 이 금액 이상으로 입찰하라는 뜻이야. 쉽게 말해 2023년 10월 17일에 서울북부지방법원에 가서

이 물건에 입찰할 때는 최소한 812,000,000원 이상으로 입찰해야 한다는 것이지. 만약 812,000,000원 미만으로 입찰하면 무효가 되는 거야.

그런데 이 아파트의 시세를 살펴보면 2023년 9월에 8.65억에 실거래됐는데 다음 달 10월에는 8.2억에 거래됐고 11월 현재는 7.7억에 나온 매물도 있네.

그렇다면 이 아파트의 시세는 인테리어 상태나 로열동 여부 등에 따라 조금씩 다를 순 있겠지만 현재 시세를 7.7억 정도로 봐야 할 거야.

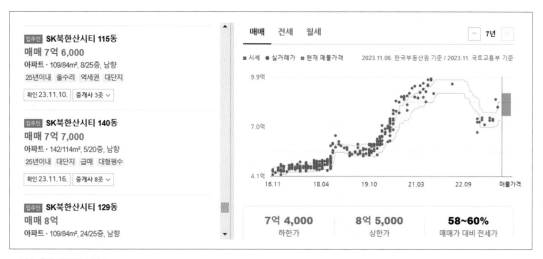

▲ 자료 출처: 네이버 부동산

하늘 그럼 만약에 너라면 시세 7.7억짜리 아파트를 8.12억 이상에 입찰하겠니?

—— **경수** 당연히 아니지. 더 비싸게 사는 거잖아?

하늘 맞아. 그래서 1차에는 아무도 입찰하지 않았어.

기일내역

물건번호	감정평가액	기일	기일종류	기일장소	최저매각가격	기일결과
1 ▶물건상세조회	812,000,000원	2023.10.17(10:00)	매각기일	101호 경매법정	812,000,000원	유찰
		2023.11.21(10:00)	매각기일	101호 경매법정	649,600,000원	
		2023.11.28(14:00)	매각결정기일	제106호 법정		

▲ 자료: 법원경매정보

하늘 '기일내역' 2023.10.17. '매각기일'에 보면 유찰이라고 보이지? **유찰**이란 아무도 입찰하지 않았다는 뜻이야.

—— **경수** 그럼 그다음은 어떻게 되는 거야?

하늘 그 아래, 다음 매각기일이 2023.11.21.이지?

이날 다시 경매를 진행하는 거고 이때 최저매각가격은 649,600,000원이야.

이렇게 유찰이 되면 다음 매각기일 때 직전 최저매각가격에서 20~30% 저감된 금액을 최저매각가격으로 해서 경매가 진행되는 거야.

—— **경수** 20~30%? 이게 그때마다 달라?

최저매각가격은 지역마다 다르다고 했지?

하늘 그때마다 다른 게 아니라 지역마다 달라. 서울, 부산, 충북, 경남 지역의 법원은 대체로 20%씩 저감되고, 나머지 지역의 법원은 대체로 30%씩 저감되지. 이 경매 사건의 경우 서울이고 감정 평가액이 **812,000,000원**이니

- ○ **1회차** 매각기일의 최저매각가격은 **812,000,000원**,
- ○ **2회차** 매각기일의 최저매각가격은 직전 812,000,000원에서 20% 저감된 **649,600,000원**
- ○ **3회차** 매각기일의 최저매각가격은 직전 649,600,000원에서 20% 저감된 **519,680,000원**
- ○ **4회차** 매각기일의 최저매각가격은 직전 519,680,000원에서 20% 저감된 **415,744,000원**

이 되는 거야.

감 정 평 가 액		812,000,000	
회차	기 일	최저매각가격	매수신청의 보증금액
1회	2023.10.17	812,000,000	81,200,000
2회	2023.11.21	649,600,000	64,960,000
3회	2023.12.26	519,680,000	51,968,000
4회	2024.01.30	415,744,000	41,574,400

—— **경수** 그럼 4회차까지만 진행하는 건가?

하늘 아니, 그럴 리는 없겠지만 만약 4회차에도 유찰되면 낙찰될 때까지, 더 정확히 말하자면 경매를 신청한 사람이 단 1원이라도 배당 받을 수 있는 상황이라면 10차까지, 아니 그 이상으

로도 낙찰될 때까지 계속해서 진행돼.

— 경수 그렇구나! 그럼 2회차 때 **649,600,000원**만 써서 입찰해도 되는 거지?

하늘 그렇지. 하지만 이 아파트 시세가 7.7억 원 정도이니 6.7억 원에 입찰해도 1억을 싸게 사는 거니까 그 금액 이상으로 입찰하는 사람들이 있을 수 있겠지? 경매란 입찰한 사람들 중에서 가장 높은 가격을 쓴 사람이 낙찰 받는 거니까 최저매각가격 근처인 6.5억 원 정도에 입찰한다면 낙찰 받을 가능성은 높지 않을 수 있겠지?

이런 입찰가 산정은 시장의 흐름, 해당 물건의 수요 정도에 따라서 달라지는데 이 내용은 뒤에서 설명해 줄게. 어쨌건 여기서 가장 높은 가격에 입찰한 사람, 즉 낙찰자를 법률 용어로 **최고가매수신고인**이라 해.

— 경수 그럼 오른쪽에 있는 **매수신청의 보증금액**은 뭐야?

하늘 입찰할 때 입찰표와 함께 입찰 봉투에 넣어서 제출해야 하는 금액이야. 통상적으로 보증금이라 하지.

— 경수 입찰할 때 돈도 내야 하는 거야?

하늘 응. 우리가 부동산 매매 계약할 때 계약금이란 걸 먼저 내지? 이때 계약금을 왜 낼까?

— 경수 음... 계약하면서 계약금을 내고 만약에 안 산다고 하면 그 계약금 못 돌려받는 거니까 계약에 대한 약속을 지키라고 내는 게 아닐까?

하늘 맞아. 예컨대 매매 가격이 3억 원이라면 통상 10%인 3천만 원을 계약금으로 매수인이 매도인에게 주면서 매매 계약을 하고 이후 부동산을 사는 매수인이 변심해서 안 산다고 하면 계약금을 포기하는 거고, 만약 매도인이 변심해서 안 판다고 하면 계약금의 2배인 6천만 원을 매수인에게 줘야 하지. 부동산 경매도 비슷해. 입찰할 때 내는 보증금이 바로 계약금이라 보면 되지.

—— 경수 그럼 입찰할 때 내는 보증금도 10%인 거지?

하늘 맞아.

—— 경수 어? 그런데 무엇의 10%야? 감정 평가액의 10% 인가? 아님 입찰하는 금액의 10%?

하늘 아래 표를 다시 한번 잘 봐 봐. 그럼 알 수 있을 거야.

감 정 평 가 액	812,000,000	
회차 기 일	최저매각가격	매수신청의 보증금액
1회 2023.10.17	812,000,000	81,200,000
2회 2023.11.21	649,600,000	64,960,000
3회 2023.12.26	519,680,000	51,968,000
4회 2024.01.30	415,744,000	41,574,400

—— 경수 아... 최저매각가격의 10%구나!

입찰 보증금
= 최저매각가격의 10%

하늘 맞았어! 만약 2회차일 때 입찰할 경우 최저매각가격은 649,600,000원이고 보증금은 64,960,000원이 되는 거지. 얼마에 입찰하든 상관없이 말이야.

—— 경수　그럼 입찰했다가 떨어지면 보증금은 어떻게 되는 거야? 돌려주겠지?

하늘　하하, 당연히 돌려주지. 그 자리에서 바로 돌려줘.

—— 경수　그렇구나. 설명을 듣다 보니 나도 입찰 한번 해 보고 싶어진다. 경매라는 거 재미있겠는데?

하늘　재미있는 정도가 아니라 알고 나면 부동산 살 때 절대 제값 주고는 못 사지. 우리가 빵 살 때 제휴되는 할인 카드 꼭 챙기잖아. 보통 10% 정도 할인 받을 수 있으니까. 부동산 살 때도 마찬가지야. 경매라는 할인 카드를 사용하지 않을 이유가 없는 거지. 그래서 부동산 경매를 배우면 부동산 평생 할인 카드를 가지고 있는 셈인 거야.

—— 경수　와! 대박!
그럼 얼마나 할인 받을 수 있는 건데?

하늘　그건 아까 입찰가에 관해 얘기했듯이 어떤 종류의 부동산인지, 또 부동산 시장의 분위기가 어떤지, 얼마나 수요가 많은지 등등 여러 가지 조건에 따라서 달라.

최근 낙찰된 사례들을 한번 볼까?

—— 경수　좋지!
재미있겠다!!

2

부동산 경매로 얼마나 싸게 살 수 있을까?

가끔 매스컴에서 낙찰가율이 100%가 훨씬 넘는다고
경매가 과열이라는 기사가 나오는데 정말 바보 같은 얘긴 거야.
부동산 상승기에는 낙찰가율이 100%가 넘는 게 당연한 얘기지.
중요한 건 시세 대비 낙찰가율인데
그 정보는 아직 그 어디에서도 제공해 주시 않지.

▌부동산 경매로 살 수 있는 것들

하늘 먼저 경매로 살 수 있는 것들이 뭔지부터 볼까?

종합검색	홈 > 경매검색 > 종합검색			경매사건 [전체 ∨] 타경 [　　🔍]

주소선택	[주소] [법원] 인천 ∨ -시/구/군- ∨ -읍/면/동- ∨		건물명칭	세부주소나 건물명 검색시
물건종류	-선택- ∨ [단일선택]		사건번호	-선택- ∨ 타경

물건종류 복수선택	☑ 전체보기				
☐ 주거용	☐ 아파트 ☐ 다가구주택	☐ 연립주택 ☐ 도시형생활주택	☐ 다세대주택 ☐ 기숙사	☐ 오피스텔(주거) ☐ 상가주택	☐ 단독주택
☐ 상업및산업용	☐ 근린생활시설 ☐ 목욕탕 ☐ 의료시설 ☐ 지식산업센터 ☐ 분뇨및쓰레기처리	☐ 오피스텔(상업) ☐ 업무시설 ☐ 교육연구시설 ☐ 창고시설	☐ 근린상가 ☐ 노유자시설 ☐ 묘지관련시설 ☐ 위험물저장/처리	☐ 숙박시설 ☐ 문화및집회시설 ☐ 기타시설 ☐ 자동차관련	☐ 숙박(콘도등) ☐ 종교시설 ☐ 공장 ☐ 동물및식물관련
☐ 토지	☐ 전 ☐ 잡종지 ☐ 사적지 ☐ 주유소용지 ☐ 종교용지 ☐ 염전	☐ 답 ☐ 도로 ☐ 묘지 ☐ 창고용지 ☐ 제방 ☐ 유지	☐ 과수원 ☐ 주차장 ☐ 목장용지 ☐ 철도용지 ☐ 하천 ☐ 양어장	☐ 임야 ☐ 공원 ☐ 공장용지 ☐ 수도용지 ☐ 구거	☐ 대지 ☐ 유원지 ☐ 학교용지 ☐ 체육용지 ☐ 광천지
☐ 차량및중장비	☐ 승용차 ☐ 덤프트럭	☐ 승합차 ☐ 기타중기	☐ 버스	☐ 화물차	☐ 기타차량
☐ 기타	☐ 선박	☐ 어업권	☐ 광업권	☐ 기타	

▲ 자료: 탱크옥션

하늘 주거용은 쉽게 말해 집이야. 대표적인 아파트부터 우리가 빌라라고 말하는 연립주택, 다세대주택 등등이 있고, 상업용은 상가라고 생각하면 되고, 토지도 여러 종류가 있지. 하물며 자동차, 선박도 경매로 싸게 살 수 있어.

— **경수** 우와! 선박까지도?

하늘 응. 생각보다 다양하지? 그중에 뭘 한번 볼까?

— **경수** 음... 아파트가 제일 궁금하다. 가장 만만하기도 하고.

하늘 그래. 사실 얼마나 싸게 낙찰되었는지를 쉽게 알 수 있는 게 아파트야. 왜냐면 시세 파악하기가 가장 쉽거든. 그럼 수도권에 있는 아파트 중에 최근에 낙찰된 것들을 보자.

최근에 낙찰된 수도권 아파트

하늘 먼저 인천으로 가 볼까?

이 아파트가 2023년 8월에 경매로 진행됐었어.

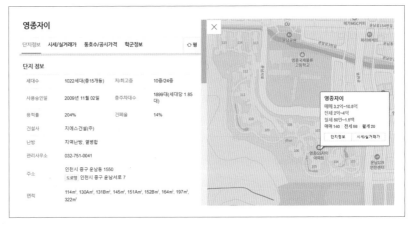

▲ 자료: 네이버 부동산

하늘 전용 면적은 167 m^2이고 최근 6억 중후반 가격에 거래되고 있지. 가장 최근 실거래가가 6.5억이니까 이 정도를 시세로 본다면 얼마에 입찰해 볼래?

최고가 매매 8.5억 전세 5억 ❓				동 선택 그래프		
계약	일	경과	체결가격	타입	거래 동층	
23.07	29		매매 6억 5,000	167	105동	10층
23.05	24		매매 6억 9,500	167	101동	20층
23.04	19		매매 6억 6,000	167	110동	20층
	03		매매 6억 3,000	167	105동	5층
23.02	16		매매 5억 7,000	167	104동	6층
23.01	05		매매 5억 4,000	167	104동	22층
22.03	14		최고가 매매 8억 5,000	167	105동	9층

▲ 자료: 아실

—— **경수** 글쎄?
한 5천만 원 정도 싸게?

하늘 그래? 결과를 한번 볼까?

그래, 어떻게 낙찰되었는지를 쉽게 알 수 있는 게 아파트겠네.

▶ 〈경매 사례〉 참조

▲ 자료: 탱크옥션

하늘 총 17명이 입찰했고, 5.27억 남짓에 낙찰되었네.

—— **경수** 와! 5.27억?!

시세보다 무려 1억 2천만 원 넘게 싸게 낙찰된
거네?

하늘 맞아.

—— **경수** 대박! 경매가 정말 괜찮구나!?

하늘 그래서 얘기했잖아. 경매를 배우고 나면 부동산을 절대 제값
주고 못 산다고.

—— **경수** 정말 그렇겠다.

그런데 이 사이트는 뭐야? 법원경매 사이트가
아닌 거 같은데?

하늘 응. 법원경매 사이트에 올라온 정보들을 더 보기 쉽게 정리해
놓은 사이트야. 검색하기도 편하고 부동산 시세, 권리 분석 등
등 꼭 필요한 여러 정보들도 제공해 주지. 대신 유료야.

───── **경수**　얼마나 하는데?

하늘　사이트마다 조금씩 달라. 보통 전국을 다 볼 수 있는 조건으로 한 달에 6만 원 남짓에서 11만 원 남짓 될 거야.

───── **경수**　이런 유료 사이트가 꼭 필요해?

하늘　꼭 필요한 건 아닌데 경매에 입찰하기 위해 여러 물건을 볼 거라면 많은 시간과 돈을 절약해 주지.

　　　뒤에 가서 배울 거지만 경매 사건에 입찰하기 위해선 권리 분석이란 게 필요한데 입찰할 부동산의 '등기사항전부증명서'를 유료로 발급 받아서 그 내용들을 순서대로 나열해야 하거든. 그런데 유료 사이트에서는 그런 자료들을 나 제공해 주기 때문에 엄청 편하지.

　　　1년 구독료가 50만 원 정도 하는데 가장 좋은 방법은 10명 정도가 한 아이디를 구매해서 겹치지 않는 시간에 각자 사용하는 거야.

　　　나처럼 전문적으로 하는 게 아닌 이상 생각보다 자주 사용하지 않기 때문에 이렇게 해도 별다른 불편함은 없을 거야.

───── **경수**　좋은데?!
　　　　　근데 다른 9명을 어떻게 모으지?

하늘　내 멤버십에 들어오면 이렇게 원하는 사람들을 묶어 주기도 해. 해당 업체와 제휴가 되어 있어서 몇 개월 더 서비스를 요청할 수도 있고.

───── **경수**　멤버십?!

하늘　그건 나중에 설명해 줄게.

　　　이번엔 경기도를 한번 볼까?
　　　부천시 중동에 있는 3천 세대가 넘는 대단지 아파트야.

▲ 자료: 네이버 부동산

하늘 전용 면적은 102 m^2이고, 최근 층이 좀 괜찮은 게 8.1억에 거래
됐네. 그런데 지금 8층, 12층이 8.3억에 매물로 나와 있고, 요
즘 수도권 분위기로 봤을 때 이 정도 가격에는 거래가 될 것
같은 분위기거든. 그래서 시세를 8.3억으로 봐도 괜찮을 것 같
아. 자! 얼마에 입찰해 볼까?

최고가 매매 9.6억 | 전세 6.9억 ❓   동 선택   그래프

계약	일	경과	체결가격	타입	거래 동층	
23.07	06		직거래 매매 **7억** 6,500	102	102동	4층
23.06	16		매매 **8억** 1,000	102	109동	15층
23.03	15		매매 **6억** 9,800	102	109동	2층
21.10	25		최고가 매매 **9억** 6,000	102	102동	3층
21.08	16		매매 **9억** 3,500	102	109동	3층
21.07	20		매매 **9억** 1,700	102	109동	10층
	15		매매 **8억** 6,500	102	102동	8층

▲ 자료: 아실

─── 경수   음... 대단지 아파트니까 1억 정도 싸게?

하늘   하하. 좋아. 처음엔 일단 막 던져 보는 거야. 이런 걸 모의 입찰이라고 하는데 많이 해 볼수록 입찰가를 산정하는 데 큰 도움이 되거든. 그럼 결과를 볼까?

◀ 〈경매 사례〉 참조

▲ 자료: 탱크옥션

─── 경수   와! 7.14억?! 이것도 1억 넘게 싸게 낙찰됐네?!

하늘   맞아. 정확히는 시세보다 1억 1,600만 원 싸게 낙찰 받은 거지.

─── 경수   그렇구나! 그런데 낙찰가 옆에 79.07%는 뭐야? 이만큼 싸게 낙찰 받았다는 건가?

하늘   좋은 질문이야. 79.07%는 **낙찰가율**이라고 해서 감정가 대비 낙찰된 가격의 비율이거든. 그런데 이 물건의 감정가는 903,000,000원이니까, 낙찰가 714,000,000원 / 감정가 903,000,000원 = 79.07%가 된 거야. 그런데 감정가가 좀 이상하지? 현재 이 아파트의 시세는 8.3억 정도 하는데 말이야. 감정가는 시세와 정확히 일치한다고 볼 순 없지만 그래도 어느 정도 시세와 비슷하게 나오는데, 이렇게 시세와 차이가 나는 이유는 감정 평가 했던 시점과 우리가 입찰한 시점이 다르기 때문이야. 아래 '감정평가표'를 보면 감정 평가 한 기준일이 2022년 10월 21일이지? 그런데 이 물건이 낙찰된 날짜는 2023년 8월 8일이야.

(구분건물)감정평가표

본인은 감정평가에 관한 법규를 준수하고 감정평가이론에 따라 성실하고 공정하게 이 감정평가서를 작성하였기에 서명날인합니다.

감 정 평 가 사
김 규 환   (인)

감정평가액	구억삼백만원정(₩903,000,000.-)				
의 뢰 인	인천지방법원 부천지원 사법보좌관 오문식	감정평가 목 적	법원경매		
제 출 처	인천지방법원 부천지원 경매3계	기준가치	시장가치		
소 유 자 (대상업체명)	양효석 (2022타경41186)	감정평가 조 건	-		
목록표시 근 거	귀 제시목록	기준시점	조 사 기 간	작 성 일	
기 타 참고사항	-	2022.10.21	2022.10.21	2022.10.21	

▲ 〈감정평가표〉 참조

하늘 쉽게 말해서 10개월 동안 이 아파트의 가격이 하락한 거지. 이렇게 감정 평가 한 시점과 낙찰된 시점의 차이는 적게는 5개월에서 많게는 1년 이상이 될 수도 있어. 그 사이에 가격은 오를 수도 있고 내릴 수도 있겠지. 그래서 감정가 대비 낙찰가율은 아무런 의미가 없다고 보면 돼.

가끔 매스컴에서 낙찰가율이 100%가 훨씬 넘는다고 경매가 과열이라는 기사가 나오는데 정말 바보 같은 얘긴 거야. 부동산 상승기에는 낙찰가율이 100%가 넘는 게 당연한 얘기지.

이런 이유로 2020년, 2021년 수도권 아파트 낙찰가율은 대부분 100%가 넘어. 하루가 다르게 가격이 계속 상승했으니까.

이 물건 같은 경우는 반대로 감정 평가 이후 가격이 하락했으니 낙찰가율이 79.07%이지만 실질적으로 시세 대비 낙찰가율은 86% 정도인 거지.

이처럼 중요한 건 시세 대비 낙찰가율인데 그 정보는 아직 그 어디에서도 제공해 주지 않지.

— 경수 아... 그렇구나. 일반적인 사람들은 그냥 매스컴에서 나오는 얘기만 듣고 아예 경매에 관심을 끊을 수도, 아니면 반대로 경매에 막 달려들 수도 있겠네.

하늘 맞아. 낙찰가율의 함정에 빠지지 말아야 정확한 경매 시장의 흐름을 볼 수 있는 거지. 이번엔 서울로 가 볼 거야. 서울은 분위기가 어떨 거 같아?

— 경수 음... 서울은 아무래도 이렇게 싸게는 낙찰되지 않을 거 같은데?

하늘 과연 그럴까?

마포구 신수동에 있는 신촌숲아이파크가 경매로 진행됐어. 경의중앙선 서강대역 초역세권에 2019년식 신축급이지.

수요가 많은 전용 면적 $84m^2$이고 한때는 21억 넘게 거래됐었지만 23년 초반에 15억대까지 하락했었고 지금은 다시 반등 중이야. 최근 로열층이라 할 수 있는 23층이 18억에 실거래되었네.

경매로 나온 아파트는 5층이야. 그러니 로열층보다 5천 정도 낮은 17.5억 정도를 시세로 보면 될 것 같은데 얼마에 입찰해 볼까?

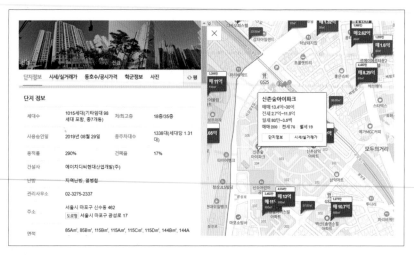

▲ 자료: 네이버 부동산

계약	일	경과	체결가격	타입	거래 동층	
			최고가 매매 21.7억 | 전세 12억 ❓	동 선택	그래프	
23.07	06		매매 18억	84A	102동	23층
23.06	20		계약취소 매매 17억 4,500	84B	105동	35층
	07		매매 17억 3,000	84C	105동	33층
23.05	08		매매 16억 9,000	84A	102동	4층
23.04	25		매매 15억 9,500	84C	102동	8층
23.03	28		매매 15억 3,000	84B	104동	4층
	04		매매 16억	84B	101동	15층
23.02	23		매매 16억	84C	101동	17층
	16		매매 15억	84B	103동	5층
22.02	05		매매 20억 5,000	84A	102동	15층
21.12	27		최고가 매매 21억 7,000	84B	103동	23층

▲ 자료: 아실

가장 쉬운 독학 새벽하늘 부동산 경매 첫걸음

───── 경수   음... 서울은 왠지 비싸게 낙찰될 것 같은데 "과연
              그럴까."라고 했으니 한 1.5억 정도 싸게 들어가
              보고 싶네.
              16억으로 고!

하늘   오, 좋아. 낙찰가를 볼까?

◀ 〈경매 사례〉 참조

▲ 자료 출처: 탱크옥션

하늘   경수 낙찰! 16억에 입찰했다면 네가 낙찰 받았을 거야.

───── 경수   헉! 낙찰가가 15.5억이면 2억이나 싸게 된 거네?!
              와! 경매가 이런 거였구나. 나도 집 살 때 무조건
              경매로 사야겠어!

하늘   당연하지. 경매를 알고 난 이상 1, 2천만 원이 아니라 1, 2억 원
        이나 싸게 살 수 있는데 이제는 제값 주고는 못 사겠지?

경수   그러네. 내가 이 좋은 걸 왜 이제 알았을까. 그냥 시세 파악만 잘해서 적당히 싸게 입찰하면 되는 거였네. 돈 벌기 참 쉽다.

하늘   그렇진 않아. 때로는 문제가 되는 물건도 있는데, 그 내용을 모르고 낙찰 받으면 오히려 손해를 볼 수도 있어. 이렇게 문제가 있는지를 파악하는 걸 권리 분석이라고 하는데, 이 부분에 관해서는 공부를 좀 더 해야겠지.

경수   권리 분석? 왠지 어려울 거 같은데?

하늘   쉽진 않지. 하지만 핵심만 알면 그리 어렵지도 않아.

경수   그래? 그럼 꼭 배워 보고 싶은데?

탱크옥션 활용법 – 전국 1개월 무료 이용

https://www.tankauction.com/

2

권리 분석이 이렇게
간단한 거였어?

1

권리 분석

경매는 법에 정해진 절차대로 진행하는 것이고
그 과정에서 우리가 낙찰 받는 거야.
우리 스스로 해당 경매 사건에 문제가 있는지를 가려낼 수 있어야 하지.
그게 바로 권리 분석이라 생각하면 돼.
물론 경매도 수수료를 내고 권리 분석을 의뢰할 수도 있어.

▌권리 분석이란?

하늘 권리 분석을 한마디로 정리하자면 이거야.

권리 분석이란 낙찰자가 책임
져야 할 문제가 있는지를 확인
하는 것이다.

낙찰자가 책임져야 할 문제가 있는지를 확인하는 것.

─── **경수** 뭘 책임져야 한다는 거야? 결혼해야 하는 것도
         아니고...

하늘 하하, 웬 결혼? 이렇게 생각하면 돼. 우리가 일반적인 매매를
      할 때 보통 부동산(공인중개사)을 통해서 진행하지?

─── **경수** 그렇지.

하늘 왜 그럴까?

─── **경수** 음... 안전하게 거래하기 위해서겠지?

하늘 맞아. 그런데 경매는 공인중개사가 중개하는 것이 아니지. 법원이 법에 정해진 절차대로 경매를 진행하는 것이고, 그 과정에서 우리가 낙찰 받는 거야. 그래서 우리 스스로 해당 부동산에, 그리고 해당 경매 사건에 문제가 있는지를 가려낼 수 있어야 하지. 그게 바로 권리 분석이라 생각하면 돼. 물론 경매도 공인중개사에게, 또는 법무사나 변호사에게 수수료를 내고 권리 분석을 의뢰할 수도 있어.

——— **경수** 그래? 수수료가 얼마나 하는데?

하늘 보통 한 건당 30만 원에서 50만 원 정도 하지. 이건 권리 분석만 해 주는 비용이고 만약 입찰부터 낙찰까지의 절차를 의뢰하면 감정가의 1% 또는 최저매각가격의 1.5%의 수수료를 지급해야 해. 예컨대 감정가 5억 원의 아파트를 낙찰 받았다면 수수료는 500만 원이 되는 거지.

——— **경수** 그럼 그렇게 하면 되지 않나? 안전하게 말이야.

하늘 그래도 되지. 그런데 한번 생각해 보자. 우리가 일반적으로 부동산을 매수할 때 부동산(공인중개사무소)을 통해서 진행하는 이유는 거래의 안전을 위해서이기도 하지만 매물을 찾을 수 있는 매개체가 부동산(공인중개사무소)이기 때문인 이유도 크지. 예를 들어 아파트를 매입하려 할 경우 일단 네이버 부동산이나 그 밖의 사이트에 들어가서 매물을 확인하는데, 그 매물을 올려놓은 주체는 부동산(공인중개사무소)이잖아. 그러니까 결국 그 부동산(공인중개사무소)에 전화하고 방문해서 매물을 본 다음 매입하기로 결정하면 매매 계약을 체결하는 방식으로 진행되지.

——— **경수** 맞아. 나도 전세 구할 때 그랬었지.

하늘 그런데 경매는 어때? 앞에서 봤듯이 법원경매정보라는 사이트에 경매로 진행되는 물건들이 올라와 있지? 유료 사이트에는 더 검색하기 쉽게 정리되어 있고. 결국 부동산(공인중개사무소) 같은 중개업체가 없어도 내가 직접 매물을 쇼핑하듯이 찾아볼 수 있다는 거야.

그럼 이제 우리가 필요한 건 권리 분석인데, 배우고 나면 '이렇게 쉽나.' 할 정도로 놀라게 될 거야.

—— **경수** 진짜?!

하늘 응. 집중해서 잘 들어 봐.

권리 분석은 크게 3단계로 나눌 수 있어.

첫 번째가 등기부상 권리 분석

두 번째가 임차인(점유자) 권리 분석

세 번째가 매각물건명세서상 권리 분석

자, 이제부터 차근차근 천천히 정말 쉽게 설명해 주도록 하지.

2

등기부 보는 방법,
일상생활의 상식에서 보면 쉽다!

등기부에 기재된 권리의 순서를 따질 때
등기원인은 아무런 의미가 없고
접수란에 있는 날짜를 기준으로 우선순위가 정해지는 거야.
등기부 가장 마지막 페이지에는 현재 남아 있는 권리들만
날짜순으로 정리해서 보기 편하게 제공하고 있지.

▌등기부 보는 방법

하늘 권리 분석 첫 번째가 바로 등기부상 권리 분석인데, 먼저 등기
부 보는 방법부터 알아야겠지?

등기부는 앞서 설명했듯이 '등기사항전부증명서'를 줄여서 부
르는 말인 거 알지?

먼저 등기부를 한번 보자.

등기사항전부증명서(말소사항 포함)
① - 집합건물 -

고유번호 2741-2017-004559

[집합건물] 서울특별시 서대문구 남가좌동 385외 4필지 디엠씨파크뷰자이 제219동 제12층 제1203호

②【 표 제 부 】	③(1동의 건물의 표시)			
표시번호	접 수	소재지번,건물명칭 및 번호	건 물 내 역	등기원인 및 기타사항
1	2017년2월16일	서울특별시 서대문구 남가좌동 385, 382, 383, 384, 386 디엠씨파크뷰자이 제219동 [도로명주소] 서울특별시 서대문구 가재울미래로 2	철근콘크리트구조 (철근)콘크리트지붕 28층 공동주택(아파트) 1층 453.74㎡ 2층 440.02㎡ 3층 439.55㎡ 4층 439.55㎡ 5층 439.55㎡ 6층 439.55㎡ 7층 439.55㎡ 8층 439.55㎡ 9층 439.55㎡ 10층 439.55㎡ 11층 439.55㎡ 12층 439.55㎡ 13층 439.55㎡ 14층 439.55㎡ 15층 439.55㎡ 16층 439.55㎡ 17층 439.55㎡ 18층 439.55㎡ 19층 439.55㎡ 20층 439.55㎡ 21층 439.55㎡ 22층 439.55㎡ 23층 439.55㎡ 24층 439.55㎡ 25층 439.55㎡ 26층 439.55㎡ 27층 439.55㎡ 28층 249.81㎡	도시및주거환경정비사업시행으로인하여 등기

▲ 〈등기부〉 참조

하늘   서대문구 남가좌동에 있는 어느 아파트의 등기부야. 219동 1203호지.

①집합건물은 아파트, 빌라와 같은 형태의 부동산이라 생각하면 돼.

등기부는 표제부, 갑구, 을구로 구성되어 있는데 아파트와 같은 집합건물의 ②표제부는 총 4가지 내용이 들어가지.

먼저 ③1동의 건물의 표시가 있는데 해당 호수가 속해 있는 동

전체가 기재되어 있는 거야. 219동은 총 28층이라는 걸 알 수 있지.

④ (대지권의 목적인 토지의 표시)				
표시번호	소 재 지 번	지 목	면 적	등기원인 및 기타사항
1	1. 서울특별시 서대문구 남가좌동 385	대	114020.2㎡	2017년2월16일 등기
	2. 서울특별시 서대문구 남가좌동 382	대	7885.3㎡	
	3. 서울특별시 서대문구 남가좌동 383	대	3287.8㎡	
	4. 서울특별시 서대문구 남가좌동 384	대	61163.4㎡	
	5. 서울특별시 서대문구 남가좌동 386	대	14660.7㎡	

【 표 제 부 】 ⑤ (전유부분의 건물의 표시)				
표시번호	접 수	건 물 번 호	건 물 내 역	등기원인 및 기타사항
1	2017년2월16일	제12층 제1203호	철근콘크리트구조 84.99㎡	

⑥ (대지권의 표시)			
표시번호	대지권종류	대지권비율	등기원인 및 기타사항
1	4 소유권대지권	61163.4분의 49.688	2016년12월29일 대지권 2017년2월16일 등기

▲ 〈등기부〉 참조

하늘 표제부에 두 번째로 기재되어 있는 건 ④**대지권의 목적인 토지의 표시**야. 이 아파트 단지 전체의 땅이라 생각하면 돼.

표제부 세 번째는 ⑤**전유부분의 건물의 표시**인데, 바로 219동 1203호의 건물 전용 면적인 것이지. 참고로 전용 면적이란 현관문을 열고 들어가서부터의 내부 면적이라 생각하면 돼.

마지막으로 표제부 네 번째는 ⑥**대지권의 표시**인데, 이 아파트 단지 전체 땅 중에 219동 1203호 소유의 땅 면적이 표시되어 있는 거야. 그걸 대지권이라 하지.

다음은 ⑦**갑구**인데, 가장 중요한 **소유권**이 표시되어 있지. '순위번호' 2번을 보면 매매로 소유권이 변경된 내용이 기재되어 있는데 ⑧**접수**란에 2017년 4월 13일이라 기재되어 있고, 오른쪽 ⑨**등기원인**란에는 2016년 4월 6일이라 기재되어 있는 게 보이지?

등기원인은 매매 계약을 한 날이고 접수는 잔금과 함께 실제로 소유권이 이전된 날인 거야.

이 중에 뭐가 중요하겠어?

―― 경수 음... 당연히 소유권 이전된 날이 중요하지 않을까?

하늘 맞아. 그래서 등기부에 기재된 권리의 순서를 따질 때 등기원인은 아무런 의미가 없고 접수란에 있는 날짜를 기준으로 우선순위가 정해지는 거야.

순위번호	등 기 목 적	접 수 ⑧	등 기 원 인 ⑨	권 리 자 및 기 타 사 항
	⑦【 갑 구 】	(소유권에 관한 사항)		
1	소유권보존	2017년2월16일 제5448호		소유자 가재울뉴타운제4구역주택재개발정비사업조합 274171-0006578 서울특별시 서대문구 수색로2길 4,3층 (남가좌동)
2	소유권이전	2017년4월13일	2016년4월6일	소유자 장필선 761115-*******
		제15299호⑩	매매	서울특별시 마포구 동교로19길 86, 701호 (성산동) 거래가액 금624,700,000원

▲ 〈등기부〉 참조

―― 경수 그렇구나. 그런데 만약 같은 날짜에 2개 이상의 등기가 있으면 어떻게 되는 거야? 동순위인가?

하늘 아니.

그럴 경우는 접수 번호가 빠른 순이야.

⑩제15299호가 접수 번호거든. 따라서 등기부에 기재된 권리 중 순위가 같은 경우는 없어.

그리고 갑구에는 압류, 가압류 같은 권리도 기재기 되지. 경매 개시 결정 등기도 갑구에 기재가 돼.

[집합건물] 서울특별시 서대문구 남가좌동 385의 4필지 디엠씨파크뷰자이 제219동 제12층 제1203호

순위번호	등기목적	접수	등기원인	권리자 및 기타사항
		제15299호	매매	서울특별시 마포구 동교로19길 86, 701호 (성산동) 거래가액 금624,700,000원
2-1	2번등기명의인표시변경	2018년10월1일 제271161호	2018년8월30일 전거	장펼선의 주소 서울특별시 마포구 양화로 45,102동 1404호 (서교동,메세나폴리스)
3	압류	2019년12월20일 제154689호	2019년12월20일 압류(개인납세2과-티132176)	권리자 국 처분청 마포세무서장
4	압류	2020년7월2일 제104785호	2020년7월2일 압류(징수과-14368)	권리자 마포구(서울특별시) 1120
5	임의경매개시결정	2020년7월7일 제107314호	2020년7월7일 서울서부지방법원의 임의경매개시결정(2020타경53612)	채권자 화창토산 주식회사 110111-6554558 서울 서대문구 연희로 212 (연희동)
6	압류	2021년3월30일 제45158호	2021년2월16일 압류(세무2과-2847)	권리자 서대문구(서울특별시) 1119
7	압류	2021년4월26일 제59979호	2021년4월23일 압류(체남징세과-티44856)	권리자 국 처분청 고양세무서장
8	압류	2021년5월4일 제65720호	2021년5월4일 압류(일산동구세무과-11657)	권리자 고양시 3129 처분청 일산동구청장

▲ 〈등기부〉 참조

하늘 다음은 ⑪을구인데 소유권 이외의 권리에 관한 사항이라고 되어 있지? 말 그대로 그 밖의 나머지 권리들이 을구에 기재 되는 거야. 가장 흔히 볼 수 있는 게 근저당이지.

⑪ 【 을 구 】		(소유권 이외의 권리에 관한 사항)		
순위번호	등 기 목 적	접 수	등 기 원 인	권리자 및 기타사항
~~1~~	~~근저당권설정~~	~~2017년9월20일~~ ~~제34116호~~	~~2017년9월20일~~ ~~설정계약~~	~~채권최고액 금150,000,000원~~ ~~채무자 주식회사뉴희강국제여행사~~ ~~서울특별시 마포구 양화로11길 12,~~ ~~6층(서교동, 현담빌딩)~~

▲ 〈등기부〉 참조

[집합건물] 서울특별시 서대문구 남가좌동 385외 4필지 디엠씨파크뷰자이 제219동 제12층 제1203호

순위번호	등 기 목 적	접 수	등 기 원 인	권리자 및 기타사항
				~~근저당권자 주식회사진선마택스리펀드~~ ~~110111-875755~~ ~~서울특별시 용산구 청파로 40,~~ ~~2층(한강로3가)~~
2	근저당권설정	2018년3월30일 제10448호	2018년3월30일 설정계약	~~채권최고액 금120,000,000원~~ 채무자 주식회사뉴희강국제여행사 서울특별시 마포구 양화로11길 12, 6층(서교동,현담빌딩) 근저당권자 화창토산주식회사 110111-6554558 서울특별시 서대문구 연희로 212(연희동)
2-1	2번근저당권변경	2018년6월14일 제17657호	2018년6월8일 변경계약	~~채권최고액 금170,000,000원~~
2-2	2번근저당권변경	2018년10월1일 제27162호	2018년9월28일 변경계약	~~채권최고액 금300,000,000원~~
2-3	2번근저당권변경	2018년10월12일 제28293호	2018년10월11일 변경계약	채권최고액 금360,000,000원
3	1번근저당권설정등 기말소	2019년12월4일 제146119호	2019년11월26일 해지	

▲ 〈등기부〉 참조

하늘 '순위번호' 1번 근저당의 경우 빨간선이 그어져 있지?

군이 설명 안 해도 감이 오겠지만 군이 설명하자면 빌린 돈을 갚으면서 근저당을 말소시켰다는 의미야.

그리고 등기부 가장 마지막 페이지에는 이렇게 기재되었다가 지워진 것들을 빼고 현재 남아 있는 권리들만 날짜순으로 정리해서 보기 편하게 제공하고 있지.

주요 등기사항 요약 (참고용)

──────────── [주 의 사 항] ────────────

본 주요 등기사항 요약은 증명서상에 말소되지 않은 사항을 간략히 요약한 것으로 증명서로서의 기능을 제공하지 않습니다.
실제 권리사항 파악을 위해서는 발급된 증명서를 필히 확인하시기 바랍니다.

고유번호 2741-2017-004559

[집합건물] 서울특별시 서대문구 남가좌동 385외 4필지 디엠씨파크뷰자이 제219동 제12층 제1203호

1. 소유지분현황 (갑구)

등기명의인	(주민)등록번호	최종지분	주 소	순위번호
장필선 (소유자)	761115-*******	단독소유	서울특별시 마포구 양화로 45,102동 1404호 (서교동,메세나폴리스)	2

2. 소유지분을 제외한 소유권에 관한 사항 (갑구)

순위번호	등기목적	접수정보	주요등기사항	대상소유자
3	압류	2019년12월20일 제154689호	권리자 국	장필선
4	압류	2020년7월2일 제104785호	권리자 마포구(서울특별시)	장필선
5	임의경매개시결정	2020년7월7일 제107314호	채권자 화창토산 주식회사	장필선
6	압류	2021년3월30일 제45158호	권리자 서대문구(서울특별시)	장필선
7	압류	2021년4월26일 제59979호	권리자 국	장필선
8	압류	2021년5월4일 제65720호	권리자 고양시	장필선

3. (근)저당권 및 전세권 등 (을구)

순위번호	등기목적	접수정보	주요등기사항	대상소유자
2	근저당권설정	2018년3월30일 제10448호	채권최고액 금120,000,000원 근저당권자 화창토산주식회사	장필선
2-1	근저당권변경	2018년6월14일 제17657호	채권최고액 금170,000,000원	장필선
2-2	근저당권변경	2018년10월1일 제27162호	채권최고액 금300,000,000원	장필선
2-3	근저당권변경	2018년10월12일 제28293호	채권최고액 금360,000,000원	장필선

▲ 〈등기부〉 참조

하늘　이 정도까지만 알아도 등기부상의 권리 분석을 할 수 있어.

　　　시작해 볼까?

3초면 끝나는 90%의 등기부상 권리 분석

등기부상 권리 분석은 낙찰 받고 잔금을 낸 후 등기부에 있는 권리 중
낙찰자가 인수해야 할 것이 있는지를 확인하는 거야.
말소기준등기는 근저당과 가압류, 압류가 있지.
등기부상 가장 빠른 권리가 근저당 또는 가압류, 압류일 경우
낙찰 후 등기부에 있는 모든 권리는 말소되는 거지.

낙찰 후 등기부상 말소되는 원리

하늘 등기부상 권리 분석은 낙찰 받고 잔금을 낸 후 등기부에 있는
권리 중 낙찰자가 인수해야 할 것이 있는지를 확인하는 거야.

아주 쉽게 설명해 볼게.

일단 일반적인 매매를 생각해 보자.
다음 등기부의 아파트를 경수 네가 매매로 산다고 가정해 볼게.

소유자, 즉 매도인은 이**이고 현재 등기부에 남아 있는 권리
는 농협은행 가압류 11,000여만 원, 신한카드 가압류 1,500여
만 원, 롯데카드 600여만 원, 현대카드 700여만 원, 농협은행
에 2억 1,700여만 원의 근저당이 있어.

고유번호 1201-2020-023278

[집합건물] 인천광역시 미추홀구 숭의동 121-7외 10필지 더 미추홀퍼스트 제11층 제1106호

1. 소유지분현황 (갑구)

등기명의인	(주민)등록번호	최종지분	주　　　　　소	순위번호
이▨▨ (소유자)	681218-*******	단독소유	경기도 시흥시 복지로120번길 7,11동502호(대야동,영남아파트)	5

2. 소유지분을 제외한 소유권에 관한 사항 (갑구)

순위번호	등기목적	접수정보	주요등기사항	대상소유자
6	가압류	2022년7월15일 제243451호	청구금액 금11,217,131 원 채권자 농협은행 주식회사	이▨▨
7	가압류	2022년7월26일 제253171호	청구금액 금15,765,192 원 채권자 신한카드 주식회사	이▨▨
8	가압류	2022년8월8일 제271264호	청구금액 금6,494,662 원 채권자 롯데카드 주식회사	이▨▨
9	가압류	2022년8월23일 제286952호	청구금액 금7,589,830 원 채권자 현대카드 주식회사	이▨▨
10	임의경매개시결정	2022년10월18일 제346522호	채권자 농협은행 주식회사	이▨▨

3. (근)저당권 및 전세권 등 (을구)

순위번호	등기목적	접수정보	주요등기사항	대상소유자
1	근저당권설정	2021년5월6일 제189436호	채권최고액 금217,200,000원 근저당권자 농협은행주식회사	이▨▨

하늘 이 채무를 다 합치면 2.58억 정도 되거든. 그런데 이 아파트의 시세는 2.4억 정도야. 이 상태에서 소유자 이**이 이 아파트를 팔려고 해. 그럼 시세를 확인해 보고 인근 부동산(공인중개사무소)에 매물로 내놓을 것이고, 경수 네가 이 아파트를 사기로 했어.

그럼 부동산(공인중개사)은 매매 가격의 10%인 24,000,000원을 계약금, 그리고 날짜를 정해 나머지 금액은 잔금으로 하고, 소유자이자 매도인인 이**은 향후 잔금일까지 등기부에 있는 가압류 4건과 근저당 1건을 없애는 조건으로 매매 계약을 진행할 거야.

그렇겠지?

—— **경수** 응. 그래야 온전한 물건으로 살 수 있는 거니까. 그런데 계약금은 꼭 매매 가격의 10%여야 하나? 그리고 중도금이라는 것도 있다던데?

하늘 응. 법에 정해져 있는 건 없어. 그냥 서로 협의하기 나름이야. 하지만 통상적으로 계약금은 10%, 중도금의 경우 매매 가격이 비교적 고액이 아니라면 생략하고 잔금일을 바로 정하는 경우가 많지.

—— **경수** 아... 그렇구나.

하늘 자, 그럼 본론으로 들어가서 소유자 이**이 등기부에 있는 가압류, 근저당을 없애려면 어떻게 해야 할까?

—— **경수** 음... 돈을 갚으면 되는 거 아닌가?

하늘 맞아! 매우 간단하지.
일반적인 상황에서는 등기부에 있는 권리는 당연히 돈을 갚는 등 그 원인을 해결해야만 지울 수 있지.
그런데 보자.
팔려는 가격은 2.4억 원인데 근저당과 가압류 등의 채무를 모두 합치니 2.58억 원이 넘는 거야. 이렇게 되면 이**은 이 아파트를 팔 수 있을까?
만약 판다면 돈을 받는 게 아니라 오히려 1,400여만 원을 매수자에게 주면서 등기를 넘겨야겠지?

—— **경수** 그렇네.

하늘 정상적인 방법으로는 팔 수가 없으니 결국 경매가 진행된 거야.
그럼 보자.
누군가가 2억 원에 낙찰 받았다고 하면 어떻게 되는 걸까?
순위가 늦은 채권자들은 돈을 다 못 받아 갈 것이고, 그럼 그게 근저당이든 가압류든 없어지지 않고 등기부에 남아 있겠지?

―― **경수** 그렇겠지.

하늘 시세대로 2.4억 원에 낙찰 받았다고 해도 마찬가지야.
하지만 시세보다 싸게 매입하기 위해 경매를 하는 것인데 시세대로 낙찰 받을 사람은 없을 거야.
그렇다면 이 아파트는 결국 경매로 진행시킬 수가 없겠지?

―― **경수** 맞네.

하늘 그래서 경매의 경우 특별하게 등기부상 대부분의 권리는 채권자가 돈을 다 못 받더라도 낙찰 후 없애기로 한 거야.
안 그러면 경매 진행이 안 될 것이니까 이렇게 법으로 정해 놓은 거지.

경매의 경우, 등기부상 대부분의 권리는 채권자가 돈을 다 못 받더라도 낙찰 후 그 권리가 지워지게 되어 있다. 단, 모든 권리가 지워지는 것은 아니다.

―― **경수** 그래? 그럼 따로 공부할 필요가 없는 거 아니야?
낙찰 받으면 등기부상 권리는 다 지워진다고 했으니.

하늘 아니지.
등기부상 대부분의 권리가 지워지는 거지, 모든 권리가 지워지는 게 아니야. 즉, 안 지워지는 권리도 있다는 뜻이지.
그래서 공부해야 하는 거야. 혹시나 안 지워지는 권리가 있을 수 있으니까. 만약 안 지워지는 권리가 있다면 그건 낙찰자가 책임져야 하는 거니까.
이해되지?

―― **경수** 아, 그렇구나. 어쩐지 쉽게 간다 했어.

하늘 그래, 세상에 쉬운 게 하나 없지.
그런데 이것만 알면 정말 쉽게 권리 분석을 할 수 있어.
지금부터 집중하도록 해.

하늘 다음 표는 앞에서 봤던 등기부 권리를 순서대로 나열한 거야. 그 순서는 등기부상 접수순이라고 이야기했지?

순서	접수일	권리종류	권리자	채권금액	비고	소멸
갑(5)	2021-05-06	소유권이전	이○○		매매 거래가액. 247,000,000원	
을(1) ①	2021-05-06	근저당권설정	농○○○○○○○ ○○○○○○	217,200,000	말소기준등기	소멸
갑(6)	2022-07-15	가압류	농○○○	11,217,131	2022카단104289	소멸
갑(7)	2022-07-26	가압류	신○○○○○	15,765,192	2022카단104522	소멸
갑(8)	2022-08-08	가압류	롯○○○○○	6,494,662	2022카단104838	소멸
갑(9)	2022-08-23	가압류	현○○○○○	7,589,830	2022카단105207	소멸
갑(10)	2022-10-18	임의경매	농○○○○○○○○ ○○○○○○○	청구금액 180,994,677	2022타경13010	소멸

건물등기 (채권합계금액:258,266,815원)

▲ 자료: 탱크옥션

―― **경수** 응. 기억나.

하늘 좋아. 낙찰 후 등기부상 권리가 지워지는 건 의외로 간단한 법칙이 있어. 어려운 말로 이것, 저것 공부하는 것보다 이것만 기억해 두면 돼.

먼저 소유권 이전을 제외하고 가장 빠른 권리를 찾아 봐. 뭘까?

―― **경수** 음... 을(1) 2021-05-06 **근저당** 맞지?

하늘 맞아. 낙찰 후 등기부상 권리가 지워지는 것을 말소라고 하는데 그 기준이 되는 권리가 몇 개 있어.
우선 가장 대표적인 게 바로 근저당이야. 이 근저당은 자기 자신도 말소되면서 그 아래에 있는 권리까지 모조리 말소시키는 역할을 하지. 그래서 근저당 같은 권리를 **말소기준권리**, 또는 **말소기준등기**라고 해. 따라서 이 경매 사건이 낙찰되고 낙찰자가 잔금을 내면 아래처럼 등기부의 모든 권리는 전부 말소

근저당은 자기 자신도 말소되면서 그 아래에 있는 권리까지 모조리 말소시키는 역할을 한다.

되는 거야

TA 건물등기 (채권입계금액:258,266,815원)

순서	접수일	권리종류	권리자	채권금액	비고	소멸
갑(5)	2021-05-06	소유권이전	이○○		매매 거래가액:247,000,000원	
을(1)	2021-05-06	근저당권설정	농○○○○○○○ ○○○○○○○	217,200,000	말소기준등기	소멸
갑(6)	2022-07-15	가압류	농○○○	11,217,131	2022카단104289	소멸
갑(7)	2022-07-26	가압류	신○○○○○	15,765,192	2022카단104522	소멸
갑(8)	2022-08-08	가압류	롯○○○○○	6,494,662	2022카단104838	소멸
갑(9)	2022-08-23	가압류	현○○○○○	7,589,830	2022카단105207	소멸
갑(10)	2022-10-18	임의경매	농○○○○○○○○ ○○○○○○○	청구금액 180,994,677	2022타경13010	소멸

▲ 자료: 탱크옥션

───── **경수** 자기 자신을 포함해서 그 아래에 있는 권리를
모두 말소시킨다? 그거 재미있네!

하늘 그렇지? 이런 말소기준등기는 **근저당**과 **가압류, 압류**가 있지.
쉽게 설명하자면 등기부상 가장 빠른 권리가 근저당 또는 가
압류, 압류일 경우 낙찰 후 등기부에 있는 모든 권리는 말소되
는 거지. 아래 같은 경우도 가장 빠른 권리가 가압류인데 말소
기준등기기 때문에 자신을 포함해서 그 아래에 있는 권리 또
한 전부 말소되는 거야. 어렵지 않지?

| 건물등기 (채권합계금액 : 185,000,000원)

순서	접수일	권리종류	권리자	채권금액	비고	소멸
갑(9)	2015-06-18	소유권이전	이주연		매매 거래가액:105,000,000원, 개명전:이강심	
갑(10)	2018-05-21	가압류	대구지방국세청	100,000,000	말소기준등기 2018카합10194	소멸
갑(11)	2020-07-01	가압류	서울보증보험(주) (충청신용지원단)	85,000,000	2020카단52560	소멸
갑(12)	2020-09-29	강제경매(10번가압류의본 압류로의 이행)	대구지방국세청	청구금액 100,000,000	2020타경55532	소멸

▲ 자료: 탱크옥션

—— 경수　와! 어렵지 않은 정도가 아니라 정말 쉬운데?

하늘　그런데 더 놀라운 사실은 이런 식의 유형이 경매로 진행되는
사건의 90%가 넘는다는 거야.
무슨 얘기냐면 이 내용만 알고 있어도 경매 사건 90% 이상의
등기부상 권리 분석이 가능하다는 거지.

—— 경수　진짜?!
대~~~박!!
권리 분석이 이렇게 쉬운 거였어?

하늘　맞아.
절대 어렵게 공부할 필요가 없지. 나머지 10%가 어려운 거지
90%는 정말 껌이라 할 수 있어.

—— 경수　그럼 말소되지 않는 건 어떤 거야?

하늘　다음 사례를 보면서 설명해 줄게.
이 사건은 가장 빠른 권리가 ①가처분이지?

—— 경수　응.

하늘　가처분은 말소기준등기라 했나?

—— 경수　음... 지금까지 배운 건 말소기준등기가 근저당,
가압류, 압류니까 가처분은 아니지.

하늘　맞아.
말소기준등기가 아니면 그냥 내버려 둔 채 그 아래에 있는 권
리로 넘어가는 거야.

건물등기 (채권합계금액 : 24,718,326,018원)

순서	접수일	권리종류	권리자	채권금액	비고	소멸
갑(3)	2010-01-29	소유권이전	아○○		신탁	
① 갑(8)	2011-10-19	가처분	(주)코○○		서울중앙지방법원 2011카합2471 채무자와 소외 세룡건설산업(주)사이의 2010.1.2 9 신탁계약에 대한 사해행위취소청구권	인수
갑(19)	2018-03-28	소유권이전	에○○		매매	
② 을(1)	2018-03-28	근저당권설정	(주)투○○	7,800,000,000	말소기준등기	소멸
을(2)	2018-07-06	근저당권설정	(주)어○○	4,350,000,000		소멸
을(3)	2018-12-11	근저당권설정	유○○	4,680,000,000		소멸
을(4)	2019-02-21	근저당권설정	남○○	1,200,000,000		소멸
을(5)	2019-03-14	근저당권설정	최○○	6,000,000,000		소멸
을(6)	2019-07-29	근저당권설정	권○○	688,326,018		소멸
갑(25)	2020-04-03	임의경매	(주)투○○	청구금액 14,482,410,959	2020타경51104	소멸
갑(26)	2020-05-20	압류	아○○			소멸

▲ 자료: 탱크옥션

하늘 소유권은 내버려 두고 그다음 권리가 ②근저당인데 이건 말소기준 등기지?

—— **경수** 그렇지.

하늘 그럼, ②근저당 자신을 포함해서 아래 있는 권리도 말소되겠지? 그럼 등기부에 안 지워지고 남아 있는 권리는 뭘까?

—— **경수** 가처분?

하늘 맞아!
바로 이런 경우 낙찰 후 등기부에 남아 있는 권리가 있게 되는 거지. 낙찰 받고 잔금을 내도 이 가처분은 말소되지 않고 등기부에 남아 있으니, 결국 낙찰자 책임이 되는 거야.
즉, 낙찰자가 알아서 없애야 하는 거지.

경수 갑자기 어려워지는데? 그럼 가처분은 어떻게 없 앨 수 있는 거야? 그것보다 이 가처분이 무슨 뜻 인 거야?

하늘 하하. 바로 그런 내용들 때문에 많은 사람들이 경매 공부를 하 다가 포기하는 거야. 법률을 전공한 사람들이 아닌 일반인들 에게는 제법 어려운 내용이거든. 경매를 배운다는 것은 경매 와 관련된 법을 공부하는 건데, 법률이 분명히 한글로 쓰여 있 는데 그 내용을 이해하기가 정말 어렵거든.

한번 볼까?

지금까지 설명해 준 말소기준등기, 그리고 그 아래에 있는 권 리가 소멸하는 것에 관한 근거 법률이야.

[민사집행법]

제91조(인수주의와 잉여주의의 선택 등) ①압류채권자의 채권에 우선하는 채권에 관한 부동산의 부담을 매수인에게 인수하게 하거나, 매각대금으로 그 부담을 변제하는 데 부족하지 아니하다는 것이 인정된 경우가 아니면 그 부동산을 매각하지못한다.

②매각부동산 위의 모든 저당권은 매각으로 소멸된다.

③지상권·지역권·전세권 및 등기된 임차권은 저당권·압류채권·가압류채권에 대항할 수 없는 경우에는 매각으로 소멸된다.

④제3항의 경우 외의 지상권·지역권·전세권 및 등기된 임차권은 매수인이 인수한다. 다만, 그중 전세권의 경우에는 전세권자 가 제88조에 따라 배당요구를 하면 매각으로 소멸된다.

⑤매수인은 유치권자(留置權者)에게 그 유치권(留置權)으로 담보하는 채권을 변제할 책임이 있다.

하늘 민사집행법 제91조 2항, 3항 내용이지. 어때?

경수 뭔 소린지 모르겠어.

하늘 당연한 거야. 경수 너는 법을 전공한 게 아니니까. 그런데 내 설명을 들으니 어려울 게 없지?

경수 맞아. 왜 쉬운 내용을 이렇게 어려운 말로 써 놓 은 건지 모르겠어.

하늘 법이란 다 이런 식이야. 아까 물어 본 가처분을 공부하려면 몇
달은 걸릴 거야. 가처분의 종류만 해도 몇십 가지가 되니까.

우리가 경매 공부를 하는 이유는 입찰에 참여하기 위해서, 즉
시세보다 싸게 부동산을 낙찰 받기 위해서겠지?

―― **경수** 그렇지.

하늘 그럼 딱 그것만 할 수 있을 정도의 공부만 먼저 하면 돼. 법을
전공할 게 아니라면 말이야. 하물며 법을 전공한 변호사 분들
도 종종 내 경매 강의를 듣곤 하지.
경매는 처음부터 누구에게 배우느냐가 정말 중요해. 쓸데없이
어려운 말만 늘어놓으면 한없이 어려운 게 경매거든.
아까 얘기했잖아. 정말 쉬운 말소기준등기의 원리만 알아도
90%의 등기부상 권리 분석을 할 수 있다고 말이야.
그다음에 좀 더 싸게, 즉 더 높은 수익을 올리고 싶다면 그때
더 난이도 있는 공부를 하면 돼. 소위 특수 물건이라 불리는
유형이지.

이제 몇 가지만 더 알면 90%의 등기부상 권리 분석은 끝날 거
야. 말소기준등기 몇 가지만 더 공부하면 되거든.

준비됐지?

―― **경수** 물론이지!

말소기준등기의 종류

하늘 아까 말소기준등기엔 뭐가 있다고 했지?

—— **경수** 음... 근저당, 가압류, 압류. 맞지?

하늘 훌륭해! 이 녀석들이 가장 빠른 권리일 경우 등기부상 권리 분석은 매우 간단해지지. 왜냐하면 모두 말소되니까.
여기에 하나만 더 추가하면 되는데 그게 바로 경매기입등기야. 임의경매 또는 강제경매가 되겠지.
아래를 보면 '강제경매'가 가장 빠른 순위에 있으니 말소기준이 되면서 자신을 포함해서 아래 있는 권리를 전부 말소시키는 거야.

건물등기

순서	접수일	권리종류	권리자	채권금액	비고	소멸
갑(4)	2016-12-01	소유권이전	이연화		매매 거래가액:200,557,337원	
갑(7)	2020-02-20	강제경매	진덕남	청구금액 190,000,000	말소기준등기 2020타경1348	소멸
갑(8)	2020-12-01	압류	부산진구(부산광역시)			소멸

▲ 자료: 탱크옥션

하늘 이렇게 해서 무조건 말소기준이 되는 녀석들에 대한 정리는 끝!

무조건 말소기준이 되는 것들에 주목하자!

> **무조건 말소기준이 되는 등기**
> **근저당, 가압류, 압류, 경매기입등기**

하늘 여기까지는 쉽지?

—— 경수   응. 이래도 되나 싶을 정도로...

하늘   여기에 하나만 더 공부하면 등기부상 권리 분석은 정말 끝이
야. 90%의 권리 분석이 가능해지는 거지.

—— 경수   대박! 이렇게 빨리 경매 공부를 할 수 있다는 게
정말 놀랍다. 빨리 알려 줘.

하늘   좋아. 다음 두 가지는 말소기준이 될 때도 있고 안 될 때도 있
는, 다소 피곤한 녀석들이야.

말소기준이 될 때도 있고 안 될 때도 있는 등기

전세권, 가등기

하늘   이 녀석들의 특징은 돈을 달라고 요구하면 말소기준이 되고,
돈을 달라고 요구하지 않으면 말소기준이 아니라는 것.
먼저 **전세권**은 비교적 흔히 볼 수 있는, 그리고 경매 초보들이
가장 많이 실수하는 것 중에 하나야.

아래 등기부 현황에서 가장 빠른 권리가 뭐지?

順 건물등기			(채권합계금액:2,140,000,000원)			
순서	접수일	권리종류	권리자	채권금액	비고	소멸
갑(5)	2019-02-18	소유권이전	(주)에○○○○○		신탁재산의귀속	
을(6)	2021-03-04	전세권설정	현○○	140,000,000	범위:전부 존속기간: 2021.03.04 ~ 2023.03.03	인수
을(7)	2021-03-05	근저당권설정	대○○○○○○○○ ○○○○○	2,000,000,000	말소기준등기	소멸
갑(7)	2021-12-14	임의경매	대○○○○○○○○ ○○○○○○○○	청구금액 2,000,000,000	2021타경57160	소멸

▲ 자료: 탱크옥션

—— 경수 전세권이네.

하늘 맞아.

그런데 전세권이 가장 빠른 권리일 때는 말소기준이 될 때도 있고 안 될 때도 있다고 했지. 그리고 돈을 달라고 하면 말소기준이 된다고 했어. 따라서 전세권이 말소기준이 되는 경우는 배당요구를 했을 때야.

전세권이 말소기준이 되는 경우는 배당요구를 했을 때이다.

그럼 전세권자가 배당요구를 했는지 볼까?

탱크옥션 오른쪽을 보면 참고 자료가 쭉 나와 있는데 그중에 '문건/송달'을 확인하면 돼.

▶ 〈경매 사례〉 참조

▲ 자료: 탱크옥션

하늘 '문건/송달'을 클릭하면 다음과 같은 화면이 나오는데 '문건처리내역'은 경매 사건 이해관계인들이 법원에 서류를 제출한 거고, '송달내역'은 법원이 이해관계인들에게 서류를 보내 준 현황이야.

그렇다면 '문건처리내역'에서 전세권자 현**이 배당요구를 했는지를 찾아보면 되겠지?

가장 쉬운 독학 새벽하늘 부동산 경매 첫걸음

◀ 〈문건처리내역〉 참조

문건/송달내역 [인쇄]

문건처리내역

접수일	접수내역	결과
2021.12.14	등기소 대00000 0000 000 등기필증 제출	
2021.12.22	임차인 김OO 권리신고 및 배당요구신청서(주택임대차) 제출	
2021.12.23	임차인 이OO 권리신고 및 배당요구신청서(주택임대차) 제출	
2021.12.24	전세권자 현OO 권리신고 및 배당요구신청서(주택임대차) 제출	
2021.12.24	임차인 장OO 권리신고 및 배당요구신청서(주택임대차) 제출	
2021.12.27	임차인 김OO 권리신고 및 배당요구신청서(주택임대차) 제출	
2021.12.27	임차인 이OO 권리신고 및 배당요구신청서(주택임대차) 제출	
2021.12.28	집행관 김OO 현황조사보고서 제출	
2021.12.29	기타 김OO 감정평가서 제출	

▲ 자료: 탱크옥션

하늘 확인해 보니까 2021.12.24.에 현**이 전세권자로서 '배당요구'를 했네. '배당요구종기일'이 2022.3.11.까지니까 유효하게 배당요구를 한 거지.

◀ 〈사건내역〉 참조

사건내역 [인쇄]

사건기본내역

사건번호	2021타경57160 [전자]	사건명	부동산임의경매
접수일자	2021.12.10	개시결정일자	2021.12.14
담당계	경매3계 전화 : 041-660-0693 (경매절차 관련 문의) 집행관사무소 전화 : 041-665-2078 (입찰 관련 문의) (민사집행법 제90조, 제268조 및 부동산등에 대한 경매절차 처리지침 제53조제1항에 따라, 경매절차의 이해관계인이 아닌 일반인에게는 법원경매정보 홈페이지에 기재된 내용 외에는 정보의 제공이 제한될 수 있습니다.)		
청구금액	2,000,000,000원	사건항고/정지여부	
종국결과	배당종결	종국일자	2023.03.23
송달료,보관금 잔액조회			

배당요구종기내역

목록번호	소재지	배당요구종기일
1	충청남도 서산시 성연면 성연3로 36, 506동 14층1404호 (이안서산테크노밸리)	2022.03.11
2	충청남도 서산시 성연면 성연3로 36, 507동 4층403호 (이안서산테크노밸리)	2022.03.11
3	충청남도 서산시 성연면 성연3로 36, 508동 3층303호 (이안서산테크노밸리)	2022.03.11
4	충청남도 서산시 성연면 성연3로 36, 508동 8층801호 (이안서산테크노밸리)	2022.03.11
5	충청남도 서산시 성연면 성연3로 36, 509동 5층505호 (이안서산테크노밸리)	2022.03.11
6	충청남도 서산시 성연면 성연3로 36, 509동 7층705호 (이안서산테크노밸리)	2022.03.11
7	충청남도 서산시 성연면 성연3로 36, 509동 10층1001호 (이안서산테크노밸리)	2022.03.11
8	충청남도 서산시 성연면 성연3로 36, 510동 17층1703호 (이안서산테크노밸리)	2022.03.11

▲ 자료: 탱크옥션

하늘 그렇다면 이 전세권은 말소기준이 된다는 거야.

말소기준이 된다는 것은 자신을 포함해서 아래 있는 권리들을 모두 없애는 거니까 아래처럼 모든 권리가 사라지겠지?

순서	접수일	권리종류	권리자	채권금액	비고	소멸
갑(5)	2019-02-18	소유권이전	(주)에○○○○○		신탁재산의귀속	
을(6)	2021-03-04	전세권설정	현○○	140,000,000	범위:전부 존속기간: 2021.03.04 ~ 2023.03.03	인수
을(7)	2021-03-05	근저당권설정	대○○○○○○○○ ○○○○○	2,000,000,000	말소기준등기	소멸
갑(7)	2021-12-14	임의경매	대○○○○○○○○ ○○○○○○○○○	청구금액 2,000,000,000	2021타경57160	소멸

▲ 자료: 탱크옥션

—— 경수 그렇구나!

그런데 오른쪽 '소멸' 여부에 보면 빨간색으로 '인수'라고 나와 있는데?

하늘 그건 잘못 기재되어 있는 거야.

옥션 사이트의 권리 분석을 무조건 믿으면 안 돼. 절대 책임지지 않거든.

그래서 스스로 공부해야 하는 거야.

—— 경수 그럼 전세권이 배당요구를 했다면 근저당이나 가압류와 같다고 봐도 되는 거지?

하늘 맞아. 그런데 만약 전세권이 배당요구를 안 했다면?

—— 경수 그럼 말소기준이 되지 않는다?

맞지?

하늘 정확히 맞췄어!

다음 등기부 현황이 그런 케이스야.

건물등기   (채권합계금액 : 937,548,792원)

순서	접수일	권리종류	권리자	채권금액	비고	소멸
갑(2)	2009-02-27	소유권이전	이○○		매매, 거래가액 금120,000,000원	
을(6)	2014-06-20	전세권	(주)엘○○	190,000,000	존속기간: 2014.06.19~2016.06.19 범위:전부	인수
을(7)	2015-11-26	근저당	한○○	7,000,000	말소기준등기	소멸
갑(3)	2016-05-24	가압류	서○○	41,250,000	2016카단1915	소멸
갑(5)	2016-07-20	가압류	기○○	595,000,000	2016카단51601	소멸
갑(6)	2016-07-27	가압류	중○○	60,000,000	2016카단51795	소멸
갑(9)	2018-10-17	가압류	(주)케○○	44,298,792	2018카단2158	소멸
갑(13)	2020-07-23	강제경매	하○○	청구금액 132,132,100	2020타경8814	소멸

▲ 자료: 탱크옥션

하늘 전세권이 가장 위에 있는데 배당요구를 안 한 거지. '문건처리 내역'을 보면 그 어디에도 전세권자 (주)엘00이 배당요구를 한 내역이 없어.

◀〈문건처리내역〉참조

문건처리내역

접수일	접수내역	결과
2020.07.24	등기소 대00000 000 등기필증 제출	
2020.07.31	집행관 대00000 000000 현황조사보고서 제출	
2020.08.06	노수정 세000000000 감정평가서 제출	
2020.08.10	배당요구권자 기00000 배당요구신청 제출	
2020.08.11	가압류권자 서00000 0000 채권계산서 제출	
2020.08.11	가압류권자 서00000 0000 권리신고 및 배당요구신청서 제출	
2020.08.21	채권자 주000 0000 특별송달신청 제출	
2020.09.10	가압류권자 기0000000 보정서 제출	
2020.09.24	교부권자 유00 교부청구서 제출	
2020.10.19	채권자 주000 0000 공시송달신청서 제출	

▲ 자료: 탱크옥션

하늘 '매각물건명세서'(P.82)를 봐도 마찬가지고. ①'배당요구여부' 를 보면 아무것도 없는 게 보이지?

────── 경수   그렇네.

하늘 그리고 ②'등기된 부동산에 관한 권리 또는 가처분으로 매각으로 그 효력이 소멸되지 아니하는 것'에 보면 전세권 등기는 말소되지 않고 매수인에게 인수된다고 나와 있지?

▶ 〈매각물건명세서〉 참조

대 전 지 방 법 원

2020타경8814

매각물건명세서

사 건	2020타경8814 부동산강제경매		매각물건번호	1	작성일자	2021.03.02	담임법관(사법보좌관)	이창훈	(인)
부동산 및 감정평가액 최저매각가격의 표시	별지기재와 같음		최선순위 설정		2015.11.26. 근저당권		배당요구종기	2020.10.26	

부동산의 점유자와 점유의 권원, 점유할 수 있는 기간, 차임 또는 보증금에 관한 관계인의 진술 및 임차인이 있는 경우 배당요구 여부와 그 일자, 전입신고일자 또는 사업자등록신청일자와 확정일자의 유무와 그 일자

점유자 성 명	점유 부분	정보출처 구 분	점유의 원 원	임대차기간 (점유기간)	보 증 금	차 임	전입신고 일자, 사업자등록 신청일자	확정일자	① 배당 요구여부 (배당요구일자)
주식회사 엘지화학	건물의 전부	등기사항 전부증명서	주거 전세권자	2014.06.19.-2016.06.19.	190,000,000				

〈비고〉
주식회사 엘지화학:전세권자로서 전세권설정등기일은 2014.06.20.임.

※ 최선순위 설정일자보다 대항요건을 먼저 갖춘 주택·상가건물 임차인의 임차보증금은 매수인에게 인수되는 경우가 발생 할 수 있고, 대항력과 우선변제권이 있는 주택·상가건물 임차인이 배당요구를 하였으나 보증금 전액에 관하여 배당을 받지 아니한 경우에는 배당받지 못한 잔액이 매수인에게 인수되게 됨을 주의하시기 바랍니다.

② 등기된 부동산에 관한 권리 또는 가처분으로 매각으로 그 효력이 소멸되지 아니하는 것
을구 순위 6번 전세권설정등기(2014.06.20.등기)는 말소되지 않고 매수인에게 인수됨.

매각에 따라 설정된 것으로 보는 지상권의 개요

비고란
매각으로 인하여 말소되지 않는 선순위 전세권 있음.

▲ 자료: 탱크옥션

하늘 그 의미는 낙찰 후에도 전세권은 등기부에 그대로 남아 있다는 뜻이야. 다음 등기부 현황을 다시 보면 이해가 빠를 거야.

①전세권이 배당요구를 하지 않았으니 말소기준이 되지 않기 때문에 그 아래 있는 권리로 넘어가는 거야.
그 아래 권리는 ②근저당인데 이건 말소기준이지?
그러니까 근저당 자신을 포함해서 그 아래 있는 권리는 모두 말소.
그럼 전세권만 남아 있게 되겠지?

건물등기	(채권합계금액 : 937,548,792원)					
순서	접수일	권리종류	권리자	채권금액	비고	소멸
갑(2)	2009-02-27	소유권이전	이○○		매매, 거래가액 금120,000,000원	
① 을(6)	2014-06-20	전세권	(주)엘○○	190,000,000	존속기간: 2014.06.19~2016.06.19 범위:전부	인수
② 을(7)	2015-11-26	근저당	한○○	7,000,000	말소기준등기	소멸
갑(3)	2016-05-24	가압류	서○○	41,250,000	2016카단1915	소멸
갑(5)	2016-07-20	가압류	기○○	595,000,000	2016카단51601	소멸
갑(6)	2016-07-27	가압류	중○○	60,000,000	2016카단51795	소멸
갑(9)	2018-10-17	가압류	(주)케○○	44,298,792	2018카단2158	소멸
갑(13)	2020-07-23	강제경매	하○○	청구금액 132,132,100	2020타경8814	소멸

▲ 자료: 탱크옥션

—— 경수 그러네.

이 방식대로 하니까 확실히 이해가 잘 되는 거 같아.

하늘 좋아.

그럼 낙찰자가 전세권을 없애려면 어떻게 해야 할까?

—— 경수 음... 그 전세금을 줘야 없앨 수 있지 않을까?

하늘 맞아.

결국 낙찰자는 전세 보증금 1억 9천만 원을 전세권자에게 줘야 하는 거지.

자, 그럼 이 경매 사건이 낙찰된 현황을 한번 볼까?

낙찰 후에도 전세권은 등기부에 그대로 남아 있다고?

TANK
AUCTION

관심물건   법원정보   대법원 바로가기

경매 **2020타경8814**

경매개시 95   배당요구종기일 163   최초진행 70   매각 41   납부 36   배당종결(405일 소요)

대전지방법원 5계(042-470-1805)

매각일자 2021.06.16 (수)(10:00)

아파트   토지·건물 일괄매각 / 선순위 전세권설정

대전 유성구 전민동 464○○, 101동 3층304호 (전민동, 엑스포아파트)   도로명주소검색
(도로명주소:대전광역○○)

대 지 권	51.345㎡(15.532평)	소유자	이○○	감정가	351,000,000
건물면적	84.96㎡(25.7평)	채무자	이○○	최저가	(49%) 171,990,000
개시결정	2020-07-23 (강제경매)	채권자	하○○	보증금	(10%) 17,199,000

전경도   전경도

전체보기 ▼   오늘:1 누적:555 평균(2주):0

구분	입찰기일	최저매각가격	결과	비고
1차	2021-04-07 (14:00)	351,000,000	유찰	
3차	2021-06-16	171,990,000		
	낙찰 191,150,000원 (54.46%) / 입찰 3명 / 최재우			
	(차순위 180,000,000원)			
	매각결정기일 : 2021-06-23 · 매각허가결정			

지급기한 : 2021-07-28
납부 : 2021-07-27
배당기일 : 2021-09-01
배당종결 : 2021-09-01

▲ 자료: 탱크옥션

하늘   대전 유성구에 있는 전용 면적 $84\,m^2$ 아파트야.

1억 9,100만 원 남짓에 낙찰 받았지.

그런데 전세 보증금 1억 9천만 원을 인수해야 하니까 결국 3억 8,100만 원 남짓에 낙찰 받은 거야.

잘한 걸까?

―――― **경수**   완전 망한 거 아니야?

하늘   그건 시세를 살펴본 다음에 판단해야겠지.

2021년 6월 낙찰 당시 이 아파트의 실거래가는 4억 중반에서 최고 4억 6,500만 원이었네.

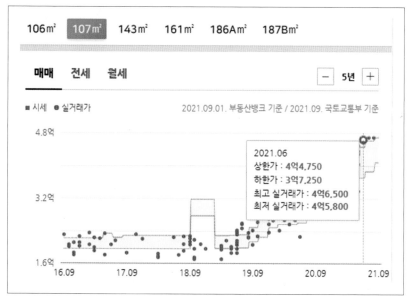

▲ 자료: 네이버 부동산

하늘   그리고 21년 9월 현재 네이버 부동산에 나온 가장 저렴한 매
       물이 4억 5천만 원인데 전세를 끼고 매입하는 조건이라 입주
       가 불가능한 매물이고, 입주 가능한 매물 중 가장 저렴한 거는
       5억 3천만 원이니 매우 잘 받은 낙찰이라 할 수 있겠네.

▲ 자료: 네이버 부동산

경수 ──── 와! 그럼 시세보다 무려 1억 5천만 원 가까이 싸게 산 거네?
대박이다!

하늘 그런데 다음 물건을 한번 봐 봐.
전세권이 가장 빠른 권리인데 이것도 배당요구를 하지 않았어.

| 건물등기   (채권합계금액 : 145,000,000원)

순서	접수일	권리종류	권리자	채권금액	비고	소멸
갑(2)	2019-06-04	소유권이전	김○○		매매, 거래가액 203,290,00원	
을(1)	2019-06-04	전세권설정	김○○	145,000,000	존속기간: 2019.04.26~2021.04.25 범위:주거용건물 전부	인수
갑(4)	2021-02-10	강제경매	(주)병○○	청구금액 293,263,296	말소기준등기 2021타경10178	소멸

▲ 자료: 탱크옥션

▶ 〈매각물건명세서〉 참조

춘천지방법원 속초지원

2021타경10178

매각물건명세서

사 건	2021타경10178 부동산강제경매		매각 물건번호	1	작성 일자	2021.06.04	담임법관 (사법보좌관)	김삼규	
부동산 및 감정평가액 최저매각가격의 표시	별지기재와 같음		최선순위 설정	2021. 2. 10. 경매개시 결정			배당요구종기	2021.05.04	

부동산의 점유자와 점유의 권원, 점유할 수 있는 기간, 차임 또는 보증금에 관한 관계인의 진술 및 임차인이 있는 경우 배당요구 여부와 그 일자, 전입신고일자 또는 사업자등록신청일자와 확정일자의 유무와 그 일자

점유자 성 명	점유 부분	정보출처 구 분	점유의 권 원	임대차기간 (점유기간)	보 증 금	차 임	전입신고 일자, 사업자등록 신청일자	확정일자	배당 요구여부 (배당요구일자)
김영예	주거용 건물의 전부	등기사항 전부증명 서	주거 전세권자	2019.04.26.~2 021.04.25.	145,000,000				
	전부	현황조사	주거 전세권자	2019.04.26 ~2021.04.25	145,000,000			2020.06.09	
박인규 전세권 자 김영예 의 배우자)		현황조사	주거 임차인				2020.06.25		

〈비고〉
김영예:전세권자이자 주택입차권자임

※ 최선순위 설정일자보다 대항요건을 먼저 갖춘 주택·상가건물 임차인의 임차보증금은 매수인에게 인수되는 경우가 발생 할 수 있고, 대항력과 우선변제권이 있는 주택·상가건물 임차인이 배당요구를 하였으나 보증금 전액에 관하여 배당을 받지 아니한 경우에는 배당받지 못한 잔액이 매수인에게 인수되게 됨을 주의하시기 바랍니다.

등기된 부동산에 관한 권리 또는 가처분으로 매각으로 그 효력이 소멸되지 아니하는 것
을구 순위 1번 전세권설정등기(2019. 6. 4. 제7319호)는 말소되지 않고 매수인에게 인수됨

▲ 자료: 탱크옥션

하늘 '매각물건명세서'에도 전세권은 매수인(낙찰자)에게 인수된다고 버젓이 나와 있지. 즉, 낙찰자는 전세금 1억 4,500만 원을 인수해야 하는 거야.

어렵지 않지?

───── **경수** 응. 지금까지 배운 대로 적용한다면 전혀 어렵지 않지.

하늘 그런데 낙찰가를 한번 볼까?

◀ ⟨경매 사례⟩ 참조

▲ 자료: 탱크옥션

하늘 2억 8,100만 원 남짓에 낙찰 받았어. 그런데 이 아파트의 시세는 3억 2천만 원 정도거든.

▲ 자료: 네이버 부동산

하늘 그렇다면 결국 낙찰자는

낙찰가 2억 8,100만 원
+ 인수되는 전세 보증금 1억 4,500만 원
= 4억 2,600만 원

에 매입한 게 되는 거지.

—— **경수** 와… 1억 원도 넘게 비싸게 산 거네? 그럼 이 낙찰자는 어떻게 해야 하는 거야?

하늘 방법은 두 가지가 있어.

첫째, 잔금을 다 내고 이 아파트가 4억 3천만 원이 넘을 때까지 기다린다. 단, 언제가 될지는 아무도 모른다.

둘째, 입찰 보증금 2,500만 원을 포기하고 미납한다.

결국 이 낙찰자는 두 번째 방법을 선택했지. 그래서 경매가 다시 진행되는 거야. 이렇게 권리 분석을 잘못하는 바람에 낙찰자는 오히려 2,500만 원을 순식간에 잃게 된 거지.

—— **경수** 에휴… 이런 경우도 있구나.

하늘 맞아. 조금만 공부하면 알 수 있는 것을 너무 준비 없이 뛰어든 거야. 수업료치고는 너무 비싼 거지. 경수 너 같은 경우는 이런 실수를 할 일이 없겠지?

—— **경수** 응. 지금까지 배운 것만 적용하면 되는 거잖아.

하늘 그래. 그런데 선순위 전세권은 나중에 배울 임차인의 대항력과 우선변제권도 함께 고려해서 봐야 해. 뒤에서 임차인 권리분석을 공부하면 그리 어렵지 않을 거야.

하늘 다음은 **가등기**인데 내용이 어렵기도 하지만 자주 등장하는 녀석은 아니라서 간단히만 정리해 줄게. 가등기는 매매 계약을 했다는 뜻이야. 매수자가 나중에 잔금을 내면 소유권이 이전된다는 내용을 누구나 볼 수 있게 등기부에 기재해 놓은 거지. 이런 내용의 가등기를 '소유권이전청구권가등기'라고 해. 그런데 가끔 돈을 빌려주고 가등기를 설정하는 경우도 있어. 이런 내용의 가등기를 '담보가등기'라고 해. 말소기준이 될 수 있는 게 바로 이 담보가등기야.

담보가등기는 말소기준이 될 수 있다.

하지만 담보가등기의 성격을 가지고 있어도 등기부에 기재되는 문구는 대부분 '소유권이전청구권가등기'로 등기되어 있거든. 그래서 경매가 신행되면 법원에서는 가등기권자에게 우편을 보내서 물어보는 거지. 가등기가 소유권이전청구권가등기인지, 아니면 담보가등기인지를 말이야. 그래서 가등기권자가 배당해 달라는 취지의 문서를 법원에 접수하면 법원은 이것을 담보가등기로 보고 말소기준으로 경매를 진행하는 경우가 많아. 경매 사건을 보고 설명해 줄게.

다음 등기부 현황(P.90)에서 '소유권이전청구권 가등기'가 가장 선순위에 있지?

◀ 〈경매 사례〉 참조

탱크옥션 2021타경2119(1)

강릉지원 2계 (033-640-1132)

진행내역: 경매개시 93일 배당요구종기일 263일 최초진행 35일 매각 18일 납부 67일 배당종결 (476일 소요)

아파트 토지·건물 일괄매각 위반건축물/선순위 가등기

매각일자 2022.11.21 (월) (10:00)
종국일자 2023.02.14

강원 강릉시 주문진읍 주문리 ○○○○, ○○○동 ○○층○○○○호 (케이티레파트더블유힐) [새주소검색]
(도로명주소:강원 강릉시 주문진읍 주문복로 ○○○-○○)

대 지 권	52.78㎡(15.966평)	소유자	유○○○○○○	감정가	149,000,000
건물면적	84.974㎡(25.705평)	채무자	유○○○○○○	최저가	(70%) 104,300,000
개시결정	2021-10-26(강제경매)	채권자	김○○	매각가	(93%) 138,500,000

오늘: 1 누적: 220 평균(2주): 0 [차트]

구분	매각기일	최저매각가격	결과
1차	2022-10-17	149,000,000	유찰
2차	2022-11-21	104,300,000	

매각 138,500,000원 (92.95%) / 입찰 3명 / 안성 고▨▨▨
매각결정기일: 2022-11-28 - 매각허가결정
지급기한: 2023-01-05
납부: 2022-12-09

전경도   관련사진

▲ 자료: 탱크옥션

▶ 〈등기부 현황〉 참조

	건물등기		(채권합계금액:151,630,330원)			
순서	접수일	권리종류	권리자	채권금액	비고	소멸
갑(6)	2018-03-29	소유권이전	유○○○○○○○○		매매 거래가액:129,000,000원	
갑(7)	2018-03-29	소유권이전청구권가등기	김○○		매매예약	인수
갑(8)	2018-10-15	압류	서○○○○○○○○○		말소기준등기	소멸
갑(9)	2019-03-19	압류	국○○○○○○○○○ ○○○○○○○○○ ○○○			소멸
갑(10)	2019-05-20	압류	강○○			소멸
갑(11)	2019-05-23	압류	영○○○○○			소멸
갑(12)	2020-11-24	가압류	(주)담○	9,450,000	2020카단20675	소멸
갑(13)	2021-10-26	강제경매	김○○	청구금액 65,382,094	2021타경2119	소멸
갑(14)	2022-05-02	가압류	근○○○○○○○○○ ○○○○○○○○○	142,180,330	2022카단201578	소멸

▲ 자료: 탱크옥션

하늘 그래서 법원은 가등기권자에게 어떤 성격의 가등기인지를 묻
    는 문서를 보냈고, '문건처리내역'에 보면 가등기권자는 법원
    에 '담보가등기'라는 의사 표시를 하면서 배당요구를 했어.

▶ 〈문건처리내역〉 참조

	문건/송달내역		인쇄
	문건처리내역		
접수일	접수내역		결과
2021.10.27	등기소 춘○○○○ ○○○○ ○○○ 등기필증 제출		
2021.11.10	교부권자 영○○○○○ 교부청구서 제출		
2021.11.15	감정인 호○○○○○○○○○ 감정평가서 제출		
2021.11.15	집행관 김○○ 현황조사서 제출		
2021.11.16	채권자대리인 김○○ 주소보정서 제출		
2021.11.25	교부권자 영○○○○○ 교부청구서 제출		
2021.12.01	채권자대리인 김○○ 주소보정서 제출		
2021.12.02	교부권자 국○○○○○○○ ○○○○ 교부청구서 제출		
2022.01.10	배당요구권자 주○○○ ○○ 권리신고 및 배당요구신청서 제출		
2022.01.12	교부권자 영○○○ 교부청구서 제출		
2022.01.12	교부권자 영○○○ 배당금 계좌입금신청서 제출		
2022.01.13	가등기권자 김○○ 권리신고 및 배당요구신청서 제출		
2022.01.17	임금채권자 김○○○ ○○○ ○○○ ○○○ 권리신고 및 배당요구신청서 제출		

▲ 자료: 탱크옥션

하늘 그래서 법원은 이 가등기를 담보가등기로 취급해서 경매를
    진행한 거야.
    그렇다면 이 가등기는 말소기준이 되니까 자신을 포함해서

아래 있는 등기까지 전부 말소되겠지?

🏢 건물등기 (채권합계금액:151,630,330원)

순서	접수일	권리종류	권리자	채권금액	비고	소멸
갑(6)	2018-03-29	소유권이전	유○○○○○○		매매 거래가액:129,000,000원	
갑(7)	2018-03-29	소유권이전청구권가등기	김○○		매매예약	인수
갑(8)	2018-10-15	압류	서○○○○○○○		말소기준등기	소멸
갑(9)	2019-03-19	압류	국○○○○○○○○ ○○○○○○○○ ○○○			소멸
갑(10)	2019-05-20	압류	강○○			소멸
갑(11)	2019-05-23	압류	영○○○○○			소멸
갑(12)	2020-11-24	가압류	(주)담○	9,450,000	2020카단20675	소멸
갑(13)	2021-10-26	강제경매	김○○	청구금액 65,382,094	2021타경2119	소멸
갑(14)	2022-05-02	가압류	근○○○○○○○○ ○○○○○○○○	142,180,330	2022카단201578	소멸

말소

▲ 자료: 탱크옥션

하늘 그런데 아래 경매 사건을 보면 마찬가지로 가등기가 가장 선순위에 있는데 가등기권자는 배당요구라든가 채권계산서 제출 등 아무런 의사 표시를 하지 않았어. 그래서 이 가등기는 말소기준이 될 수 없는 거야.

◀ 〈경매 사례〉 참조

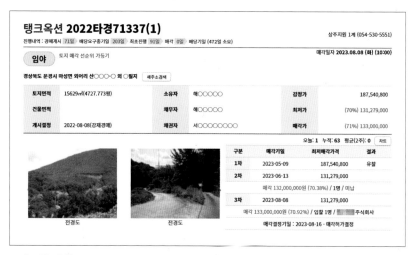

▲ 자료: 탱크옥션

▲ 자료: 탱크옥션

하늘 그렇다면 그 아래에 있는 압류가 말소기준이 되어서 자신을 포함하여 아래에 있는 모든 등기가 말소되고 결국 가등기는 남아 있게 되는 거지. '매각물건명세서'에도 가등기는 매각으로 말소되지 않는다고 나와 있지?

▶ 〈매각물건명세서〉 참조

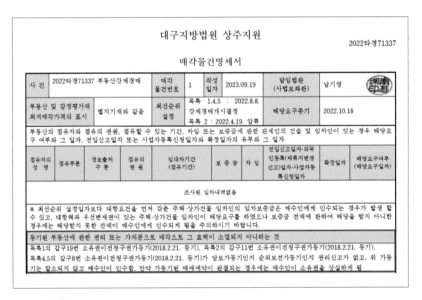

▲ 자료: 탱크옥션

────── 경수 그럼 어떻게 되는 거야? 말소되지 않으면 말이야.

하늘 언제든 가등기권자가 매매 계약을 했던 소유자에게 잔금을

가장 쉬운 독학 새벽하늘 부동산 경매 첫걸음

치르면서 매매 계약을 완결하면 그 가등기권자에게 소유권이 이전되는 거야.

───── 경수　와, 머리 아프네.

하늘　이 내용을 전부 이해하려면 더 많은 공부가 필요한데, 처음에 말했듯이 가등기는 그냥 이렇게만 정리하고 넘어가면 돼.
'원래 가등기는 말소기준이 아닌데 가등기권자가 배당요구 또는 채권계산서를 제출하면 예외적으로 말소기준이 된다.'

───── 경수　오~케이. 정리됐어!

하늘　좋아! 그렇다면 축하해! 넌 방금 현재 진행되고 있는 경매 사건 90%의 등기부상 권리 분석을 마스터한 거야!

───── 경수　진짜?

하늘　응. 진짜야!

참고로 말소기준등기보다 순위가 느리지만 말소되지 않는 등기가 있긴 해.
예고등기, 건물 철거, 토지 인도를 피보전 권리로 하는 가처분 등이 그렇거든.

───── 경수　응?!

하늘 하하, 그럴 줄 알았어. 완전 황당하지? 생전 처음 듣는 단어일 거야. 도대체 무슨 얘기인 줄도 모르겠고... 맞지?

—— **경수** 맞아! 방금 경매 포기할까 했었다...

하늘 그래...

사실 이런 거 때문에 포기하는 사람들도 많지.
하지만 방금 이야기한 내용에 대해서는 나중에 공부하면 돼.
경매 사건의 1%도 채 되지 않는 거니까.
하물며 예고등기는 0.1%도 안 되거든.

결론은, 거의 볼 일이 없지만 만약 등기부에 '예고등기', '건물 철거에 관한 가처분'이 있으면 일단 패스하면 돼.

이건 뒤에 가서 가볍게 다룰 거니까 걱정하지 말고.

공유 지분, 공유자우선매수청구권

하늘 공유 지분이란 하나의 부동산을 2인 이상이 공동으로 소유하
는 거야.

등기부를 보면 쉽게 이해될 거야. 행당동에 있는 아파트를 홍
○○과 박○○이 각각 1/2씩 소유하고 있지.

| 5 | 소유권이전 | 2016년12월26일
제87359호 | 2016년10월21일
매매 | 공유자
지분 2분의 1
홍██ 8406█-*******
서울특별시 마포구 마포대로11길 50, 405동

지분 2분의 1
박█ 8308█-*******
서울특별시 마포구 마포대로11길 50, 405동
거래가액 금570,000,000원 |
| 5-1 | 5번등기명의인표시
변경 | 2020년12월30일
제224448호 | 2017년1월20일
주소변경 | 홍██ 의 주소 서울특별시 성동구 행당로 79,
119동 █████ |

▲ 자료: 탱크옥션

하늘 이렇게 되면 각 지분별로 돈을 빌리며 근저당을 설정해 줄 수
도 있고, 채권자가 채무자 소유 지분에 가압류를 할 수도 있어.

| 5 | 갑구5번홍██지분
전부근저당권설정 | 2021년5월28일
제95527호 | 2021년5월28일
설정계약 | 채권최고액 금565,500,000원
채무자 홍██
서울특별시 성동구 행당로 79, 119동
██████
근저당권자 주식회사스타크래디트대부
110111-2611419
서울특별시 서초구 서초중앙로24길 16,
1001호 (서초동, 케이엠타워) |
| 5-1 | 5번근저당권이전 | 2022년4월18일
제49567호 | 2022년3월18일
확정채권양도 | 근저당권자 주식회사에이치에스자산대부
110111-6400355
서울특별시 서초구 사임당로14길 15, 2층
2호(서초동,서광빌딩) |

▲ 자료: 탱크옥션

6	5번홍▒▒지분가압류	2021년12월27일 제204510호	2021년12월27일 서울동부지방법 원의 가압류 결정(2021카단5 4072)	청구금액 금50,000,000 원 채권자 진▒ 870▒▒-******* 경기도 고양시 덕양구 소만로 48, 902동
7	5번홍▒▒지분가압류	2021년12월28일 제204838호	2021년12월28일 서울동부지방법 원의 가압류 결정(2021카단5 4115)	청구금액 금100,000,000 원 채권자 조▒ 84▒▒▒-******* 서울특별시 성동구 난계로 114-31, 107동

▲ 자료: 탱크옥션

하늘 그리고 해당 지분만 경매 신청도 할 수 있겠지?

순위번호	등 기 목 적	접 수	등 기 원 인	권리자 및 기타사항
9	5번홍▒▒지분임의 경매개시결정	2022년2월9일 제18383호	2022년2월9일 서울동부지방법 원의 임의경매개시결 정(2022타경505 85)	채권자 주식회사스타크레디트대부 110111-2611419 서울특별시 서초구 서초중앙로24길 16, 1001호 (서초동,케이엠타워)

▲ 자료: 탱크옥션

하늘 아래가 이렇게 나온 경매 사건이야. 1/2 홍○○ 지분만 경매로
진행되는 거지.

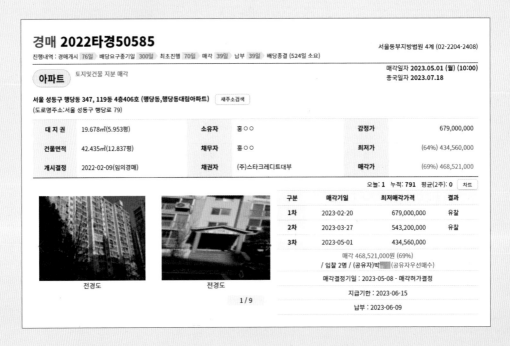

		감정원 : 프라임 / 가격시점 : 2022-02-15 / 보존등기일 : 2001-08-25	
구분(목록)	면적	감정가	비고
토지(1)	전체 39.356㎡ (11.905평) 중 지분 대지권 118458.2㎡(35833.606평) 중 19.678㎡(5.953평)	407,400,000원	▶전체면적 39.356㎡중 공유자지분 중 2분의 1 홍승우지분

구분(목록)	현황/구조	면적	감정가	비고
건물(1)	15층 중 4층 아파트(방3, 욕실 겸 화장실2, 거실, 주방 겸 식당, 발코니 등)	전체 84.87㎡ (25.673평) 중 지분:42.435㎡ (12.837평)	271,600,000원	사용승인일:2000-12-30 ▶전체면적 84.87㎡중 공유자지분 중 2분의 1 홍승우지분

▲ 자료: 탱크옥션

───── 경수   그럼 이렇게 1/2만 낙찰 받으면 어떻게 되는 거야?

하늘   그 지분만큼 사용 수익을 해도 되고, 그 지분만 팔아도 되겠지. 그런데 부동산에서 공유 지분으로 나온 매물 본 적 있어?

───── 경수   없는 거 같아.

하늘   당연히 없지. 그것만 사서 뭘 어쩌겠어? 특히 아파트는 말이야. 하지만 팔 수 있는 대상이 있지. 누굴까?

───── 경수   다른 공유자?

하늘   맞아. 다른 공유자는 경매로 낙찰된 그 지분이 있어야 다시 온전히 아파트 한 채가 되겠지? 그래서 공유 지분은 낙찰 받고 다시 나머지 지분권자에게 팔거나 아니면 반대로 나머지 지분을 사면 돼.

───── 경수   그 나머지 지분권자가 사지도 않고 팔지도 않는다 하면?

하늘   그때는 공유물 분할이라고 해서 소송을 진행하고 판결이 나오면 그 부동산 전체가 경매로 진행되는 거야. 그리고 낙찰 대금에서 자신의 비율대로 배당 받아 가는 거지.

하늘　아래 경매 사건이 이렇게 진행된 사건이야.

경매 2022타경104289

진행내역 : 경매개시 `92일` 배당요구종기일 `68일` 최초진행 `35일` 매각 `24일` 납부 `62일` 배당종결 (281일 소요)

천안지원 6계 (041-620-3076)

아파트　토지·건물 일괄매각

매각일자 2022.12.20 (화) (10:00)

충남 아산시 특산동 ○○○-○, ○○○동 ○○층○○○○호 (특산동,부영아파트)　`새주소검색`
(도로명주소:충남 아산시 온천대로 ○○○○-○○)

대 지 권	28.7722㎡(8.704평)	소유자	김○○○○○	감정가	86,000,000
건물면적	49.92㎡(15.101평)	상대방	노○○○○○	최저가	(70%) 60,200,000
개시결정	2022-06-08 `공유물분할을위한경매`	신청인	김○○	매각가	(83%) 71,399,900

오늘: **1** 누적: **248** 평균(2주): **0**　`차트`

구분	매각기일	최저매각가격	결과
1차	2022-11-15	86,000,000	유찰
2차	2022-12-20	60,200,000	

매각 71,399,900원 (83.02%) / 입찰 10명 / 용인 최철규

(2위금액 68,900,000원)

매각결정기일 : 2022-12-27 - 매각허가결정

지급기한 : 2023-02-02

납부 : 2023-01-13

배당기일 : 2023-03-16

배당종결 : 2023-03-16

전경도　　전경도

● ‥ ‥

`사진 ▼`　`지도 ▼`

▲ 자료: 탱크옥션

—— **경수**　그렇구나. 그런데 나머지 공유자는 경매 절차에
서 입찰할 수 없는 거야? 그 공유자가 낙찰 받는
게 가장 좋을 거 같은데.

하늘　넌 천재야! 맞아. 그리고 법원도 그렇게 생각하고 있어. 그래
서 공유 지분 경매 사건은 **공유자 우선 매수 청구권**이란 게 있
어. 이게 뭐냐면 누군가가 '최고가매수신고인'이 되면 그 낙찰
된 가격으로 공유자가 우선 매수할 수 있는 권리를 주는 거야.
이 사건도 공유자가 우선 매수를 했거든.

구분	매각기일	최저매각가격	결과
1차	2023-02-20	679,000,000	유찰
2차	2023-03-27	543,200,000	유찰
3차	2023-05-01	434,560,000	
	매각 468,521,000원 (69%) / 입찰 2명 / (공유자)박░░ (공유자우선매수)		
	매각결정기일 : 2023-05-08 - 매각허가결정		

▲ 자료: 탱크옥션

하늘 누군가 468,521,000원에 입찰을 했고 이 금액이 최고가였어. 그럼 집행관은 "2022타경50585호 사건의 최고가 매수 신고인은 468,521,000원에 입찰하신 ***입니다."라고 하면서 다음과 같은 멘트를 하지.

"공유자 우선 매수 하실 분은 해 주시기 바랍니다."

그럼 나머지 공유자는 "저요!" 하면 되는 거야. 그럼 그 공유자가 468,521,000원에 낙찰자가 되는 거야.

───── **경수** 그럼 원래 낙찰 받은 사람은?

하늘 떨어진 거지. 보증금 받아서 집에 가면 되는 거야. 차순위 매수 신고를 할 수도 있고.

───── **경수** 불쌍하다.

하늘 하하. 그래. 하지만 공유 지분 물건은 이런 내용을 감수해야 하지.

───── **경수** 그럼 만약에 유찰되면 어떻게 되는 거야?

하늘 그 회차 '최저매각가격'에 '우선매수신청'을 할 수도 있고, 다음 차수까지 기다려도 되고.

그런데 생각보다 공유자 우선 매수를 안 하는 경우가 많아.
그래서 소액 투자 유형으로 사용되기도 하지.

4

3초면 끝나는 90%의 임차인 권리 분석

경매 절차에서 임차인이 대항력이 있다면
못 받은 보증금에 대해서 낙찰자에게 받기 전까지 안 나가도 되는 거고,
대항력이 없다면 보증금을 다 못 받았다 해도
낙찰자에게 보증금을 달라고 주장할 수 없는 상태에서 나가야 하는 거야.
나가야 하는 시점은 낙찰자가 잔금을 내는 날이고.

점유자 확인하는 방법

하늘　먼저 지난번에 공부한 거 아직도 기억하나 볼까?

아래 등기부상 권리 분석 좀 해 볼래?

—— **경수**　음… 가장 위에 있는 근저당이 말소기준이고 근

저당 자신을 포함해서 아래 있는 권리도 모두

순서	접수일	권리종류	권리자	채권금액	비고	소멸
				(채권합계금액:1,609,375,824원)		
갑(9)	2012-01-25	소유권이전	유○○		임의경매로인한 매각 2011타경6911	
을(21)	2022-01-21	근저당권설정	노○○○○○○○○○○○○	1,560,000,000	말소기준등기 확정채권양도전:홍은동새마을금고	소멸
을(27)	2022-12-14	근저당권설정	소○○○○○○	45,000,000		소멸
갑(19)	2023-01-11	강제경매	김○○	청구금액 400,000,000	2023타경107	소멸
갑(20)	2023-02-28	압류	국○○○○○○○○○○○○○			소멸
갑(21)	2023-03-06	임의경매	노○○○○○○○○○○○○	청구금액 1,241,350,325	2023타경51334	소멸
갑(22)	2023-03-28	가압류	우○○○○○○○○○○○○○○○	4,375,824	2023카단50668	소멸

▲ 자료: 탱크옥션

말소되니까 낙찰 후 등기부상 남아 있는 권리는
없다. 맞지?

하늘 완벽해! 자, 그다음 봐야 하는 건 점유자야. 경매 사건이 아파
트니까 거기에 살고 있는 사람이 있겠지? 누가 살고 있는지를
확인할 수 있는 서류는 현황 조사서야.

현황 조사서란 경매가 시작되면 집행관이 해당 부동산에 방문
해서 그 아파트를 누가 점유하고 있는지 확인하고 그 내용을
정리해 놓은 문서지.

▶ 〈현황조사내역〉 참조

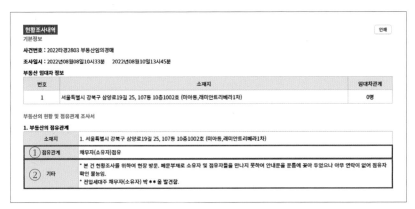

▲ 자료: 탱크옥션

하늘 위 현황 조사서의 내용을 보면 ①'점유관계'란에 '채무자(소유
자)점유'라고 기재되어 있네. 그 아래 ②'기타'란에는 더 구체
적인 내용이 있어. 집행관이 목적물에 방문했는데 그때 당시
사람이 아무도 없어서 만나지 못했다고 나와 있네.

—— 경수 그럼 소유자가 점유하고 있다는 걸 어떻게 알고
현황 조사서에 기재한 거야?

하늘 그 아래에 보면 '전입세대주 채무자(소유자) 박**을 발견함'이
라고 나와 있지?

——— 경수   음, 그러네? 어떻게 발견했다는 거야?

하늘 '전입세대확인서'를 열람했다는 거지.

——— 경수   전입세대확인서?

하늘 **전입세대확인서**란 해당 주택에 전입신고를 한 사람이 누구인 가를 나타내 주는 문서야. 우리가 이사 가면 가까운 행정복지 센터에 전입신고를 하잖아? 그럼 전입세대확인서에 기재가 되는 거야. 그런데 전입세대확인서에는 세대주만 기재가 돼. 예를 들어 한 가족이 전입신고를 했는데 아빠가 세대주고 엄 마, 아들, 딸 이렇게 네 식구가 전입신고를 했다면 전입 세대 열람에는 세대주인 아빠만 나오게 되는 거지.

◀ 〈전입세대확인서〉 참조

▲ 자료: 탱크옥션

——— 경수   아, 그렇구나. 그럼 전입 세대 열람은 누구나 발 급 받아 볼 수 있는 건가?

하늘 아니야. 개인 정보이기 때문에 아무나 막 발급 받을 수는 없어. 집주인, 그리고 임차인 등의 이해관계인만 발급 받을 수가 있 지. 평상시에는 말이야. 그런데 경매가 진행되면 그때부터는 누구나 발급 받아 볼 수가 있어. 법원경매정보 사이트에서 해 당 경매 물건을 출력하거나 탱크옥션 등의 경매정보 사이트에서 해당 경매 물건을 출력해 행정복지센터에 제출하면 전입세대확인서를 발급 받아 볼 수가 있지.

법원도 경매가 진행이 되면 이 문서를 발급 받아서 누가 점유하고 있는지를 현황 조사서에 기재하는 거야.

전입세대확인서(P.103)를 보니 전입되어 있는 사람이 박**이고 이 부동산의 소유자도 박**이니까 현황 조사서에는 소유자가 점유하고 있다고 기재한 거야.

점유자는 매우 중요하기 때문에 이 내용은 '매각물건명세서'에도 기재되어 있어.

▶ 〈매각물건명세서〉 참조

서 울 북 부 지 방 법 원

2022타경2803

매각물건명세서

사 건	2022타경2803 부동산임의경매		매각 물건번호	1	작성 일자	2023.04.13	담임법관 (사법보좌관)	이정아	
부동산 및 감정평가액 최저매각가격의 표시		별지기재와 같음	최선순위 설정	2013.05.22. 소유권이전청구권가등기 (담보가등기)			배당요구종기	2022.10.11	

부동산의 점유자와 점유의 권원, 점유할 수 있는 기간, 차임 또는 보증금에 관한 관계인의 진술 및 임차인이 있는 경우 배당요구 여부와 그 일자, 전입신고일자 또는 사업자등록신청일자와 확정일자의 유무와 그 일자

점유자의 성 명	점유부분	정보출처 구 분	점유의 권 원	임대차기간 (점유기간)	보증금	차 임	전입신고일자,사업 자등록 신청일자	확정일자	배당요구여부 (배당요구일자)
				조사된 임차내역없음					

※ 최선순위 설정일자보다 대항요건을 먼저 갖춘 주택·상가건물 임차인의 임차보증금은 매수인에게 인수되는 경우가 발생 할 수 있고, 대항력과 우선변제권이 있는 주택·상가건물 임차인이 배당요구를 하였으나 보증금 전액에 관하여 배당을 받지 아니한 경우에는 배당받지 못한 잔액이 매수인에게 인수되게 됨을 주의하시기 바랍니다.

등기된 부동산에 관한 권리 또는 가처분으로 매각으로 그 효력이 소멸되지 아니하는 것

해당사항없음

매각에 따라 설정된 것으로 보는 지상권의 개요

해당사항없음

비고란

▲ 자료: 탱크옥션

―― 경수 아! 그렇구나. 그런데 점유자가 누구인지가 그렇게 중요한 거야?

하늘 응, 정말 중요해. 왜냐하면 해당 부동산을 인도 받아야 할 대상이니까. 말이 좀 어렵지? 쉽게 설명해 줄게.

경매가 진행되는 부동산에 살고 있는 사람을 점유자라고 했

지? 우리가 그 부동산을 낙찰 받고 잔금을 내면 대부분의 점유자는 나가야 해.

부동산을 낙찰 받고 잔금을 내면 대부분의 점유자는 나가야 된다.

등기부 실명했던 것처럼 일반적으로 부동산을 매매하는 상황을 생각해 보면 돼. 매매 계약을 하고 잔금을 내는 날 매수인은 매도인에게 잔금을 내면서 소유권 이전 등기에 필요한 서류를 받지? 그래야 매수인 명의로 등기를 이전할 수 있으니까. 그리고 잔금과 동시에 해당 부동산을 인도 받게 되지. 여기서 인도란 점유를 넘겨받는 거야. 쉽게 말해 그 부동산에 살고 있던 사람이 집주인이건 임차인이건 모든 짐을 빼서 이사를 나가면서 매수인에게 빈집의 키를 넘겨주는 거지.

경매도 비슷해. 낙찰 받고 잔금을 내는 날 점유자는 낙찰자에게 해당 부동산을 인도해 줘야 해. 쉽게 말해 잔금 내는 날 점유자는 이사해야 하는 거야.

—— **경수** 무조건? 점유자는 무조건 낙찰자가 잔금 내는 날 나가야 하는 거야?

하늘 아니. 아까 대부분의 점유자는 나가야 한다 했으니까 나가지 않아도 되는 점유자도 있다는 뜻이지. 먼저 무조건 나가야 하는 점유자는 채무자(소유자)야. 점유자는 크게 두 가지 지위가 있는데 첫 번째가 채무자(소유자)이고, 두 번째가 임차인이거든. 그런데 아까 말했듯이 채무자(소유자)는 무조건 나가야 하는 점유자야. 앞에서 나왔던 '매각물건명세서'(P.104)를 보면 점유자란에 '조사된 임차내역 없음'이라 기재되어 있지? 점유자가 임차인이 아닌 채무자(소유자)란 뜻이지.

—— **경수** 아, 그럼 점유자가 채무자(소유자)일 경우는 나가야 하고 임차인일 경우는 안 나가도 되는 건가?

하늘 아니, 임차인일 경우 나가야 하는 경우도 있고 안 나가도 되는 경우도 있어. 그래서 점유자가 임차인일 경우가 권리 분석이 어려워지는 거지.

임차인에 대한 부분은 제대로 공부해야 해. 경매뿐만 아니라 우리가 사는 데도 꼭 필요한 내용이거든. 왜냐하면 우리는 임대인 아니면 임차인이니까.

—— **경수** 아, 정말 그렇네... 임대인 아니면 임차인...

경매 절차에서 점유자를 정리하면, 안 나가도 되는 임차인에 대해서는 낙찰자가 책임져야 한다는 것이다.

하늘 경매 절차에서 점유자가, 그중에서도 임차인이 중요한 이유를 한마디로 정리하자면 이거야. 안 나가도 되는 임차인은 낙찰자가 책임져야 한다.

—— **경수** 책임져야 한다? 뭘?

하늘 우리가 등기부상 권리 분석을 할 때와 마찬가지야. 말소기준등기 자신을 포함해서 그 아래에 있는 권리가 모두 말소되면서 대부분의 권리는 말소되는데 가끔 말소되지 않고 남아 있는 권리도 있다고 했지? 그리고 그 권리는 낙찰자가 책임져야 하는 것이고. 임차인도 마찬가지야. 안 나가도 되는 임차인은 낙찰자가 책임져야 하는 거지.

뭘 책임져야 할까?

당연히 그 임차인의 보증금이겠지.

—— **경수** 낙찰자가 임차인의 보증금을 책임져야 한다? 와... 입찰하는 사람 입장에서는 정말 중요하겠구나. 마치 **선순위 전세권**처럼 말이야.

하늘 맞아. 아주 좋은 비유야.

이제부터 본격적으로 임차인에 대한 공부를 시작해 볼까?

임차인 − 1. 대항력, 우선변제권

경수 아내 남편! 큰일 났어! 지금 우리가 전세로
살고 있는 집이 경매로 넘어갔대!

──── **경수** 뭐라고?! 무슨 얘기야?
확실한 거야?

경수 아내 몰라!
지금 우편물을 받았는데 법원에서 보낸 거고, 이 집에 경
매 절차를 개시하고 압류를 하고 또 뭐라뭐라 써 있어.
어떡해!

휴대폰으로 들려오는 아내의 떨리는 목소리에 경수는 갑자기 정신이 혼미해졌다.
요즘 하늘이에게 경매를 배우는 재미에 푹 빠져 있었는데, '우리가 사는 아파트
가 경매로 진행된다고?', 참 어이가 없었다. 만기가 5개월 남짓 남아 있을 때 집주
인에게서 연락이 왔었다. 웬만하면 재계약했으면 좋겠고 재계약할 때 전세 보증
금을 좀 올려 달라는 것이었다. 어차피 2년 정도는 더 살 계획이었기 때문에 일단
알겠다고는 했다. 그런데 느닷없이 이 아파트가 경매로 넘어갔다니 어이가 없었
다. 전세로 들어갈 때부터 뭔가 찜찜했었다.

경수는 1년 6개월 전 이 아파트에 전세로 들어올 때를 떠올렸다.

경수 아내 자기야~ 우리 전세 만기 다 되어 가는데 이번엔 좀 새 아
파트로 이사 가자!

──── **경수** 새 아파트 어디? 우리 동네에 새 아파트가 있어?

경수 아내 지은 지 얼마 안 된 아파트 있잖아? 층도 엄청 높고~
어제 거기 사는 친구가 있어서 가 봤는데 너무 좋아!

           — 경수   그래? 근데 전셋값이 비싸지 않겠어? 돈이 안 될
                                       텐데?

경수 아내 일단 가 보자. 단지가 커서 싸게 나온 것도 좀 있을 거야.

           — 경수   에이, 설마. 새 아파트고 가격도 비쌀 텐데 전세
                                       가 싸게 나오겠어?

경수 아내 한번 가 보기라도 하자. 응?

아내의 성화에 못 이겨 경민은 퇴근 후 아내와 함께 부동산으로 갔다.

공인중개사 지금 나와 있는 전세는 6억 정도 해요. 저층은 더 싸게
                     나오기도 하는데 지금은 나와 있는 게 없네요.

           — 경수   거 봐. 우리 형편에는 안 맞네... 전세 자금 대출
                                       받고 우리 전세 보증금 더해도 6억은 힘들어.

경수 아내 중개사님, 더 싼 거는 없어요?

공인중개사 어디 보자... 음... 40층인데 5억에 나와 있는 게 하나 있네?

경수 아내 와! 진짜요? 집 좀 볼 수 있어요?

공인중개사 새집이라 내부는 다 비슷해요. 우선 위치만 보면 돼. 여
                     기니까 전망도 기가 막히겠네! 그런데 대출이 좀 있어요.

           — 경수   대출이요? 얼마나요?

공인중개사 잠깐만요. 등기부를 보니 **채권 최고액**이 348,000,000원
                     이네.

           — 경수   그 정도면 괜찮은 거예요?

공인중개사 음... 지금 시세가 9억 정도 하니까 근저당 3.48억 빼면... 좀 간당간당하네.

——— **경수** 네? 그럼 위험한 건가요?

공인중개사 무조건 위험하다는 건 아니고... 조금 애매한 정도? 그런데 이 동네는 다 이래요. 보통 이 정도 대출은 다 있지... 어떻게, 집 보러 간다고 할까요?

이때까지만 해도 경수는 공인중개사의 말이 무슨 뜻인지 잘 몰랐다. 뭐가 위험한 것인지, 뭐가 애매하다는 것인지를 말이다. 하지만 시간이 지나면서 확실히 알게되었다. 그 시점은 바로 경매가 시작된 이후였다.

경수 아내 와! 40층이라 그런지 뷰가 너무 멋있다! 호텔에 온 기분이야! 우리 여기로 하자. 너무 좋다!

——— **경수** 그런데 대출이 많아 좀 애매하다잖아?

경수 아내 에이~ 무슨 일 있겠어? 이 동네가 보통 다 이렇다잖아~ 확정일자만 잘 받아 두면 괜찮을 거야. (과연 그럴까?)

이렇게 경수는 이 아파트에 전세 5억으로 입주를 했고, 1년 6개월이 될 무렵 경매가 진행된 것이었다. 경수는 퇴근 후 울먹이는 아내를 뒤에 둔 채 PC 앞에 앉아 열심히 검색했다. 하늘이에게 바로 연락하고 싶었지만 그래도 최대한 스스로 먼저 알아보는 게 도리인 것 같았다.

전세로 사는 집이 경매로 넘어갔을 때 임차인은 대항력이 있는지 없는지가 중요하다? 대항력이 뭐지? 확정일자를 받아야만 우선변제권이 생긴다? 소액임차인일 경우 최우선변제권이 있다? 이런저런 검색을 하다가 충격적인 내용이 경수의 눈에 들어왔다.

대항력 없는 임차인은 선순위 근저당이 많을 경우 보증금을 다 못 받고 쫓겨날 수도 있다? 어깨너머로 그 내용을 살펴본 아내는 이내 울음을 터트렸다.

경수 아내 우린 이제 어떡해… 돈도 빌려줬다 못 받고, 이젠 전세금도 다 못 받고 쫓겨나는 거야?! 못살아 진짜! T.T

당황한 경수는 아무 생각도 들지 않았다. 바로 하늘이에게 전화를 할 수밖에 없었다. 내용을 들은 하늘이가 말했다.

하늘 법원에서 왔다는 문서를 보면 사건 번호가 나와 있을 거야. '****타경****' 이런 식으로 말이야.

——— **경수** 응, 잠깐만. 여기 있다. 2022타경5792야!

하늘 내가 내용 좀 살펴보고 연락 줄게.

▶ 〈경매 사례〉 참조

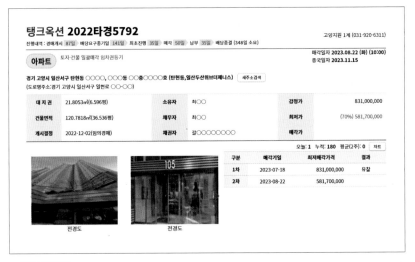

▲ 자료: 탱크옥션

사건을 확인한 하늘이는 경수에게 전화했다.

가장 쉬운 독학 새벽하늘 부동산 경매 첫걸음

하늘   경수야... 결론부터 얘기하자면 지금 상황이 별로 좋지 않아. 집주인 연락되니?

———   **경수**   아니... 법원에서 우편물 받고 바로 전화해 봤는데 아예 받질 않아. 문자를 남겨도 답도 없고...

하늘   그럴 거야. 보통 이런 상황에서는 그렇지. 간단히 설명해 줄게. 우선 임차인으로서 대항력이 없어. 근저당 이후에 들어왔기 때문이지. 그런데 다행히도 확정일자를 받아 놨기 때문에 보증금에 대해서 배당 받는 것은 가능해. 하지만 보증금 5억 전부를 배당 받을 수 있을지는 잘 모르겠다.
그 아파트 시세를 살펴봤더니 8억 정도에 매물이 나와는 있는데, 한동안 거래가 없어서 시세는 그것보다도 낮게 잡아야 할 거야. 결국 얼마에 낙찰되느냐에 따라 배당 금액이 달라질 수 있거든.

———   **경수**   만약 배당을 다 못 받으면 어떻게 되는 거야?

하늘   못 받은 금액은 결국 지금 집주인한테 받아야 해. 그런데 남은 금액을 다 받는 것과 상관없이 낙찰되면 그 집에서 나가야 하고...

휴대폰 너머 경수의 긴 한숨 소리가 들려왔다.

———   **경수**   얼마 전에 배웠던... 그 나가야 하는 임차인이라는 거지?... 우리가...

하늘   맞아...

———   **경수**   하늘아... 면목 없지만... 우리 사건 좀 봐 줄래?

며칠 후 하늘이는 경수를 만나 경매 사건에 관해 설명했다.

하늘 자, 먼저 등기부(아래 두 번째 그림)를 보자. 2018.12.13. 갈** ** 은행 권리자로 근저당이 설정되어 있지? 그리고 임차인 현황 (아래 첫 번째 그림)을 보면 네가 전입한 날은 2021.05.28.이야. 근저당이 설정되고 한참 후지. 이렇게 되면 경매가 진행될 경우 임차인은 대항력이 없어. 대항력에 관해서 설명을 좀 해 줄게.

임차인 현황 말소기준일(소액) : 2018-12-13   배당요구종기일 : 2023-02-27

점유 목록 ?	임차인	점유부분/기간	전입/확정/배당	보증금/차임	대항력	분석	기타
1	정○○	주거용 4001호 전부 2021.05.28. ~ 2023.05.27.	전입:2021-05-28 확정:2021-05-28 배당:2022-12-23	보:500,000,000원	없음	순위배당 있음	임차권등기자

▲ 자료: 탱크옥션

건물등기 (채권합계금액:919,688,190원)

순서	접수일	권리종류	권리자	채권금액	비고	소멸
갑(2)	2018-12-13	소유권이전	최○○		매매 거래가액:832,000,000원	
을(1)	2018-12-13	근저당권설정	갈○○○○○○○	348,000,000	말소기준등기	소멸
갑(6)	2022-09-27	압류	교○○○○○			소멸
갑(7)	2022-11-25	가압류	경○○○○○○○○ ○○○○○○○○○	25,000,000	2022카단506461	소멸
갑(8)	2022-11-29	가압류	한○○○○○○○	46,688,190	2022카단824760	소멸
갑(9)	2022-12-02	임의경매	갈○○○○○○○○	청구금액 290,000,000	2022타경5792	소멸
갑(10)	2022-12-16	압류	국○○○○○○○ ○○○○○○○○○			소멸
을(4)	2023-06-15	주택임차권	정○○	500,000,000	범위:전부 2023카임300 전입:2021.05.28 확정:2021.05.28	소멸

▲ 자료: 탱크옥션

하늘 **대항력**이란 임차인이 집주인뿐만 아니라 제3자에게도 임차인 이라 주장할 수 있는 힘이야. 이 힘이 있으면 임차인은 보증금 전액을 다 받을 때까지 그 집에서 안 나가도 되는 거야. **제3자**란 경매 절차에서 새로운 집주인이 될 낙찰자를 의미하겠지?

쉽게 정리하자면 이거야. 경매 절차에서 임차인이 대항력이 있다면 못 받은 보증금에 대해서 낙찰자에게 받기 전까지 안 나가도 되는 거고, 대항력이 없다면 보증금을 다 못 받았다 해도 낙찰자에게 보증금을 달라고 주장할 수 없는 상태에서 나가야 하는 거야. 나가야 하는 시점은 낙찰자가 잔금을 내는 날 이고.

———— **경수**   그렇구나... 그럼 대항력을 갖기 위해선 어떻게 해야 하는 거야?

하늘   세 가지 조건을 충족해야 해.

> 첫 번째는 **임차인**이어야 하고,
> 두 번째는 그 주택을 **인도** 받아야 하고,
> 세 번째는 **전입신고**를 해야 해.

하늘   이 세 가지를 다 충족한 다음 날 0시부터 대항력이 생기는 거지.

임차인이어야 하고, 그 주택을 인도 받아야 하고, 전입신고를 해야 하는 이 세 가지를 다 충족한 다음 날 0시부터 대항력이 생긴다.

———— **경수**   그럼 여기서 주택을 인도 받아야 한다는 게 정확히 어떤 거야?

하늘   일반적으로 그 집에 이사하는 날이라 생각하면 돼. 법률적으로 더 정확히 말하자면 그 집 현관문의 열쇠나 비밀번호를 받은 것도 인도를 받았다고 인정되는데, 외형적으로 알 수 없는 거니까 일반적으로 이사 들어간 날 인도를 받았다고 생각하면 되는 거지.
그런데 중요한 건 세 번째 전입신고야. 사실 이사를 언제 들어 갔다는 것도 외형적으로 나타나기가 쉽진 않잖아?

인도 받는 날 = 이사하는 날

특별한 정황이 없다면 전입신고가 된 날 주택의 인도도 받았다고 간주된다.

—— 경수　그렇겠네. 이사한 날짜가 주민 등록 등본이나 초본에 나와 있는 건 아니니까...

하늘　맞아. 하지만 일반적으로 임차인은 잔금을 내면서 그날 이사를 하고 또 그날 전입신고를 하지? 그 전입신고는 외형적으로 정확히 나타날 수밖에 없지. 네가 말한 주민 등록 등본과 초본에 말이야. 그래서 특별한 정황이 없다면 전입신고가 된 날 주택의 인도도 받았다고 간주되는 거야.

—— 경수　그렇구나... 가만 있어 봐. 그럼 나도 대항력이 있는 거 아닌가?
임차인 맞고, 그날 이사하면서 전입신고도 했으니까.

하늘　맞아. 하지만 그건 경매가 진행되기 전 얘기야. 지금처럼 경매가 진행되어 버리면 상황이 달라지지.

—— 경수　어떻게? 왜?

하늘　경수 네가 5억에 전세로 이사 들어가면서 전입신고를 했다면 대항력을 갖췄기 때문에 일반적인 매매로 집주인이 바뀌어도 임차인의 권리는 그대로 유지가 되지. 계약 기간도 그렇고, 만기 때 보증금 반환 받는 권리도 말이야. 그런데 경매가 진행되면 얘기가 달라져. 너는 2021.05.28. 이사하면서 전입신고를 했기 때문에 대항력을 취득한 시점은 2021.05.29. 0시부터야. 왜냐면 모든 조건을 충족한 다음 날 0시부터니까. 그런데 그 전에 이미 2018.12.13. 근저당이 설정되어 있었지. 경매가 진행되고 낙찰되면 이 근저당은 받아야 할 돈을 다 배당 받든 못 받든 등기부상에서 없어져 버리거든. 그런데 너의 임차인 지위는 이 근저당보다 순위가 더 늦기 때문에 마찬가지로 없어져 버리는 거야. 보증금을 다 배당 받든 못 받든 말이지. 그래서 이런 경우 경매가 진행되면 대항력이 없는 임차인이 되는 기야. 쉽게 밀해 더 순위가 빠른 근저당에 대항할 수 없다는 뜻이야.

—— 경수 　아... 그렇구나... 이제 확실히 이해된다. 그럼 난 이제부터 어떻게 하는 게 좋을까? 그리고 낙찰되면 어떻게 되는 거야?

하늘 전에도 말했듯이 다행인 건 확정일자를 받아 두었다는 거야.

—— 경수 　응. 확정일자는 꼭 받아야 한다고 들었거든. 확정일자만 받아 두면 큰 문제 없을 거라 했는데 그게 아닌가 봐.

하늘 맞아. 사실 확정일자보다 더 중요한 건 대항력이거든. 지금까지 말했듯이 말이야. 그런데 확정일자도 중요하긴 해. 지금 상황에서는 더욱 그렇지. 우선 배당요구부터 하는 게 좋겠다. 지금 상황에서는 무조건 해야 해. 확정일자를 받아 두어서 우선변제권이 있거든. 천천히 설명해 줄게.

우선변제권이란 경매가 진행될 경우 임차인이 그 보증금을 마치 물권처럼 순서에 따라 배당 받을 수 있는 권리야. **물권**이라는 말이 어려울 수도 있는데 그냥 근저당이라 생각하면 돼. 우선변제권을 갖고 경매 절차에서 배당 받기 위해서는 아래 조건을 충족해야 하지.

> 첫 번째는 **대항요건**을 갖춘 상태에서 **확정일자**를 받고,
> 두 번째는 **배당요구종기일** 이내 **배당요구 신청**을 하고,
> 세 번째는 **배당요구종기일**까지 **전입 및 점유**를 유지해야 해.

대항력이 없는 임차인이 된다는 것은, 더 순위가 빠른 근저당에 대항할 수 없다는 의미이다.

우선변제권이란 경매가 진행될 경우 임차인이 그 보증금을 마치 물권처럼 순서에 따라 배당 받을 수 있는 권리이다.

우선변제권은 확정일자, 배당 요구 신청, 전입 및 점유 유지 의 이 세 가지를 다 충족한 날 부터 생긴다.

하늘 이 세 가지를 다 충족한 날부터 우선변제권이 생겨.

경매 사례를 통해서 다시 설명해 줄게.

📑 임차인 현황
앞소기준일(소액) : 2018-12-13 　 배당요구종기일 : 2023-02-27

점유 목록	임차일	점유부분/기간	전입/확정/배당	보증금/차임	대항력	분석	기타
1	정○○	주거용 4001호 전부 2021.05.28. ~ 2023.05.27.	전입:2021-05-28 확정:2021-05-28 배당:2022-12-23	보:500,000,000원	없음	순위배당 있음	임차권등기자

▲ 자료: 탱크옥션

📑 건물등기
(채권합계금액 : 919,688,190원)

순서	접수일	권리종류	권리자	채권금액	비고	소멸
갑(2)	2018-12-13	소유권이전	최○○		매매 거래가액:832,000,000원	
을(1)	2018-12-13	근저당권설정	갈○○○○○○	348,000,000	앞소기준등기	소멸
갑(6)	2022-09-27	압류	고○○○○			소멸
갑(7)	2022-11-25	가압류	경○○○○○○○○ ○○○○○○○○	25,000,000	2022카단506461	소멸
갑(8)	2022-11-29	가압류	한○○○○○○	46,688,190	2022카단824760	소멸
갑(9)	2022-12-02	임의경매	갈○○○○○○○	청구금액 290,000,000	2022타경5792	소멸
갑(10)	2022-12-16	압류	국○○○○○○ ○○○○○○○			소멸
을(4)	2023-06-15	주택임차권	정○○	500,000,000	범위:전부 2023카임300 전입:2021.05.28 확정:2021.05.28	소멸

▲ 자료: 탱크옥션

하늘 먼저 위 그림의 임차인 현황을 보면 전입신고를 2021.05.28. 에 했고, 확정일자도 같은 날인 2021.05.28.에 받았지? 그럼 우선변제권은 언제 생길까?

—— **경수** 음... 확정일자를 받은 날인 2021.05.28.?

하늘 자, 그럼 확정일자를 받은 날인 2021.05.28.에 대항요건을 갖추었을까?

—— **경수** 아니... 대항요건은 다음 날 0시부터라고 했으니

까 2021.05.29. 0시부터가 되겠네.

하늘 맞아. 그렇다면 우선변제권이 생기는 조건은 대항요건을 갖춘 상태에서만 가능한 거니까 우선변제권도 2021.05.29. 0시부터 생기는 거야.

—— **경수** 아! 그렇구나! 이제 이해됐어.

하늘 그럼 배당 순서를 볼까? 아직 배당을 배운 건 아니지만 근저당 등과 같은 물권의 배당은 상식적으로 등기부에 기재된 순서대로 돈을 배당해 주는 게 맞겠지?

—— **경수** 응, 그럴 거 같아.

하늘 그렇다면 등기부(p.106 두 번째 그림)상 근저당은 2018.12.13.이고 임차인의 우선변제권은 2021.05.29.이니까 근저당 먼저 배당되고 그다음에 임차인이 배당 받을 수 있겠지?

—— **경수** 그렇네.

하늘 그런데 근저당 채권최고금액은 348,000,000원이고 경수네 전세 보증금은 5억 원이야. 그렇다면 이 경매 사건은 8억 5,400만 원 이상으로 낙찰되어야 경수 네가 보증금 전부를 배당 받을 수 있는 거야.

낙찰가(배당되는 금액): **854,000,000원**

No	접수	권리종류	채권자	채권금액	배당액	잔액
❶	2018.12.13	근저당	갈○○	348,000,000	348,000,000	506,000,000
❷	2021.05.29	우선변제권	고경수	500,000,000	500,000,000	6,000,000

—— 경수 그렇구나… 그런데 6,000,000원 정도가 남는데? 그럼 8억 4,800만 원 정도에 낙찰돼도 보증금 전부를 받을 수 있는 거 아닌가?

하늘 음… 더 자세히 말하자면 **집행비용**이 먼저 배당되거든. 경매를 진행시키기 위해서는 법원 수수료, 감정료 등등 여러 가지 비용이 발생되는데, 이 비용은 원칙적으로 채무자가 부담해야 해.
하지만 채권자가 경매를 신청하면서 이 비용을 먼저 납부하고 나중에 낙찰된 후 그 비용을 가장 먼저 배당 받게 되거든. 이 사건의 경우 집행비용은 대략 600만 원 정도가 될 거야. 그래서 정확한 배당은 이렇게 되겠지.

낙찰가(배당되는 금액): **854,000,000원**

No	접수	권리종류	채권자	채권금액	배당액	잔액
❶	–	집행비용	–	6,000,000	6,000,000	848,000,000
❷	2018.12.13	근저당	갈○○	348,000,000	348,000,000	500,000,000
❸	2021.05.29	우선변제권	고경수	500,000,000	500,000,000	0

—— 경수 그래? 그럼 괜찮은 거네?

하늘 이 금액 정도에 낙찰된다면 괜찮지. 그런데 지금 8억에도 거래가 안 되고 있으니 최소한 8억 아래에서 낙찰될 가능성이 높아. 사실 지금 시장 분위기와 이 아파트가 시세 대비 평균적으로 낙찰된 금액들을 살펴보면 7억 아래로도 낙찰될 수 있어.

—— 경수 그럼 어떻게 되는 거야?

갑자기 표정이 어두워진 경수가 물었다.

하늘 만약 7억에 낙찰된다면 이렇게 되는 거지.

낙찰가(배당되는 금액): **700,000,000원**

No	접수	권리종류	채권자	채권금액	배당액	잔액
❶	–	집행비용	–	6,000,000	6,000,000	694,000,000
❷	2018.12.13	근저당	갈○○	348,000,000	348,000,000	346,000,000
❸	2021.05.29	우선변제권	고경수	500,000,000	346,000,000	0

하늘 경민이 너는 346,000,000원 정도밖에 배당 받을 수가 없어.

─── **경수** 그럼 나머지는 어떻게 되는 거야?! 1억 5,400만
원을 그냥 날리는 거야?!

당장이라도 울 것만 같은 표정으로 경수는 다그치듯 물었다.

하늘 일단 대항력이 없으니까 낙찰자한테는 책임을 물 수 없어.
배당 받지 못한 금액은 경수 네가 보증금을 준 집주인에게 받
아야 하는 거야.

─── **경수** 집주인한테?... 연락도 안 되는데 어떻게?...

하늘 찾아야지. 수단과 방법을 가리지 않고... 하지만 찾는다 해도
집주인이 아무런 재산이 없다면 돈을 받기가 쉽진 않을 거야.

한동안 적막이 흘렀다.

─── **경수** 내가... 이렇게 중요한 걸 왜 이제야 알았을까?...

이렇게 중요한 걸 말이야... 하늘이 너를 좀더 일찍 만났다면 좋았을 것을....

무거운 적막이 흐르는 동안 하늘이가 혹시나 하는 마음으로 경수에게 물었다.

하늘   경수야............. 혹시........ 전세보증보험 안 들었니? 입주할 때 시세라면 가능할 수도 있을 것 같아서.

    —— 경수   응? 전세보증보험?!

갑자기 눈이 동그래진 경수가 말했다.

    —— 경수   잠깐만... 전세 대출 받으면서 이것저것 한 거 같은데 무슨 보험도 가입한 거 같아. 그런데 왜?

하늘   빨리 확인해 봐! 그 보험이 화재보험일 수도 있는데 만약 전세보증보험이면 보증금 전부를 받을 수 있어!

    —— 경수   진짜?!!! 잠깐만...

경수는 떨리는 손으로 아내에게 전화를 걸었다.

    —— 경수   우리 전세 계약 하면서 무슨 보험 든 거 있지?

경수 아내   응, 그런 거 같아. 왜?

    —— 경수   혹시 보험증서 같은 거 어디 있는지 알아?"

경수 아내   계약서 파일에 같이 있을 거야. 그런데 왜?

    —— 경수   빨리 찾아봐 봐! 정말 중요한 거야!

경수 아내   잠깐만..................... 여기 있다!

—— **경수**   뭐라고 써 있어?

경수 아내   전세보증금반환보증서.

옆에서 통화 내용을 듣고 있던 하늘이가 소리쳤다.

하늘   됐어! 경수야, 됐다! 보증금 걱정 안 해도 돼!

그제야 한시름 놓은 경수는 세상을 다 가진 듯한 표정으로 하늘에게 말했다.

—— **경수**   아! 정말 천당과 지옥을 왔다 갔다 한 기분이다. 전세 보험 아니었으면 1억 넘게 날리는 거였잖아. 임차인에 관한 공부도 빨리 해야겠어! 경매를 하지 않더라도 지금까지 배운 등기부 보는 방법이나 임차인에 대한 거, 그리고 아파트 시세가 어떻게 돌아가고 있나 하는 정도는 꼭 배우면서 살아야 하겠네. 왜 이렇게 중요한 걸 학교에서는 안 가르치는 걸까.

하늘아, 정말 고마워!

임차권 등기

하늘 임차인이 나가고 들어오는 과정은, 전세라면 보통 들어오는 임차인의 보증금을 받아서 나가는 임차인에게 주는 경우가 많아. 매매라면 매수인의 잔금이 되겠지.

전세든 매매든 계약이 지연되면 현재 임차인에게 보증금을 제때 지급해 주는 게 힘들겠지? 그런데 임차인은 정해진 날짜에 꼭 이사해야 하는 상황이라면 곤란해질 거야. 우리가 배웠듯이 보증금을 안 받은 상태에서 이사해 버리면 대항력, 우선변제권을 상실해 버리는 거니까. 이럴 때 해야 하는 게 바로 **임차권 등기**야.

임차권 등기를 하게 되면 등기부에 그 내용이 기재되고 그 이후부터는 주민등록을 이전하고 이사해도 대항력, 우선변제권을 계속해서 유지할 수 있게 되거든. 임차권 등기를 할 수 있는 조건은 일단 임대차계약 만기가 됐어야 해. 또는 만기 전이라도 경매가 진행되면 배당요구 후 법원이 그 내용을 채무자(임대인)에게 통지하면 그 이후부터 가능하고.

순위번호	등기목적	접수	등기원인	권리자 및 기타사항
				서울특별시 영등포구 국제금융로8길 2, 3층 4층 (여의도동, 농협재단)
2	주택임차권	2022년10월24일 제45221호	2022년10월17일 부산지방법원서부지원의 임차권등기명령 (2022카임53)	임차보증금 금100,000,000원 차 임 금150,000원 범 위 건물의 전부(제702호) 임대차계약일자 2018년12월31일 주민등록일자 2019년2월27일 점유개시일자 2019년2월7일 확정일자 2019년4월9일 임차권자 박○○ 890○○-******* 부산광역시 사하구 동매로 33-7, 702호 (하단동)

▲ 자료: 탱크옥션

하늘 경매 권리 분석 면에서 본다면 임차권 등기는 등기된 접수 일자가 중요한 게 아니라 원래 그 임차인의 대항요건과 우선변제권을 가지고 권리 분석을 하면 돼.

다음 경매 사건을 보면 임차인은 2022.10.24. 임차권 등기를 했지만, 전입신고, 확정일자를 받은 날을 기준으로 대항요건과 우선변제권을 가지고 있는 거지. 임차인은 대항력이 없으니까 이 임차권 등기 또한 낙찰 후 말소기준 아래에 있는 다른 등기들과 마찬가지로 말소되는 거야.

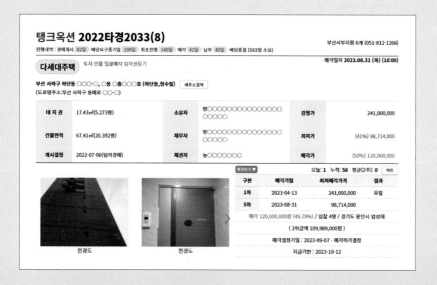

임차인 현황

				말소기준일(소액): 2018-05-18	배당요구종기일: 2022-09-26		
점유 목록 ?	임차인	점유부분/기간	전입/확정/배당	보증금/차임	대항력	분석	기타
8	박○○	주거용 702호 전부 2019.02.07.~2021.02.06.	전입:2019-02-27 확정:2019-04-09 배당:2022-07-26	보:100,000,000원 월:150,000원	없음	순위배당 있음	임차권등기자
기타사항		* 폐문으로 거주자 등을 만날 수 없었음. * 본건 부동산 전입세대 열람한 바, 소유자와의 관계를 알 수 없는 박성근 세대가 전입되어 있으나, 점유 및 임대차 관계 등은 알 수 없었음. * 위 임대차관계조사서는 주민센터의 전입세대 열람 내역서 및 주민등록표등본을 참고하여 작성되었음.					

건물등기

(채권합계금액:262,000,000원)

순서	접수일	권리종류	권리자	채권금액	비고	소멸
갑(1)	2018-05-18	소유권보존	안○○			소멸
을(1)	2018-05-18	근저당권설정	농○○○○○○○	162,000,000	말소기준등기 확정채권양도전:부산축협	소멸
갑(2)	2022-07-06	임의경매	농○○○○○○○	청구금액 1,971,945,290	2022타경2033	소멸
갑(3)	2022-09-22	압류	사○○○○○○○○ ○			소멸
을(2)	2022-10-24	주택임차권	박○○	100,000,000	범위:전부, 차임:150,000원 전입:2019.02.27 확정:2019.04.09	소멸

▲ 자료: 탱크옥션

하늘 그런데 다음과 같이 임차인이 대항력이 있다면 얘기가 달라지지.

탱크옥션 2021타경107795

부산서부지원 6계 (051-812-1266)

진행내역: 경매개시 84일 | 배당요구종기 181일 | 최초진행 385일 | 매각 27일 | 납부 34일 | 배당종결 (711일 소요)

아파트   토지·건물 일괄매각 임차권등기/대항력 있는 임차인   새주소검색

매각일자 2023.08.31 (목) (10:00)
종국일자 2023.10.31

부산 서구 토성동○가 ○○-○, ○층○○○호 (토성동○가,토성파크아파트)   새주소검색
(도로명주소:부산 서구 구역로○○○번길 ○○)

대 지 권	17.024㎡(5.15평)	소유자	원○○	감정가	210,000,000
건물면적	49.98㎡(15.119평)	채무자	원○○	최저가	(64%) 134,400,000
개시결정	2021-11-19(강제경매)	채권자	주○○○○○○○	매각가	(68%) 142,170,000

원본보기 ▼   오늘: 1 누적: 152 평균(2주): 1 | 차트

구분	매각기일	최저매각가격	결과
1차	2022-08-11	210,000,000	유찰
11차	2023-08-31	134,400,000	

매각 142,170,000원 (67.7%) / 입찰 2명 / 경남 창원시 김윤정
(2위금액 136,010,000원)
매각결정기일: 2023-09-07 - 매각허가결정
지급기한: 2023-10-12

전경도   관련사진

임차인 현황

				말소기준일: 2019-01-30	소액기준일: 2023-08-31	배당요구종기일: 2022-02-11	
점유 목록	임차인	점유부분/기간	전입/확정/배당	보증금/차임	대항력	분석	기타
1	장○○○○ ○○○○○ ○○○○○ ○○	주거용 전부 2018.09.17.~	전입:2018-09-18 확정:2018-09-10 배당:2020-11-09	보:180,000,000원	있음	순위배당 있음 미배당 보증금 매수인 인수	임차권등기자

건물등기 (채권합계금액:228,119,535원)

순서	접수일	권리종류	권리자	채권금액	비고	소멸
갑(2)	2015-05-29	공유자전원지분전부이전	원○○		매매, 개명전:원경자	
갑(3)	2019-01-30	가압류	하○○○○○○	13,887,460	말소기준등기 2019카단30851	소멸
갑(4)	2019-03-06	가압류	부○○○○○○○ ○○○○○	7,176,242	2019카단368	소멸
갑(5)	2019-05-17	가압류	국○○○○○○ ○○○○○	8,870,179	2019카단1853	소멸
갑(6)	2019 06 03	가압류	서○○○○○	9,737,714	2019카단34920	소멸
갑(7)	2019-07-04	가압류	서○○○○○○○ ○○○○○○○○ ○○○○	8,447,940	2019카단101267	소멸
을(7)	2020-11-09	주택임차권	장○○	180,000,000	범위:전부 전입:2018.09.18 확정:2018.09.10	
갑(8)	2021-11-19	강제경매	주○○○○○○○ ○○○○○○○ ○○	청구금액 190,395,556	2021타경107795	소멸
갑(9)	2022-06-22	압류	서○○○○○○○			소멸

▲ 자료: 탱크옥션

하늘 이처럼 임차인이 대항력이 있다면 이 임차권 등기는 임차인이 보증금 전액을 다 배당 받아야만 말소되는 거야. 그런데 임차인 보증금은 1.8억이고 낙찰가는 1.42억 남짓이라 임차인은 3,800만 원 정도를 못 받겠지? 그럼 낙찰자가 이 금액을 임차인에게 지급해야만 임차권 등기를 말소할 수 있는 거지.

하늘이의 휴대폰 벨이 요란하게 울린다. 경수였다.

—— **경수** 하늘아... 미안한데... 하나만 더 물어볼 게 있어서... 또 문제가 생긴 것 같아...

휴대폰 너머 경수의 힘없는 목소리가 이어졌다.

—— **경수** 부모님이 전세로 살고 계신 빌라가 있는데 경매가 진행된다고 연락이 왔어. 지금껏 살면서 '경매' 이런 건 나와 상관없는 일인 줄 알았는데 벌써 두 번째네.

하늘 그래? 대항력은 있으셔?

—— **경수** 아니... 그래서 얼마 전에 배운 내용으로 배당 여부를 계산해 봤는데 1.45억 이상으로 낙찰돼야 보증금을 다 받을 수 있을 거 같아.

하늘 시세가 얼만데?

—— **경수** 빌라라 잘 모르겠어.

휴대폰 너머로 경수의 깊은 한숨이 들려왔다.

하늘 사건 번호 불러 줘 봐.

탱크옥션 2022타경530188

진행내역: 경매개시 77일 · 배당요구종기일 152일 · 최초진행 65일 · 매각 20일 · 납부 51일 · 배당종결 (365일 소요)

인천지방법원 7계 (032-860-1607)

다세대주택   토지·건물 일괄매각

매각일자 2023.08.30 (수) (10:00)
종국일자 2023.11.09

인천 서구 가정동 ○○○-○○, ○○○동 ○층○○○호 (가정동,안정아트빌) [새주소검색]
(도로명주소:인천 서구 가정로○○○번길 ○○-○)

대지권	22.7333㎡(6.877평)	소유자	강○○	감정가	173,000,000
건물면적	50.13㎡(15.164평)	채무자	강○○	최저가	(49%) 84,770,000
개시결정	2022-11-09(임의경매)	채권자	엔○○○○○○○○	매각가	

오늘: 2 누적: 276 평균(2주): 0 [차트]

구분	매각기일	최저매각가격	결과
1차	2023-06-26	173,000,000	유찰
3차	2023-08-30	84,770,000	

전경도   전경도

▲ 자료: 탱크옥션

임차인 현황

말소기준일(소액) : 2016-11-09   배당요구종기일 : 2023-01-25

점유목록	임차인	점유부분/기간	전입/확정/배당	보증금/차임	대항력	분석	기타
1	강○○	주거용 301호 전부 2021.02.16.~2023.02.15.	전입:2021-02-16 확정:2021-02-16 배당:2022-11-18	보:27,000,000원	없음	소액임차인 주임법에 의한 최우선변제 액 최대 2,700만원 순위배당 있음	임차인

기타사항
* 본건 현황조사차 현장에 임한 바, 폐문 부재로 이해관계인을 만날 수 없어 상세한 점유 및 임대차관계는 알 수 없으나, 전입세대열람내역상에 소유자와 소유자 이외의 자가 거주자로 등록이 되어 있어 임용 소유자와 임차인이 각 점유하는 것으로 추정하여 등재하였음
* 세대출입문에 임차인의 권리신고방법 등이 기재된 `안내문`을 부착해 놓았음.
* 본건 조사서의 조사내용은 현장방문과 전입세대열람 및 주민등록등본에 의한 조사사항임.

건물등기

(채권합계금액:113,700,000원)

순서	접수일	권리종류	권리자	채권금액	비고	소멸
갑(9)	2016-11-09	소유권이전	강○○		매매 거래가액:85,000,000원	
을(7)	2016-11-09	근저당권설정	우○○○○○○○○ ○○○	55,200,000	말소기준등기	소멸
을(10)	2021-01-05	근저당권설정	엔○○○○○○○○ ○	58,500,000		소멸
갑(10)	2022-11-09	임의경매	엔○○○○○○○○ ○	청구금액 63,522,739	2022타경530188	소멸
갑(11)	2022-11-15	임의경매	우○○○○○○○○ ○○○○○	청구금액 55,200,000	한국주택금융공사의 업무수탁기관 2022타경14457	소멸

▲ 자료: 탱크옥션

경수는 떨리는 마음으로 하늘이를 만났고 곧이어 하늘이의 설명이 시작됐다.

하늘   2016.11.09. 근저당이 말소기준이고 그 후에 대항요건을 갖췄
으니 대항력이 없는 게 맞고, 배당 받는 순위는 확정일자를 받

은 날이 2021.02.16.인데 같은 날 전입했으니 다음 날 0시부터 우선변제권이 생기겠지?

───── 경수　맞아.

하늘　그럼 배당 받는 순위인 우선변제권은 2021.02.17.이니까 2016.11.09. 근저당 55,200,000원이 먼저 배당되고, 그다음 2021.01.05. 근저당 58,500,000원이 배당된 후에 부모님 보증금이 배당될 테니 경수 네 말대로 경매 비용까지 포함하면 1.45억 정도에는 낙찰되어야 보증금 27,000,000원 전부를 배당 받을 수 있을 거야.

그런데 국토부 실거래가(아래 그림)를 보니 21년도에는 1.4억~1.7억 사이에 거래되다가 22년 초에는 1.7억대에 거래됐었는데 후반에는 다시 1.45억에 거래됐었네. 그렇다면 시세를 1.45억 정도로 봐야 할 것 같고 낙찰은 1억 초반대에 될 확률이 높아 보인다.

▼ 〈국토부 실거래가〉 참조

2022-530188　다세대주택
인천광역시 서구 가정로336번길 12-1, 106동 3층301호 (가정동,인정아트빌)

실거래가 | 지역정보/통계 | 인구동향 | 출생/사망 | 세대수동계 | 교육환경

매매,전세 실거래가 통계

매매					전세				
면적(㎡)	최저(만원)	평균(만원)	최고(만원)	건수	면적(㎡)	최저(만원)	평균(만원)	최고(만원)	건수
50.13㎡	4000만	1억279만	1억7800만	39건	50.13㎡	4000만	7791만	1억1500만	12건

실거래가 내역　거래수 : 39 건　최저가 : 4000만　평균가 : 1억279만　최고가 : 1억7800만　　　전체 ∨

No.	계약일	가격(만원)	전용면적(㎡)	층	건축년도	해제일
39	2022.11.29	1억4500만	50.13㎡	3층	2002년	
38	2022.02.21	1억7500만	50.13㎡	2층	2002년	
37	2022.02.07	1억7200만	50.13㎡	4층	2002년	
36	2022.01.11	1억7400만	50.13㎡	3층	2002년	
35	2021.12.14	1억7800만	50.13㎡	4층	2002년	
34	2021.12.11	1억4500만	50.13㎡	3층	2002년	
33	2021.11.29	1억4300만	50.13㎡	4층	2002년	
32	2021.10.20	1억5000만	50.13㎡	1층	2002년	
31	2021.05.04	1억1500만	50.13㎡	4층	2002년	

▲ 자료: 탱크옥션

하늘 그래서 낙찰가를 1.1억이라 가정한다면 배당은 아래와 같이 되겠지.

낙찰가(배당되는 금액): **110,000,000원**

No	접수	권리종류	채권자	채권금액	배당액	잔액
❶	–	집행비용	–	2,400,000	2,400,000	107,600,000
❷	2016.11.09	근저당	우○○	55,200,000	55,200,000	52,400,000
❸	2021.01.05	근저당	앤○○	58,500,000	52,400,000	0
❹	2021.05.29	우선변제권	강○○	27,000,000	0	0

―― 경수 아... 한 푼도 못 받으시겠네.

하늘 그런데 말이야. 다행이다.

―― 경수 다행? 뭐가?

경수는 눈이 동그래지며 물었다.

하늘 **소액보증금**에 해당되시거든.

―― 경수 소액보증금?

하늘 **최우선변제권**이라 해서 임차인의 보증금이 일정 금액 이하면 일정 금액을 가장 먼저 임차인에게 배당해 주는 거야.

―― 경수 와! 그런 게 또 있었어?

하늘 자, 설명해 줄게.

최우선변제권이란 경매가 진행될 경우 임차인의 보증금이 소액보증금에 해당된다면 다른 권리들보다 최우선적으로 배당 받을 수 있는 권리야. 아래 조건만 충족하면 돼.

최우선변제권은 다른 권리들보다 최우선적으로 배당 받을 수 있는 권리이니 주목하자!

첫 번째는 보증금이 **소액보증금** 범위에 **해당**되고,

두 번째는 **경매기입등기 전에 대항요건**을 갖추고,

세 번째는 **배당요구종기일까지 전입 및 점유를 유지**한 상태에서,

네 번째는 **배당요구 신청**을 한 경우

하늘 최우선변제권이 생기는 거야.

말이 좀 어렵지? 최대한 쉽게 설명해 줄게. 그전에 우선변제권 배웠잖아? 그거랑 비슷한 개념이야. 임차인의 보증금을 마치 물권처럼 배당 받는 건 동일해. 그런데 우선변제권에 '최'라는 단어가 앞에 붙었잖아. 그래서 배당 순서가 가장 빨라진다는 거야. 위 조건을 충족한다면 말이지. 그래서 부모님께 반드시 배당요구종기일 이전까지 배당요구 하시라 하고 배당요구종기일까지는 절대로 이사를 하거나 주민 등록을 옮기시면 안 된다고 말씀드려. 그렇게만 하시면 아래처럼 배당 받을 수 있어.

낙찰가(배당되는 금액): **110,000,000원**

No	접수	권리종류	채권자	채권금액	배당액	잔액
①	–	집행비용	–	2,400,000	2,400,000	107,600,000
②	–	최우선변제권	강○○	27,000,000	27,000,000	80,060,000
③	2016.11.09	근저당	우○○	55,200,000	55,200,000	25,400,000
④	2021.01.05	근저당	앤○○	58,500,000	25,400,000	0

—— **경수** 어?! 전부 다 받으신다고?!

하늘 맞아.

가장 빠른 근저당 설정일인(p.127 등기부 현황 참고) 2016.11. 09. 기준, 인천 서구 가정동은 '과밀억제권역'이니까 소액보증 금은 8천만 원 이하이고 최우선변제금은 2,700만 원이거든.

담보물권 설정일자	지 역	소액보증금	최우선변제금
2016.03.31 ~ 2018.09.17	서울특별시	1억 원 이하	3,400만 원
	과밀억제권역	8,000만 원 이하	2,700만 원
	광역시(과밀, 군 제외), **세종**, 안산, 용인, 김포, 광주	6,000만 원 이하	2,000만 원
	그 밖의 지역	5,000만 원 이하	1,700만 원

—— **경수** 진짜?! 대박!!! 정말 다행이다. 이게 임차인한테
는 매우 좋은 거네. 그런데 다른 채권자들은 손
해를 볼 수도 있겠다. 왜 이렇게 복잡하게 만들
었을까?

하늘 이 법의 취지는 이런 거야. 보증금이 적은 임차인은 보통 경제
적으로 열악할 가능성이 높고 만약 경매 절차에서 보증금을
한 푼도 받지 못한 채 그 집에서 나오게 되면 다른 집을 임차
할 보증금조차 없을 수 있으니 법으로 보호를 해 주자는 거지.

먼저 소액보증금 범위에 해당된다는 말부터 설명해 줄게. 다
음 표를 보면 '담보물권 설정일자'가 있지? 이건 그냥 근저당
설정 일자라고 생각하면 돼. 그 오른쪽 '지역'은 그 주택의 소
재지를 기준으로 하는 거고, 이제 '소액보증금'이란 단어가 나
오지? 이건 월세는 상관없이 보증금이 이 금액 이하면 소액보
증금에 해당이 되는 거야. 소액보증금에 해당될 경우 그 오른

쪽에 있는 '최우선변제금'을 가장 우선순위로 배당해 준다는 뜻이야. 그런데 낙찰가, 더 정확히는 **배당 재원**을 기준으로 1/2 범위 내에서만 최우선변제금을 배당해 주거든.

—— 경수 배당 재원? 그게 뭐야? 그냥 낙찰가라고 생각하면 돼?

실제로 배당되는 금액은 낙찰가에서 집행비용을 제외한 금액이다.

하늘 아니. 조금 달라. 그전에 우선변제권 공부할 때 실제로 배당되는 금액은 낙찰가에서 집행비용을 제외한 금액이라 했던 거 기억나지? 그게 배당 재원이야. 만약 낙찰 후 미납해서 몰수된 보증금이 있다면 그 금액까지 더해진 금액이 배당 재원이 되겠지.

그리고 다음 표를 보면 알겠지만 몇 년마다 소액보증금과 최우선변제금은 올라가지. 왜냐면 전셋값이 오르니까.

● 주택 소액임차인의 범위와 최우선 변제 금액

담보물권 설정일자	지역	소액보증금	최우선변제금
1984.06.14 ~ 1987.11.30	특별시, 직할시	300만 원 이하	300만 원
	그 밖의 지역	200만 원 이하	200만 원
1987.12.01 ~ 1990.02.18	특별시, 직할시	500만 원 이하	500만 원
	그 밖의 지역	400만 원 이하	400만 원
1990.02.19 ~ 1995.10.18	특별시, 직할시	2,000만 원 이하	700만 원
	그 밖의 지역	1,500만 원 이하	500만 원
1995.10.19 ~ 2001.09.14	특별시, 광역시(군 제외)	3,000만 원 이하	1,200만 원
	그 밖의 지역	2,000만 원 이하	800만 원
2001.09.15 ~ 2008.08.20	과밀억제권역	4,000만 원 이하	1,600만 원
	광역시(군, 인천 제외)	3,500만 원 이하	1,400만 원
	그 밖의 지역	3,000만 원 이하	1,200만 원

담보물권 설정일자	지역	소액보증금	최우선변제금
2008.08.21 ~ 2010.07.25	과밀억제권역	6,000만 원 이하	2,000만 원
	광역시(군, 인천 제외)	5,000만 원 이하	1,700만 원
	그 밖의 지역	4,000만 원 이하	1,400만 원
2010.07.26 ~ 2013.12.31	서울특별시	7,500만 원 이하	2,500만 원
	과밀억제권역	6,500만 원 이하	2,200만 원
	광역시(과밀, 군 제외), 안산, 용인, 김포, 광주	5,500만 원 이하	1,900만 원
	그 밖의 지역	4,000만 원 이하	1,400만 원
2014.01.01 ~ 2016.03.30	서울특별시	9,500만 원 이하	3,200만 원
	과밀억제권역	8,000만 원 이하	2,700만 원
	광역시(과밀, 군 제외), 안산, 용인, 김포, 광주	6,000만 원 이하	2,000만 원
	그 밖의 지역	4,500만 원 이하	1,500만 원
2016.03.31 ~ 2018.09.17	서울특별시	1억 원 이하	3,400만 원
	과밀억제권역	8,000만 원 이하	2,700만 원
	광역시(과밀, 군 제외), 세종, 안산, 용인, 김포, 광주	6,000만 원 이하	2,000만 원
	그 밖의 지역	5,000만 원 이하	1,700만 원
2018.09.18 ~ 2021.05.10	서울특별시	1.1억 원 이하	3,700만 원
	과밀억제권역, 세종, 용인, 화성	1억 원 이하	3,400만 원
	광역시(과밀, 군 제외), 안산, 김포, 광주, 파주	6,000만 원 이하	2,000만 원
	그 밖의 지역	5,000만 원 이하	1,700만 원
2021.05.11 ~ 2023.02.20	서울특별시	1.5억 원 이하	5,000만 원
	과밀억제권역, 세종, 용인, 화성, 김포	1.3억 원 이하	4,300만 원
	광역시(과밀, 군 제외), 안산, 광주, 파주, 이천, 평택	7,000만 원 이하	2,300만 원
	그 밖의 지역	6,000만 원 이하	2,000만 원
2023. 02.21 ~	서울특별시	1.65억 원 이하	5,500만 원
	과밀억제권역, 세종, 용인, 화성, 김포	1.45억 원 이하	4,800만 원
	광역시(과밀, 군 제외), 안산, 광주, 파주, 이천, 평택	8,500만 원 이하	2,800만 원
	그 밖의 지역	7,500만 원 이하	2,500만 원

—— **경수** 그렇구나. 소액임차인 표를 보니까 왠지 복잡해진다.

하늘 그래. 처음이니까 그럴 거야. 그럼 다른 경매 사건을 하나 더 볼까?

▶ 〈경매 사례〉 참조

▲ 자료: 탱크옥션

임차인 현황   말소기준일(소액) : 2016-11-30   배당요구종기일 : 2022-01-10

점유 목록 ?	임차인	점유부분/기간	전입/확정/배당	보증금/차임	대항력	분석	기타
7	우○○	수서봉 802호 2015.11.01.부터 2023.10.31.까지	전입:2015-11-09 확정:없음 배당:2021-12-24	보:35,000,000원	있음	소액임차인 주임법에 의한 최우선변제 액 최대 1,700만원 순위배당 없음 미배당 보증금 매수인 인수	임차인

건물등기   (채권합계금액:36,000,000원)

순서	접수일	권리종류	권리자	채권금액	비고	소멸
갑(2)	2016-11-30	소유권이전	성○○		매매, 거래가액 금85,000,000원	
을(5)	2016-11-30	근저당권설정	천○○○○○○○○ ○○○○○○○○	36,000,000	말소기준등기	소멸
갑(5)	2018-05-03	소유권이전	윤○○		매매	
갑(6)	2018-10-24	소유권이전	지○○○○○○○		매매	
갑(7)	2020-07-01	소유권이전	씨○○○○○○○		매매	
갑(8)	2021-07-19	임의경매	천○○○○○○○	청구금액 567,128,526	2021타경54985	소멸

▲ 자료: 탱크옥션

하늘   자, 일단 임차인은 대항력이 있지? 말소기준보다 빠르니까. 보증금은 3,500만 원인데 확정일자가 없어. 그럼 어떻게 된다?

───── **경수**   일반 채권처럼 배당된다. 맞지?

하늘   좋아. 원래대로라면 전세 보증금은 근저당 다음에 배당되는데 낙찰가가 1,800만 원 남짓이라 임차인은 한 푼도 배당 받을 수 없겠지. 그런데 대항력이 있으니 낙찰자는 임차인의 보증금 3,500만 원을 인수해야 해. 하지만 소액보증금에 해당된다면 얘기가 달라지지. 해당되는지 한번 볼래?

───── **경수**   음… 먼저 위의 그림을 보면 근저당이 2016.11. 30.이니까 적용되는 구간(p.133 참고)은 **2016. 03.31. ~ 2018.09.17.**이고, 청주시니까 그 밖의 지역일 테고, 그럼 5천만 원 이하 1,700만 원인데 임차인 보증금이 3,500만 원이니까 소액보증금이 맞고 1,700만 원이 임차인에게 가장 먼저 배당되겠네. 맞아?

담보물권 설정일자	지　　역	소액보증금	최우선변제금
2016. 03. 31 ~ 2018. 09. 17	서울특별시	1억 원 이하	3,400만 원
	과밀억제권역	8,000만 원 이하	2,700만 원
	광역시(과밀, 군 제외), 세종, 안산, 용인, 김포, 광주	6,000만 원 이하	2,000만 원
	그 밖의 지역	**5,000만 원 이하**	**1,700만 원**

하늘 좋아! 그런데 1,700만 원 전부가 배당되지는 않아. 낙찰가가 1,800여만 원인데 경매 비용 110만 원 정도가 먼저 빠지고, 남은 1,700여만 원이 배당 재원이 되겠지? 그런데 배당 재원의 1/2 한도에서만 최우선변제금으로 배당되니까 850여만 원 정도만 임차인에게 배당되는 거야. 그럼 나머지 보증금 2,650만 원 정도는 낙찰자가 인수하게 되는 거지.

――― **경수** 아! 이해했어. 그런데 확정일자가 없잖아. 그래도 배당이 되는 거야?

하늘 좋은 질문이야. 최우선변제금은 확정일자가 없어도 배당이 돼.

――― **경수** 그렇구나! 그런데 또 궁금한 게 있어. 낙찰 받은 사람 이름 옆에 빨간색으로 '임차인우선매수'라고 써 있는데 임차인도 이런 게 있어?

하늘 그건 경매로 진행되는 주택이 임대 주택일 경우만 해당되는 거야. 그리고 전세 사기라 인정되는 사건의 임차인한테도 한시적으로 '**임차인우선매수청구권**'을 적용해 주기도 하고. 방식은 '**공유자우선매수청구권**'과 비슷하다고 보면 돼.

――― **경수** 그렇구나!

하늘 그리고 사실 이 사건은 '임차인우선매수청구권'으로 해당 임차인이 직접 낙찰 받았어.

— **경수** 그래? 그럼 어떻게 되는 거야?

하늘 자, 이 임차인은 대항력이 있어서 낙찰자가 임차인의 보증금을 인수해야 하는데, 임차인 자신이 직접 낙찰 받았으니 인수해야 할 게 없는 거겠지?

— **경수** 그렇겠네. 그럼 임차인은 결국 이 아파트를 1,800여만 원에 산 거네?

하늘 아니지. 원래 보증금 3,500만 원은 못 돌려받는 거잖아. 기존 집주인에게 청구할 수도 없고. 왜냐면 대항력이 있으니 본인이 낙찰 받으면서 그 보증금 또한 직접 인수한 격이니까.
그런데 최우선변제금으로 850여만 원은 배당 받을 수 있으니 결국,
낙찰가 1,800여만 원 + 자기 자신이 인수한 보증금 2,650여만 원 = 4,450여만 원
에 매입한 격이 되는 거야.

— **경수** 그렇구나. 오늘 정말 많은 공부를 했네. 경매는 공부할수록 재미있는 거 같아. 마치 인생 공부 같기도 하고 왠지 돈도 많이 벌 수 있을 거 같기도 해.
게다가 부모님이 보증금을 다 받으실 수 있어서 너무 행복하다.

하늘아 정말 고마워! ^^

상가 임차인

——— **경수** 상가 임차인도 주택과 같이 보호를 받을 수 있
는 거야?

하늘 물론이지. 상가도 대항력과 우선변제권은 주택과 동일해. 전
입신고 대신 사업자 등록이란 것만 다른 거지.

▲ 자료: 탱크옥션

하늘 다음 그림에서 이 경매 사건의 임차인 현황을 보면 '설○○',
'사업:2020.04.27.'이라고 되어 있는데 사업자 등록 신청을 이
날 했다는 거고, 주택의 전입신고와 마찬가지로 2020.04.28.
0시부터 대항요건을 갖추게 되는 거야. 하지만 말소기준인

2019.08.07. 근저당보다 후순위여서 대항력은 없는 거지. 나머지 확정일자에 따른 우선변제권, 배당요구도 주택과 동일해.

임차인 현황   말소기준일(소액): 2019-08-07   배당요구종기일: 2022-07-07

점유목록 ?	임차인	점유부분/기간	전입/확정/배당	보증금/차임	대항력	분석	기타
1	설○○	점포 105호 전체 2020.05.05.~	사업:2020-04-27 확정:2022-06-22 배당:2022-06-28	보:150,000,000원 월:200,000원 환산:17,000만원	없음	상임법에 의해 보호적용은 되나, 보증금 범위 초과로 소액임차인은 해당하지않음 순위배당 있음	임차인 [현황상 보:2,000만원, 차:200만원]

기타사항	* 현지출장 방문시 임차인 설빈경을 만나 부동산강제경매 개시결정된 취지를 알리고 경매현황조사 안내문을 교부하였음. * 보증금 및 차임 상가건물임대차현황서와 같음 * 임차인 설빈경 "보증금 150,000,000원 중 130,000,000원은 2022.05.05. 증액되었으며, 증액된 부분에 대한 확정일자는 2022.06.22.임.

건물등기   (채권합계금액:1,687,013,500원)

순서	접수일	권리종류	권리자	채권금액	비고	소멸
갑(4)	2019-08-07	소유권이전	고○○		매매 거래가액:1,507,513,500원	
을(1)	2019-08-07	근저당권설정	우○○○○○○○○ ○○○○○○○○	984,000,000	말소기준등기	소멸
을(2)	2020-08-13	근저당권설정	더○○○○○○○○ ○○○	15,500,000		소멸
갑(5)	2021-03-10	가압류	김○○○○○	687,513,500	망 임규성의 상속인 2021카합10063	소멸
갑(6)	2022-04-05	강제경매	김○○○○○	청구금액 837,395,910	2022타경104645	소멸
갑(7)	2022-06-30	임의경매	우○○○○○○○○ ○○○○○○○	청구금액 795,130,511	2022타경3025	소멸

하늘 다음 경매 사건은 임차인이 대항력이 있네.

탱크옥션 2021타경6671(1)

진행내역 : 경매개시 84일 · 배당요구종기일 569일 · 최초진행 105일 · 매각 42일 · 납부 34일 · 배당종결 (834일 소요)

울산지방법원 10계 (052-216-8260)

근린상가 토지·건물 일괄매각 대항력 있는 임차인

매각일자 **2023.08.10 (목) (10:00)**
종국일자 **2023.10.25**

경남 양산시 남부동 ○○○-○, 제○층제○○○호 (남부동,한울빌딩) 외 ○필지 [새주소검색]
(도로명주소:경남 양산시 양주로 ○○)

대지권	49.21㎡(14.886평)	소유자	정○○	감정가	286,000,000
건물면적	121.2㎡(36.663평)	채무자	정○○○○	최저가	(49%) 140,140,000
개시결정	2021-07-13(임의경매)	채권자	초○○○○○○○	매각가	(53%) 150,301,900

간략보기 ▲   오늘:1 누적:339 평균(2주):0 차트

구분	매각기일	최저매각가격	결과
1차	2023-04-27	286,000,000	유찰
	2023-06-01	200,200,000	변경
2차	2023-07-06	200,200,000	유찰
3차	2023-08-10	140,140,000	

매각 150,301,900원 (52.55%) / 입찰 4명 / 울산 동구 일산동 (주)jmk
(2위금액 141,999,990원)

매각결정기일 : 2023-08-17 - 매각허가결정

전경도   전경도   1 / 9

임차인 현황
말소기준일(소액) : 2018-10-11   배당요구종기일 : 2021-10-05

점유목록?	임차인	점유부분/기간	전입/확정/배당	보증금/차임	대항력	분석	기타
1	신○○	점포 203호 전부 2015.11.01.~현재까지	사업:2015-10-19 확정:2020-01-06 배당:2021-07-30	보:50,000,000원 월:1,050,000원 환산:15,500만원	있음	상임법에 의해 보호적용은 되나, 보증금 범위 초과로 소액임차인은 해당하지않음 순위배당 있음 미배당 보증금 매수인 인수	임차인 [현황서상 사:2015.10.19.,2020.01.06.]

건물등기
(채권합계금액:5,611,942,092원)

순서	접수일	권리종류	권리자	채권금액	비고	소멸
갑(5)	2018-10-11	소유권이전	정○○		매매	
을(8)	2018-10-11	근저당권설정	초○○○○○○○	5,280,000,000	말소기준등기	소멸
갑(7)	2021-05-13	압류	양○○			소멸
갑(10)	2021-05-27	가압류	한○○○○○○○ ○○○○○○○○○	26,391,546	2021카단94	소멸
갑(11)	2021-05-27	가압류	삼○○○○○○	35,995,799	2021카단1073	소멸
갑(12)	2021-05-28	가압류	롯○○○○○	30,458,365	2021카단13336	소멸
갑(13)	2021-07-13	임의경매	초○○○○○○○	청구금액 2,979,853,720	2021타경6671	소멸
갑(14)	2021-08-24	가압류	농○○○○○○○○○ ○○○○○○	210,100,972	2021카단1279	소멸
갑(15)	2021-09-23	가압류	서○○○○○○○○○ ○○○○○○○○○ ○○○○	10,049,280	2021카단15148	소멸
갑(18)	2022-08-04	가압류	근○○○○○	18,946,130	2022카단50253	소멸
갑(21)	2023-04-18	압류	양○○			소멸

▲ 자료: 탱크옥션

하늘 그런데 확정일자가 늦어 배당 받는 순위는 2018.10.11. 근저당 다음이야. 3건의 개별 매각 공동 근저당인데 물건별 낙찰가에 비례해서 인분 배당 될 거야. 어쨌건 임자인은 한 푼도 배당 받을 수 없겠다. 하지만 대항력은 있으니 임차인 보증금 5천만 원은 낙찰자가 인수해야겠지?

— **경수** 잠깐만! 상가는 소액임차인 같은 거 없는 건가? 5천만 원이면 소액보증금에 해당할 거 같은데?

하늘 오! 좋은 질문이야! 상가도 소액보증금에 따른 최우선변제금이 있어. 그런데 상가는 환산보증금이라 해서 월세도 보증금에 포함되거든. '월세 × 100'이 환산보증금이야.

그렇다면 임차인의 환산보증금은

> 보증금 50,000,000원
> + 월세 1,050,000원 × 100 = 105,000,000원
> **= 155,000,000원**

이 되는 거야.

게다가 상가는 소액보증금 범위가 주택과 다르고 금액도 더 적어. 거기에다 기준은 환산보증금이거든.

이 경매 사건의 경우 가장 빠른 근저당이 2018.10.11.이고 경남은 그 밖의 지역이니까 소액보증금은 3,000만 원 이하인데 임차인 환산보증금은 1.55억이니까 어림도 없는 거지.

담보물권 설정일자	지 역	적용범위	소액보증금	최우선변제금
2018.01.26. ~ 2019. 04.01	서울특별시	6.1억 이하	6,500만원 이하	2,200만원
	과밀억제권역	5억 이하[1]	5,500만원 이하	1,900만원
	광역시(과밀, 군 제외), 안산, 용인, 김포, 광주	3.9억 이하[2]	3,800만원 이하	1,300만원
	그 밖의 지역	2.7억 이하	3,000만원 이하	1,000만원

1) 적용범위에만 **부산 포함**

2) 적용범위에만 **세종, 파주, 화성 포함**

하늘 위의 표에서 '적용범위'는 상가건물 임대차 보호법 적용 대상이 되는 환산보증금인데, 예전엔 이 금액을 초과하면 임차인은 아예 상가건물 임대차 보호법의 보호를 받지 못했거든. 그런데 2013.08.13. 이후 법이 개정되어서 지금은 웬만한 보호는 다 받지만 우선변제권에 대한 보호는 받을 수 없다는 것만 정리해 두면 될 거야.

● **상가 소액임차인의 범위와 최우선변제금액**

담보물권 설정일자	지 역	적용범위	소액보증금	최우선변제금
2002.11.01 ~ 2008.08.20	서울	2.4억 이하	4,500만 원 이하	1,350만 원
	과밀억제권역	1.9억 이하	3,900만 원 이하	1,170만 원
	광역시(군, 인천 제외)	1.5억 이하	3,000만 원 이하	900만 원
	그 밖의 지역	1.4억 이하	2,500만 원 이하	750만 원
2008.08.21~ 2010.07.25	서울	2.6억 이하	4,500만 원 이하	1,350만 원
	과밀억제권역	2.1억 이하	3,900만 원 이하	1,170만 원
	광역시(군, 인천 제외)	1.6억 이하	3,000만 원 이하	900만 원
	그 밖의 지역	1.5억 이하	2,500만 원 이하	750만 원

담보물권 설정일자	지 역	적용범위	소액보증금	최우선변제금
2010.07.26 ~ 2013.12.31	서울특별시	3억 이하	5,000만 원 이하	1,500만 원
	과밀억제권역	2.5억 이하	4,500만 원 이하	1,350만 원
	광역시(과밀, 군 제외), 안산, 용인, 김포, 광주	1.8억 이하	3,000만 원 이하	900만 원
	그 밖의 지역	1.5억 이하	2,500만 원 이하	750만 원
2014.01.01~ 2018.01.25	서울특별시	4억 이하	6,500만 원 이하	2,200만 원
	과밀억제권역	3억 이하	5,500만 원 이하	1,900만 원
	광역시(과밀, 군 제외), 안산, 용인, 김포, 광주	2.4억 이하	3,800만 원 이하	1,300만 원
	그 밖의 지역	1.8억 이하	3,000만 원 이하	1,000만 원
2018.01.26. ~ 2019. 04.01	서울특별시	6.1억 이하	6,500만 원 이하	2,200만 원
	과밀억제권역	5억 이하[3]	5,500만 원 이하	1,900만 원
	광역시(과밀, 군 제외), 안산, 용인, 김포, 광주	3.9억 이하[4]	3,800만 원 이하	1,300만 원
	그 밖의 지역	2.7억 이하	3,000만 원 이하	1,000만 원
2019.04.02. ~	서울특별시	9억 이하	6,500만 원 이하	2,200만 원
	과밀억제권역	6.9억 이하[5]	5,500만 원 이하	1,900만 원
	광역시(과밀, 군 제외), 안산, 용인, 김포, 광주	5.4억 이하[6]	3,800만 원 이하	1,300만 원
	그 밖의 지역	3.7억 이하	3,000만 원 이하	1,000만 원

3) 적용범위에만 부산 포함

4) 적용범위에만 세종, 파주, 화성 포함

5) 적용범위에만 부산 포함

6) 적용범위에만 세종, 파주, 화성 포함

임차인 – 3. 임차인 초간단 권리 분석

—— 경수   하늘아! 임차인 권리 분석에 대해서 공부 좀 하고 있는데 확실히 어려운 것 같아.

오랜만에, 그래 놨지 일주일 정도 지났지만, 경수로부터 걸려 온 전화였다.

하늘   임차인에 대한 권리 분석은 사실 한도 끝도 없을 정도로 어려울 수 있어. 그런데 이 내용만 정리해 두면 대부분의 권리 분석은 간단해져. 먼저 대항력, 우선변제권, 최우선변제권을 배웠잖아? 그중 대항력을 기준으로 임차인을 낙찰자가 책임져야 할지를 살펴보면 사실 권리 분석은 끝나. 대항력이 있으면 책임져야 하는 거고, 없으면 책임지지 않아도 되는 거지. 즉, 임차인이 대항력이 없으면 권리 분석은 끝나는 거야.
몇 가지 사례를 보면서 설명해 줄게.

> 권리 분석은 대항력을 기준으로 임차인을 낙찰자가 책임져야 할지를 살펴보면 된다.

1. 임차인이 없는 경우

▶ 〈경매 사례〉 참조

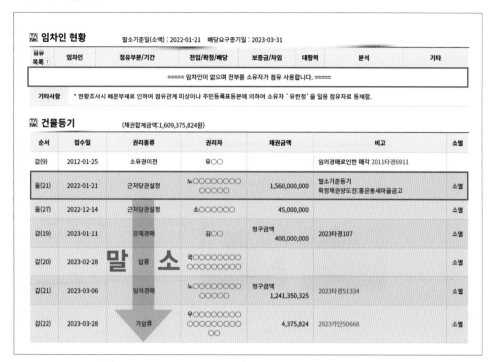

하늘 자, 먼저 이 사건의 등기부(위의 그림)를 보면 가장 빠른 순위가 2022.01.21. 근저당인데 '말소기준등기'니까 자신을 포함해서 아래 권리는 모두 말소되지. 그럼 등기부상 권리 분석은 끝났어.

그다음은 임차인에 관한 권리 분석을 해야 하는데 이 사건의 임차인은 없으니 권리 분석은 끝난 거야. 간단하지?

────── **경수** 응. 임차인이 없는 게 이렇게 반가운 줄은 몰랐다. ^^

2. 임차인이 있지만 대항력이 없는 경우

하늘 그런데 다음 사건은 ①처럼 임차인이 있어.

▶〈경매 사례〉 참조

▶〈등기부 현황〉 참조

📊 임차인 현황

말소기준일(소액) : 2014-09-26   배당요구종기일 : 2023-05-10

점유목록	임차인	점유부분/기간	전입/확정/배당	보증금/차임	대항력	분석	기타
① 1	이○○	주거용 전부 2016.09.23.~	전입:2016-09-26 확정:2016-09-28 배당:2023-05-01	보:95,000,000원	없음	순위배당 있음	임차인

기타사항
* 채무자(소유자) 및 점유자를 만날 수 없어 점유관계 확인할 수 없음.
* 임대차 관계를 조사하기 위하여 현장에 임하여 방문한 취지 및 연락처를 남겼으나, 아무런 연락이 없음.
* 전입세대열람 결과 제3자가 전입되어 있으므로 임차인으로 보고함.

📊 건물등기

(채권합계금액:218,455,189원)

순서	접수일	권리종류	권리자	채권금액	비고	소멸
갑(5)	2014-08-21	소유권이전	이○○		매매 거래가액:257,000,000원	
② 을(4)	2014-09-26	근저당권설정	국○○○○○○○○ ○○○○○○	184,800,000	말소기준등기	소멸
갑(8)	2022-11-01	가압류	국○○○○○○○○ ○○○○○○	33,655,189	2022카단284	소멸
갑(9)	2023-02-03	임의경매	국○○○○○○○○ ○○○○○○	청구금액 136,991,138	2023타경403	소멸
갑(10)	2023-02-13	압류	국○○○○○○○○ ○○○○○○○○ ○○			소멸
갑(11)	2023-04-28	압류	양○○			소멸

▲ 자료: 탱크옥션

하늘 먼저 등기부상으로는 ②근저당이 말소기준이니 별다른 문제
가 없어. 그다음 임차인을 살펴보면 되는데 임차인이 대항 요

건을 갖춘 시점과 등기부상 말소기준등기를 비교하면 되겠지? ①임차인의 전입일이 2016.09.26.이니까 대항 요건을 갖춘 시점은 2016.09.27. 0시가 되는 거고. 그런데 ②등기부상 말소기준등기는 2014.09.26. 근저당이야. 그렇다면 임차인의 순위는 말소기준등기보다 늦으니까 대항력이 없으니 낙찰자가 책임져야 할 대상이 아닌 거야. 즉, 권리적으로 문제가 없다는 뜻이지. 정말 간단하지?

구분	날짜
말소기준등기	2014.09.26.
대항요건 취득일	2016.09.27.(0시)

—— 경수 　와! 이렇게 간단한 거야?

하늘 맞아. 아까도 말했듯이 임차인이 없거나 임차인이 있어도 대항력이 없으면 권리 분석은 정말 간단하지. 사실 이런 사례가 진행되는 경매 사건의 90% 정도거든. 그렇다면 이 간단한 내용만 알고 있어도 대부분의 권리 분석이 가능하다는 거야.

—— 경수 　정말 신기하다. 그런데 왜 사람들이 경매가 어렵다고 하는 걸까?

하늘 그건 대항력 있는 임차인 유형을 먼저 공부하다 지쳐서 그러는 거야. 임차인의 대항력을 제대로 공부하려면 어렵기도 하고 공부해야 할 양도 장난이 아니거든. 그래서 임차인이 대항력이 있으면 권리 분석이 어려워지는 거야. 왜냐면 낙찰자가 임차인을 책임져야 할 수도 있으니까. 하지만 꼭 필요한 몇 가지만 정리하면 웬만한 사건은 충분히 권리 분석이 가능하니까 미리 걱정할 필요는 없어. 변호사 시험을 볼 게 아니라면. 이 내용은 뒤에서 차근차근 더 공부해 보자.

상계(차액지급)신청

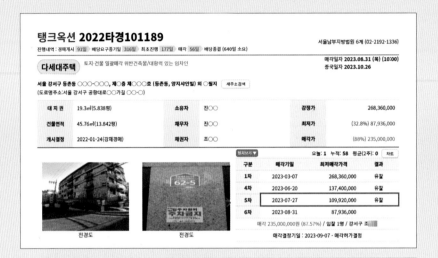

탱크옥션 2022타경101189

서울남부지방법원 6계 (02-2192-1336)

진행내역 : 경매개시 91일 배당요구종기일 316일 최초진행 177일 매각 56일 배당종결 (640일 소요)

매각일자 2023.08.31 (목) (10:00)
종국일자 2023.10.26

다세대주택 토지·건물 일괄매각 위반건축물/대항력 있는 임차인

서울 강서구 등촌동 ○○○-○○○, 제○층 제○○○호 (등촌동, 양지사인빌) 외 ○필지 새주소검색
(도로명주소:서울 강서구 공항대로○○가길 ○○-○)

대지권	19.3㎡(5.838평)	소유자	진○○	감정가	268,360,000
건물면적	45.76㎡(13.842평)	채무자	진○○	최저가	(32.8%) 87,936,000
개시결정	2022-01-24(강제경매)	채권자	조○○	매각가	(88%) 235,000,000

원시보기 ▼   오늘: 1 누적: 58 평균(2주): 0 차트

구분	매각기일	최저매각가격	결과
1차	2023-03-07	268,360,000	유찰
4차	2023-06-20	137,400,000	유찰
5차	2023-07-27	109,920,000	유찰
6차	2023-08-31	87,936,000	

매각 235,000,000원 (87.57%) / 입찰 1명 / 강서구 조 ▓▓▓
매각결정기일 : 2023-09-07 - 매각허가결정

전경도   전경도

임차인 현황 말소기준일 : 2020-02-20 소액기준일 : 2023-08-31 배당요구종기일 : 2022-04-25

점유목록 ?	임차인	점유부분/기간	전입/확정/배당	보증금/차임	대항력	분석	기타
1	조○○	주거용 전부 2016.11.26.~	전입:2016-11-28 확정:2016-11-28 배당:2022-02-08	보:235,000,000원	있음	순위배당 있음 미배당 보증금 매수인 인수	임차인, 경매신청인

건물등기 (채권합계금액:1,660,543,557원)

순서	접수일	권리종류	권리자	채권금액	비고	소멸
갑(4)	2016-11-28	공유자전원지분전부이전	진○○		매매	
갑(7)	2020-02-20	압류	서○○○○○○○		말소기준등기	소멸
갑(8)	2020-04-08	압류	강○○○○○○○○○			소멸
갑(9)	2020-08-05	가압류	주○○○○○○○○ ○○○○○○○○ ○○○○	1,660,543,557	2020카단102961	소멸
갑(10)	2020-09-09	압류	강○○○○			소멸
갑(11)	2021-02-02	압류	서○○○○			소멸
갑(12)	2021-02-08	압류	강○○○○○○○○○			소멸
갑(13)	2021-12-17	압류	강○○○○○○○○○			소멸
갑(14)	2022-01-24	강제경매	조○○	청구금액 235,000,000	2022타경101189	소멸

▲ 자료: 탱크옥션

상계신청은 매각 결정 기일 전까지 해야 되는 거지?

하늘　이 경매 사건은 임차인이 직접 낙찰 받은 사례야.

보증금이 2.35억이고 낙찰가도 2.35억이네. 확정일자를 받아 우선변제권이 2016.11.29. 0시부로 생기고 배당요구도 유효하게 했으니 2.35억에서 경매 비용을 제외한 금액을 가장 먼저 배당 받겠지?

순서는 이 경매 사건의 최고가 매수 신고인(낙찰자)이자 배당 받는 임차인 지위로 먼저 잔금(매각 대금)을 납부하고 약 1개월 후 배당을 받는 건데, 이 경우 임차인은 경매 법원에 이렇게 신청할 수도 있어.

"어차피 내가 배당 받는 거니까 그 배당 받는 금액 제외하고 나머지 금액만 잔금으로 납부하게 해 주세요."라고 말이야. 그럼 경매 법원은 특별한 사정이 있지 않는 한 이 신청을 받아들여 주지. 이것을 **상계신청** 또는 **차액지급신청**이라고 해.

꼭 기억해야 할 것은 상계신청은 매각 결정 기일 전까지 해야 한다는 것.

────　경수　매각 결정 기일이 언제였더라?

하늘　매각 기일(낙찰) 이후 1주일이야.

5

3초면 끝나는
90%의 매각물건명세서상 권리 분석

경매 절차에서 가장 중요한 문서는 매각물건명세서라고 했지?
매각물건명세서 확인은 권리 분석 한 내용을 확인하고
혹시나 다른 문제가 될 만한 것이 있는지 최종적으로 점검하는 과정이야.
매각물건명세서 비고란은 매우 중요해.
유치권이 신고되어 있다면 해결책을 알기 전까지는 입찰하지 말아야 해.

하늘 권리 분석을 위해 지금까지 배운 내용은 크게 두 가지였어.
등기부상 권리 분석, 그리고 임차인 권리 분석.
기억나지?

—— **경수** 응. 이상할 정도로 간단해서 당연히 기억하고
있지.

하늘 그래. 이제 마지막 하나만 더 공부하면 웬만한 권리 분석은
다 할 수 있는데 그 마지막이 바로 매각물건명세서상 권리 분
석이야. 경매 절차에서 가장 중요한 문서가 뭐라고 했는지
기억나?

—— **경수** 응. '매각물건명세서'잖아?

하늘 맞아.
간단히 살펴볼게.

◀ 〈경매 사례〉 참조

경매 2021타경82553

🔵 진행내역 : 경매개시 77일 배당요구종기일 105일 **최초진행**

의정부지방법원 14계(031-828-0366)

아파트 도사·난돌 일괄매각

매각기일 **2022.03.22 (화)(10:30)**

경기 동두천시 지행동○○ 도로명주소검색
(도로명주소:경기도 동○○)

대 지 권	49.899㎡(15.094평)	소유자	김○○	감정가	385,000,000
건물면적	84.886㎡(25.678평)	채무자	김○○	최저가	(70%) 269,500,000
개시결정	2021-08-10 (침최청매)	채권자	(주)미○○	보증금	(10%) 26,950,000

오늘 : 3 누적 : 164 평균(2주) : 2

구분	매각기일	최저매각가격	결과	비고
1차	2022-02-08 (10:30)	385,000,000	유찰	
2차	2022-03-22 (10:30)	269,500,000		

전경도 전경도

▲ 자료: 탱크옥션

◀ 〈등기부 현황〉 참조

| 임차인 현황

말소기준일(소액) : 2016-03-04 배당요구종기일 : 2021-10-26

목록	임차인	점유부분/기간	전입/확정/배당	보증금/차임	대항력	분석	기타
②		===== 조사된 임차내역 없음 =====					
	기타사항	* 현지 출장시 아무도 만나지 못하였고(폐문부재), 우편함에 우편물도 없었음. 전입세대열람내역 및 주민등록 등본과 같이 채무자겸 소유자 세대가 등재되어 있는 외에 다른 등재자가 없으나 임차인 존재 여부 및 점유관계 등의 정확한 것은 알 수 없으므로 별도의 확인이 필요함. * 본건에 대한 임차인 등의 권리신고등을 위하여 집행관 시스템에서 출력한 `안내문`을 출입문에 부착하였음					

| 건물등기 (채권합계금액 : 748,468,206원)

순서	접수일	권리종류	권리자	채권금액	비고	소멸
갑(3)	2016-03-04	소유권이전	김○○		매매 거래가액:226,000,000원	
① 을(5)	2016-03-04	근저당권설정	우○○	176,000,000	말소기준등기	소멸
을(7)	2018-12-24	근저당권설정	(주)미○○	58,500,000		소멸
갑(11)	2019-04-03	가압류	산○○	100,000,000	2019카단200849	소멸
을(8)	2019-05-03	근저당권설정	광○○	265,200,000		소멸
갑(13)	2019-07-25	가압류	비○○	14,663,376	2019카단2768	소멸
갑(16)	2020-01-20	가압류	삼○○	19,270,460	2020카단73	소멸
갑(17)	2020-08-11	가압류	서○○	7,146,000	2020카단1082	소멸
갑(22)	2021-05-27	가압류	홍○○	80,000,000	2021카단551	소멸
갑(23)	2021-08-10	임의경매	(주)미○○	청구금액 56,939,177	2021타경82553	소멸
갑(24)	2021-10-19	가압류	하○○	27,688,370	2021카단34645	소멸
갑(25)	2021-10-19	임의경매	우○○	청구금액 150,989,590	2021타경10404	소멸
갑(26)	2021-12-27	강제경매(22번가압류의본 압류로의 이행)	홍○○	청구금액 135,112,915	2021타경11810	소멸

▲ 자료: 탱크옥션

하늘 먼저 등기부 현황을 보면 매우 복잡한 듯 보이지만 가장 빠른 권리가 2016.03.04. 근저당으로 말소기준이기 때문에 자신을 포함해서 아래 있는 모든 권리는 소멸되어 등기부상 문제는 없어.

그리고 임차인이 없기 때문에 지금까지 배운 내용을 기준으로 권리적인 문제는 없는 거지. 그다음 아래는 이 사건의 '매각물건명세서'야. '매각물건명세서' 확인은 지금까지 권리 분석한 내용을 확인하고 혹시나 다른 문제가 될 만한 것이 있는지 최종적으로 점검하는 과정이라고 생각하면 돼.

▶ 〈매각물건명세서〉 참조

의 정 부 지 방 법 원

2021타경82553

매각물건명세서

| 사건 | 2021타경82553 부동산임의경매
2021타경10404(중복)
2021타경11810(중복) | | 매각
물건번호 | 1 | 작성
일자 | 2022.03.08 | 담임법관
(사법보좌관) | | 류제연 | |
| 부동산 및 감정평가액
최저매각가격의 표시 | 별지기재와 같음 | | 최선순위
설정 | | | 2016.03.04. 근저당권 | 배당요구종기 | | 2021.10.26 | |

부동산의 점유자와 점유의 권원, 점유할 수 있는 기간, 차임 또는 보증금에 관한 관계인의 진술 및 임차인이 있는 경우 배당요구 여부와 그 일자, 전입신고일자 또는 사업자등록신청일자와 확정일자의 유무와 그 일자

점유자의 성 명	점유부분	정보출처 구 분	점유의 권 원	임대차기간 (점유기간)	보증금	차 임	전입신고일자.사업 자등록 신청일자	확정일자	배당요구여부 (배당요구일자)
②				조사된 임차내역없음					

※ 최선순위 설정일자보다 대항요건을 먼저 갖춘 주택·상가건물 임차인의 임차보증금은 매수인에게 인수되는 경우가 발생 할 수 있고, 대항력과 우선변제권이 있는 주택·상가건물 임차인이 배당요구를 하였으나 보증금 전액에 관하여 배당을 받지 아니한 경우에는 배당받지 못한 잔액이 매수인에게 인수되게 됨을 주의하시기 바랍니다.

① 등기된 부동산에 관한 권리 또는 가처분으로 매각으로 그 효력이 소멸되지 아니하는 것
해당사항없음
매각에 따라 설정된 것으로 보는 지상권의 개요
해당사항없음
③ 비고란

▲ 자료: 탱크옥션

하늘 보는 순서는 ①등기부상 소멸되지 않는 권리가 있는지 체크. '해당사항 없음'이라고 되어 있지? 문제없다는 거야.

두 번째는 ②임차인인데 임차인이 없으니 이것도 문제없고,

마지막으로 ③비고란을 확인해 보는데 역시나 아무런 내용이 없어. 특별한 게 없다는 거지.

가장 쉬운 독학 새벽하늘 부동산 경매 첫걸음

믿을 수 없겠지만 이것으로 권리 분석은 끝난 거야.

—— 경수   진짜? 이게 끝이라고?

하늘   맞아! 축하해! ^^

그런데 가끔씩 비고란에 어떤 내용들이 있는 경우가 있지.
이렇게 말이야.

◀ 〈매각물건명세서〉 참조

수 원 지 방 법 원									
							2020타경6046		
매각물건명세서									
사 건	2020타경6046 부동산임의경매 2020타경75202(중복)		매각 물건번호	1	작성 일자	2022.03.07	담임법관 (사법보좌관)	허형구	
부동산 및 감정평가액 최저매각가격의 표시	별지기재와 같음		최선순위 설정	2015.11.6.자 근저당권			배당요구종기	2020.06.17	
부동산의 점유자와 점유의 권원, 점유할 수 있는 기간, 차임 또는 보증금에 관한 관계인의 진술 및 임차인이 있는 경우 배당요구 여부와 그 일자, 전입신고일자 또는 사업자등록신청일자와 확정일자의 유무와 그 일자									
점유자의 성 명	점유부분	정보출처 구 분	점유의 권 원	임대차기간 (점유기간)		보증금	차 임	전입신고일자.사업 자등록 신청일자	확정일자	배당요구여부 (배당요구일자)
조사된 임차내역없음									
※ 최선순위 설정일자보다 대항요건을 먼저 갖춘 주택·상가건물 임차인의 임차보증금은 매수인에게 인수되는 경우가 발생 할 수 있고, 대항력과 우선변제권이 있는 주택·상가건물 임차인이 배당요구를 하였으나 보증금 전액에 관하여 배당을 받지 아니한 경우에는 배당받지 못한 잔액이 매수인에게 인수되게 됨을 주의하시기 바랍니다.									
등기된 부동산에 관한 권리 또는 가처분으로 매각으로 그 효력이 소멸되지 아니하는 것									
매각에 따라 설정된 것으로 보는 지상권의 개요									
비고란									
재매각임. 매수신청보증금 20%									

▲ 자료: 탱크옥션

하늘   비고란에 보면 먼저 '재매각임'이라 기재되어 있는데, **재매각**
이란 누군가 낙찰 받고 잔금을 납부하지 못해 다시 경매가 진
행되었다는 뜻이야.
그런데 그다음이 중요해.
'매수신청보증금 20%'라고 기재되어 있는데, 이럴 경우 입찰
할 때 반드시 매수 신청 보증금으로 최저매각가격의 20%를
봉투에 넣어 입찰해야 해.

───── 경수　그래? 원래는 10%잖아?

하늘　맞아. 그러니까 비고란에 특별히 기재해 둔 거야. 보증금을 20%로 넣어야 한다고. 만약 이런 물건에 보증금을 10%만 넣었다면 '최고가매수신고인'이 되어도 낙찰이 무효가 돼.

───── 경수　아! 조심해야겠네.

하늘　맞아. 그런데 다음의 경우처럼 재매각의 경우 보증금을 30%로 하는 경우도 있어.

▶ 〈매각물건명세서〉 참조

수원지방법원 여주지원

2021타경416

매각물건명세서

사 건	2021타경416 부동산임의경매	매각 물건번호	1	작성 일자	2022.02.25	담임법관 (사법보좌관)	문병식	
부동산 및 감정평가액 최저매각가격의 표시	별지기재와 같음	최선순위 설정		2011.09.20. 근저당권.		배당요구종기	2021.05.10	

부동산의 점유자와 점유의 권원, 점유할 수 있는 기간, 차임 또는 보증금에 관한 관계인의 진술 및 임차인이 있는 경우 배당요구 여부와 그 일자, 전입신고일자 또는 사업자등록신청일자와 확정일자의 유무와 그 일자

점유자의 성 명	점유부분	정보출처 구 분	점유의 권 원	임대차기간 (점유기간)	보증금	차임	전입신고일자/사업 자등록 신청일자	확정일자	배당요구여부 (배당요구일자)

조사된 임차내역없음

※ 최선순위 설정일자보다 대항요건을 먼저 갖춘 주택·상가건물 임차인의 임차보증금은 매수인에게 인수되는 경우가 발생 할 수 있고, 대항력과 우선변제권이 있는 주택·상가건물 임차인이 배당요구를 하였으나 보증금 전액에 관하여 배당을 받지 아니한 경우에는 배당받지 못한 잔액이 매수인에게 인수되게 됨을 주의하시기 바랍니다.

등기된 부동산에 관한 권리 또는 가처분으로 매각으로 그 효력이 소멸되지 아니하는 것

해당사항없음

매각에 따라 설정된 것으로 보는 지상권의 개요

해당사항없음

비고란

재매각. 매수신청보증금 30%.

▲ 자료: 탱크옥션

───── 경수　응? 왜 이건 30%야?

하늘　응. 그건... 법원 마음이야. ^^ 어느 법원은 20%로 진행하는 곳도 있고, 30%로 진행하는 곳도 있어. 어떤 법원은 그냥 10%로 진행하는 곳도 있지.
　　　그러니까 재매각 물건은 비고란을 잘 보고 보증금을 넣어야

겠지?

   ── 경수   그렇구나.

하늘   이렇게 '매각물건명세서 비고란'은 매우 중요해. 그런데 다음
사례처럼 정말 조심해야 할 내용들도 있어.

◀ 〈매각물건명세서〉 참조

수원지방법원 평택지원

2021타경45856

매각물건명세서

사 건	2021타경45856 부동산강제경매	매각 물건번호	1	작성 일자	2022.02.25	담임법관 (사법보좌관)	조인수	(인)
부동산 및 감정평가액 최저매각가격의 표시	별지기재와 같음	최선순위 설정		2015.7.21.(근저당권)		배당요구종기	2021.10.14	

부동산의 점유자와 점유의 권원, 점유할 수 있는 기간, 차임 또는 보증금에 관한 판계인의 진술 및 임차인이 있는 경우 배당요구 여부와 그 일자, 전입신고일자 또는 사업자등록신청일자와 확정일자의 유무와 그 일자

점유자의 성 명	점유부분	정보출처 구 분	점유의 권 원	임대차기간 (점유기간)	보증금	차 임	전입신고일자,사업 자등록 신청일자	확정일자	배당요구여부 (배당요구일자)

조사된 임차내역없음

※ 최선순위 설정일자보다 대항요건을 먼저 갖춘 주택·상가건물 임차인의 임차보증금은 매수인에게 인수되는 경우가 발생할
수 있고, 대항력과 우선변제권이 있는 주택·상가건물 임차인이 배당요구를 하였으나 보증금 전액에 관하여 배당을 받지 아니한
경우에는 배당받지 못한 잔액이 매수인에게 인수되게 됨을 주의하시기 바랍니다.

동기된 부동산에 관한 권리 또는 가처분으로 매각으로 그 효력이 소멸되지 아니하는 것

매각에 따라 설정된 것으로 보는 지상권의 개요

비고란
1. 2021.10.26.자 현대종합건설로부터 공사대금 16,325,000원의 유치권신고서가 제출되었고, 유치권부존재확인의소(평택지원
2021가단5046)가 진행중이나, 그 성립 여부는 불분명함.

▲ 자료: 탱크옥션

하늘   '비고란'에 보면 유치권 신고서가 제출되었고 어쩌고저쩌고하
는 내용이 있지?

   ── 경수   그러네? '유치권'이 뭐야?

하늘   아주 간단히만 설명할게.
유치권이란 어떤 부동산에 대해 공사를 했는데 공사 대금을
받지 못한 사람이 그 공사 대금을 받을 때까지 해당 부동산을
점유할 수 있는 권리야.
이런 게 바로 특수 물건 유형인데 나중에 간단히 배워 볼 거

야. 왜냐면 유치권이란 대항력 있는 임차인처럼 내용도 많고 어렵거든. 하지만 전체 경매 물건 중 5%도 채 되지 않아. 그러니까 우선 개념 정도만 이해하고 넘어가면 돼. 나중에 좀 더 전문적으로 경매 투자를 해 보고 싶다면 그때 심도 있게 공부하면 돼.

그러니 우선 이렇게 유치권이 신고되어 있다면 충분한 공부가 되어 있기 전까지는 일단 패스해야겠지?

해결책을 알기 전까지는 입찰하지 말라는 뜻이야.

—— 경수 오케이~ 무슨 말인지 알겠어.

하늘 좋아. 그럼 다른 사례 하나를 더 보자.

▶ 〈매각물건명세서〉 참조

수원지방법원 안양지원

2021타경103892

매각물건명세서

사 건	2021타경103892 부동산임의경매	매각물건번호	1	작성일자	2022.03.02	담임법관 (사법보좌관)	유상욱	
부동산 및 감정평가액 최저매각가격의 표시	별지기재와 같음	최선순위 설정			2002.9.10. 근저당권	배당요구종기	2022.01.12	

부동산의 점유자와 점유의 권원, 점유할 수 있는 기간, 차임 또는 보증금에 관한 관계인의 진술 및 임차인이 있는 경우 배당요구 여부와 그 일자, 전입신고일자 또는 사업자등록신청일자와 확정일자의 유무와 그 일자

점유자의 성 명	점유부분	정보출처 구 분	점유의 권 원	임대차기간 (점유기간)	보 증 금	차 임	전입신고일자,사업 자등록 신청일자	확정일자	배당요구여부 (배당요구일자)

조사된 임차내역없음

※ 최선순위 설정일자보다 대항요건을 먼저 갖춘 주택·상가건물 임차인의 임차보증금은 매수인에게 인수되는 경우가 발생 할 수 있고, 대항력과 우선변제권이 있는 주택·상가건물 임차인이 배당요구를 하였으나 보증금 전액에 관하여 배당을 받지 아니한 경우에는 배당받지 못한 잔액이 매수인에게 인수되게 됨을 주의하시기 바랍니다.

등기된 부동산에 관한 권리 또는 가처분으로 매각으로 그 효력이 소멸되지 아니하는 것

매각에 따라 설정된 것으로 보는 지상권의 개요

비고란
1. 제시외 건물 1동은 매각대상 아님. 법정지상권 성립여부 불분명함
2. 제시외 건물로 인하여 제한 받는 가격 기준으로 최저매각가격을 산정함

▲ 자료: 탱크옥션

하늘 이번에는 '비고란'에 **법정지상권**이라는 단어가 등장하지?

—— 경수 법정지상권? 이건 또 뭐야?

하늘 이것도 일단은 간단한 개념 정도만 설명해 줄게.

먼저 **지상권**의 개념부터 알아야 하는데, 느낌 그대로 어떤 땅 위를 사용할 수 있는 권리야. 내 땅은 아니지만 그 땅을 사용할 수 있다는 거지. 이런 지상권은 등기부에 등기해야만 권리를 행사할 수 있어. 그런데 **법정지상권**이란 등기가 안 되어 있어도 지상권을 인정해 주겠다는 거야.

이것도 어렵지?

마찬가지로 충분한 공부가 되기 전까지는 패스~~~. 왜냐면 이런 유형의 물건은 1%도 채 되지 않으니까. 하지만 나중에 잘 공부해 두면 재미있는 수익을 낼 수도 있는 유형이야.

그 밖에 '비고란'에 등장하는 내용들이 더 있는데 뒤에서 살펴보도록 하고 일단은 잘 모르는 내용이 나올 경우 패스하면 돼.

이렇게 해서 사실 진행되고 있는 경매 물건 90% 정도의 권리 분석은 끝난 거야.

─── **경수** 대박이다!

경매가 이렇게 쉽다니, 믿어지지가 않아!

하늘 하지만 사실이야.

어쨌건 축하한다! ^^

이제 남은 10%에 대한 이야기를 할 건데, 이제부터는 좀 어려울 거야. 하지만 너무 심각하게 생각하지는 마. 어차피 잘 모른다 해도 진행되는 물건의 90% 정도는 스스로 권리 분석이 가능할 거니까.

무잉여, 채권자 매수신청

하늘　경매 법원은 경매를 신청한 채권자가 단 1원이라도 배당 받을 수 있는 상황이어야 경매를 진행해. 그렇지 않으면 경매를 기각하지. 이것을 **무잉여**라고 해.

──── **경수**　그렇군. 그런데 채권자가 배당 받을 수 있을지 없을지를 어떻게 알아?

경매 2022타경512531

진행내역 : 경매개시 85일 | 배당요구종기일 216일 | 최초진행 169일 | 매각 46일 | 납부 37일 | 배당기일 (553일 소요)

인천지방법원 22계 (032-860-1622)

매각일자 **2023.09.01 (금) (10:00)**

아파트　토지·건물 일괄매각 | 채권자매수청구

인천 서구 청라동 156-1, 103동 22층2205호 (청라동,청라센트럴에일린의뜰)　새주소검색
(도로명주소:인천 서구 청라커널로 300)

대 지 권	41.9835㎡(12.7평)	소유자	강민영	감정가	1,150,000,000
건물면적	95.2717㎡(28.82평)	채무자	강민영	최저가	(49%) 563,500,000
개시결정	2022-05-19(강제경매)	채권자	김기덕 외1	매각가	(64%) 741,100,000

간략보기 ▲　　　　　오늘: 1　누적: 156　평균(2주): 0　차트

구분	매각기일	최저매각가격	결과
	2022-12-19	1,150,000,000	변경
1차	2023-03-16	1,150,000,000	유찰
2차	2023-04-18	805,000,000	유찰
	2023-05-24	563,500,000	변경
3차	2023-05-24	563,500,000	
	매각 761,500,000원 (66.22%) / 8명 / 미납		
4차	2023-09-01	563,500,000	
	매각 741,100,000원 (64.44%) / 입찰 3명 / 한▒▒		

전경도　　전경도　　1 / 13

▲ 자료: 탱크옥션

순서	접수일	권리종류	권리자	채권금액	비고	소멸
갑(2)	2019-04-10	소유권이전	강○○		매매 키테키 띠:351,300,000원	
① 을(1)	2019-04-10	근저당권설정	국○○○○○○○○○○○○○○○○	352,000,000	말소기준등기	소멸
② 을(2)	2019-10-22	근저당권설정	정○○	300,000,000		소멸
③ 갑(8)	2022-03-29	가압류	김○○	400,000,000	2022카단375	소멸
④ 갑(9)	2022-05-19	강제경매(8번가압류의본 압류로의 이행)	김○○	청구금액 406,312,328	2022타경512531	소멸
⑤ 갑(10)	2022-05-26	강제경매	송○○	청구금액 280,000,000	2022타경512654	소멸
갑(11)	2022-08-02	가압류	국○○○○○○○○○○○○○○	27,026,947	2022카단1062	소멸

🏛 건물등기 (채권합계금액:1,079,026,947원)

▲ 자료: 탱크옥션

하늘 이 경매 사건의 등기부를 보면 ③가압류권자 김○○이 ④강제경매를 신청했어. 그럼 이 채권자가 1원이라도 배당을 받아야 경매가 진행된다고 했잖아? 그런데 이 아파트의 감정가는 11.5억이야. 그렇다면 감정가 11.5억을 기준으로 배당 순서를 따지면 이렇겠지?

감정가 1,150,000,000원

− ① 근저당 352,000,000원

− ② 근저당 300,000,000원

= 498,000,000원

그럼 498,000,000원을 가지고 채권자들끼리 **안분 배당**을 하거든. 그러니까 경매 신청 채권자가 1원이라도 배당 받을 수 있겠지?

그런데 계속 유찰되면서 최저매각가격이 563,500,000원까지 떨어졌어. 이때 무잉여의 기준은 바로 최저매각가격이 되는 거야.

배당 순서는 이렇게 되겠지?

3차 최저매각가격 563,500,000원

– ① 근저당 352,000,000원

– ② 근저당 300,000,000원

= – 88,500,000원

하늘   미이너스라는 건 3차 최저매각가격을 기준으로 ②근저당까지밖에 배당이 안 된다는 거고, 그 나머지는 한 푼도 배당 받을 수 없다는 거니까 무잉여가 되는 거야. 낙찰이 얼마에 되든 간에 경매 법원은 이처럼 최저매각가격을 기준으로 무잉여를 판단해.

그런데 경매 사건을 바로 무잉여로 기각하는 게 아니라 경매 신청한 채권자에게 기회를 주지. 경매를 계속 진행시키려면 무잉여 되지 않는 금액으로 채권자가 매수신청을 할 것인지를 물어보는 거야. 경매 법원이 계산한 무잉여 되지 않는 최저 금액은 6.9억이고 채무자는 OK를 했지. 이걸 **채권자 매수신청**이라고 해. 그럼 경매 법원은 경매를 계속 진행하는 거야. 그리고 '매각물건명세서'에 이 내용을 기재하지.

인 천 지 방 법 원

2022타경512531

매각물건명세서

사 건	2022타경512531 부동산강제경매 2022타경512654(중복)		매각 물건번호	1	작성 일자	2023.08.18		담임법관 (사법보좌관)		김유환	
부동산 및 감정평가액 최저매각가격의 표시		별지기재와 같음	최선순위 설정		2019. 4. 10. 근저당권			배당요구종기		2022.08.12	

부동산의 점유자와 점유의 권원, 점유할 수 있는 기간, 차임 또는 보증금에 관한 관계인의 진술 및 임차인이 있는 경우 배당요구 여부와 그 일자, 전입신고일자 또는 사업자등록신청일자와 확정일자의 유무와 그 일자

점유자의 성 명	점유부분	정보출처 구 분	점유의 권 원	임대차기간 (점유기간)	보증금	차 임	전입신고일자·외국 인등록(체류지변경 신고)일자·사업자등 록신청일자	확정일자	배당요구여부 (배당요구일자)
				조사된 임차내역없음					

※ 최선순위 설정일자보다 대항요건을 먼저 갖춘 주택·상가건물 임차인의 임차보증금은 매수인에게 인수되는 경우가 발생 할 수 있고, 대항력과 우선변제권이 있는 주택·상가건물 임차인이 배당요구를 하였으나 보증금 전액에 관하여 배당을 받지 아니한 경우에는 배당받지 못한 잔액이 매수인에게 인수되게 됨을 주의하시기 바랍니다.

등기된 부동산에 관한 권리 또는 가처분으로 매각으로 그 효력이 소멸되지 아니하는 것

매각에 따라 설정된 것으로 보는 지상권의 개요

비고란
1. 신청채권자 김기덕으로부터 매수신청이 있음(매수신청금액 : 6억 9천만원)
2. 특별매각조건으로 매수보증금은 최저매각가격의 10분의 2임.

▲ 자료: 탱크옥션

하늘 자, 여기서 중요한 건 이거야.

입찰할 때 채권자가 매수신청 한 6.9억 이상으로 입찰가를 써야 한다는 거시. 만약 그 미만으로 쓰면 그게 최고가라 해도 매수신청 한 채권자가 6.9억으로 낙찰자가 된다는 것.

—— **경수** 무슨 말인지 알겠어.

그런데 '비고란'에 '특별매각조건으로 매수보증금이 10분의 2임.'이라는 건 왜 그런 거야? 채권자 매수 신고와 관련이 있는 건가?

하늘 아니. 채권자 매수 신고와 관련 있는 게 아니라 미납 후 다시 경매가 진행돼시 그래. 이걸 새매각이라고 하는데 이때 매수 보증금은 법원에 따라 특별 매각 조건으로 20% ~ 30%가 되는 거야. 이때 만약 그냥 10%만 넣으면 무효가 되는 거지.

—— **경수** 그렇구나.

재매각은 매각 물건 명세를 잘 봐야겠네.

3

나머지 10%를 위한 권리 분석

1

등기부상 문제

말소기준보다 후순위라 해도 말소되지 않는 것들이 있어.
대지권 등기가 없어도 대지권이 있는 경우가 있고,
때로는 진짜 대지권이 없는 경우가 있어.
토지에 있는 등기는 말소되지 않아도 괜찮은 유형이 있고,
정말 큰 문제가 되는 유형도 있지.

▌후순위라도 말소되지 않는 등기

하늘 지금부터 하는 얘기는 좀 어려울 거야. 왜냐하면 이제 전문적인 법률 용어와 내용들이 나오거든. 하지만 전체 진행되는 경매 물건의 10%도 채 되지 않으니 너무 스트레스 받아 가면서 볼 필요는 없어.

먼저 복습을 좀 해 볼까?

아래 사건 등기부상 권리 분석을 한번 해 봐.

 잠깐! 다시 떠올려보기

> 등기부상 권리 분석은 낙찰 받고 잔금을 낸 후 등기부에 있는 권리 중 낙찰자가 인수해야 할 것이 있는지를 확인하는 것이다.

건물등기 (채권합계금액:1,769,289,326원)

순서	접수일	권리종류	권리자	채권금액	비고	소멸
갑(7)	2011-02-28	소유권이전	권○○		매매	
을(13)	2016-06-15	근저당권설정	하○○○○○○○○○	487,680,000	말소기준등기 확정채권양도전:(주)국민에이엠씨금융대부	소멸
을(21)	2019-04-08	근저당권설정	하○○○○○○○○○	195,600,000	확정채권양도전:(주)국민에이엠씨금융대부	소멸
을(22)	2019-10-18	근저당권설정	하○○○○○○○○○	65,000,000	확정채권양도전:(주)국민에이엠씨금융대부	소멸
갑(6)	2020-02-07	가압류	자○○○○○○○○	300,000,000	2020카합50049	소멸
갑(7)	2021-08-26	가압류	자○○○○○○○○	700,000,000	2021카단52709	소멸
갑(9)	2021-12-09	임의경매	하○○○○○○○○○	청구금액 163,932,657	2021타경56755	소멸
갑(10)	2022-01-10	가압류	예○○○○○○○○	19,372,367	2022카단52698	소멸
갑(11)	2022-02-04	가압류	서○○○○○○	1,636,959	2022카단801993	소멸
갑(12)	2022-02-16	압류	마○○○○○○○○			소멸

▲ 자료: 탱크옥션

—— **경수** 2016.06.15. 근저당이 말소기준이니까 자신을 포함해서 그 아래 있는 등기는 모두 말소, 그래서 낙찰, 잔금 후 등기부에 남아 있는 권리는 없다. 맞지?

하늘 굿! 맞았어. 이렇게 말소기준 아래에 있는 건 무조건 말소된다고 했지. 그런데 앞에서도 얘기했듯이 예외가 있어. 바로 예고 등기와 철거 관련 가처분이지.

—— **경수** 그래. 경매가 이렇게 쉽나 했다가 갑자기 절망스러워졌던 내용이었지.

하늘 하하, 절망까지 할 필요는 전혀 없어. 설명 듣고 나면 희망으로 바뀔 거야. 내용이 쉽다는 게 아니라 만약 이해가 안 된다 해도 큰 문제는 없다는 뜻이야.

자, 설명해 줄게.

예고등기란 해당 부동산 권리에 관련된 소송이 진행될 경우 그 부동산 등기부에 그 사실을 기재해 놓는 등기야. 등기 자체의 효력은 없고 단지 그 사실만을 알리는 역할을 한다고 보면 되는데, 그 소송이 종결되면 이 예고등기도 말소되는 거야. 중요한 건 이미 2011년도에 이 제도가 폐지되었다는 거지. 그래서 현재 정말 드물게 우리가 볼 수 있는 예고등기는 폐지되기 전 등기되었다가 아직 남아 있는 건데, 사실 소송이 종결되어서 지워져야 하지만 등기관이나 이해관계자의 부주의로 남아 있는 경우가 대부분이지.

사례를 한번 볼까?

▶ 〈경매 사례〉 참조

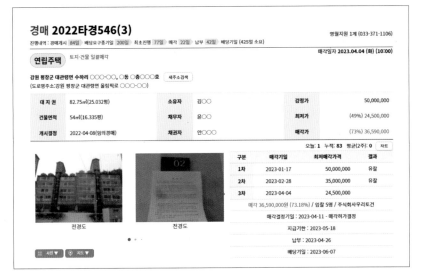

▲ 자료: 탱크옥션

하늘 평창군에 있는 한 연립주택이 경매로 진행됐었는데 등기부를 잘 봐 봐.

	순서	접수일	권리종류	권리자	채권금액	비고	소멸
	갑(2)	2005-04-27	소유권이전	우○○			
①	을(2)	2006-01-24	근저당권설정	안○○○○○○○○○○○	234,000,000	말소기준등기	소멸
	을(6)	2008-08-08	근저당권설정	조○○	40,000,000	계약양도:전:배범석	소멸
②	을(7)	2011-09-29	6번근저당권말소예고등기			수원지방법원예소제기(2011가단69233)	
	갑(5)	2012-09-18	소유권이전	윤○○		매매, 거래가액 금51,000,000원	
	을(8)	2015-10-29	근저당권설정	이○○	100,000,000		소멸
	갑(8)	2018-05-08	소유권이전	김○○		매매	
	갑(9)	2022-04-11	임의경매	안○○○	청구금액 134,620,872	2022타경546	소멸

건물등기 (채권합계금액:374,000,000원)

▲ 자료: 탱크옥션

하늘 ①근저당이 말소기준이라서 자신을 포함한 그 아래 있는 등기는 모두 말소되는 게 일반적인데 조금 전 이야기했던 ②예고등기가 보이지?

—— 경수   그렇네!

하늘 ②예고등기는 말소기준 아래에 있지만 말소되지 않아. 언제 말소된다? 이와 관련된 소송이 끝나면 말소된다고 했지? 그런데 이 소송은 2012년 9월에 이미 끝났어. 그래서 이 예고등기는 지워져야 하는데 아직 남아 있는 거지. 결과적으로 이 예고등기는 아무런 권리적인 문제가 없는 거야. 우리가 현재 볼 수 있는 예고등기는 보통 이렇다고 보면 돼. 그렇다고 무조건 예고등기가 문제없다고 생각하면 안 돼. 만에 하나, 아니 몇 십만에 하나 낙찰 후 소유권을 잃는 문제가 생기는 경우도 있으니까. 내용이 어렵지?

—— 경수   응... 무슨 얘긴지 모르겠어...

경수는 다시 울상이 되었다.

하늘　괜찮아. 내가 처음에 뭐라고 했지? 이해 안 돼도 큰 문제 없다고 했지? 정말 보기 힘든 예고등기까지 공부하려면 많은 시간이 필요하거든. 그런데 전체 경매 물건 중에 0.05%도 안 되고 앞으로 더 줄어들다가 결국 없어질 거야. 그러니까 그냥 예고등기가 보이면 패스하면 돼. 그 물건이 정 마음에 들어서 입찰하고 싶으면 나한테 물어보면 되겠지.

―――　경수　그래. 매우 희망적이다! ^^

하늘　다음은 건물 철거, 토지 인도 등의 가처분인데 정말 간단히만 설명해 줄게. 가끔씩 땅 주인과 건물 주인이 다른 경우가 있어. 그런 가운데 땅 주인이 건물 주인한테 건물을 철거하라고 소송을 하는 경우가 있거든. 그런데 소송하기 전에 그 건물에 미리 가압류처럼 가처분이란 걸 해 두는 경우가 많아. 사례를 보면서 설명해 줄게.

　　　천안시에 건물이 경매 진행 중인데 잘 보면 재미있는 게 있어.

▶〈경매 사례〉 참조

▲ 자료: 탱크옥션

하늘 찾았니?

—— **경수** 응. '토지는 매각제외'.
땅은 안 팔고 건물만 판다는 건가?

하늘 정확해!

—— **경수** 그래? 그럼 어떻게 되는 거야?

하늘 말 그대로 건물만 낙찰 받는 거야. 그다음에 땅은 따로 사든가
아니면 땅 주인한테 임대료 내면서 그 땅을 사용하면 되는 거
지. 그런데 중요한 게 있어. 때로는 땅 주인이 건물을 철거하라
고 할 수도 있거든. 물론 무조건 그래야 하는 건 아니지만 법
률적으로 판단할 때 건물을 철거해야 하는 경우도 있고 안 해
도 되는 경우가 있어. 먼저 등기부를 좀 볼까?

▼ 〈등기부〉 참조

순서	접수일	권리종류	권리자	채권금액	비고	소멸
갑(1)	2021-02-24	소유권보존	박○○		가압류등기의 촉탁으로 인하여	소멸
① 갑(2)	2021-02-24	가압류	나○○	300,000,000	말소기준등기 2020카단1234	소멸
② 갑(7)	2021-08-06	가처분	(주)제 ○○○○○○○		토지소유권에 기한 방해베제로서의 부동산 철거청 구권 대전지방법원 2021카단52994	인수
갑(8)	2022-07-19	강제경매	(주)제 ○○○○○○○	청구금액 15,585,383	2022타경105381	소멸
갑(9)	2022-07-28	압류	천○○○○○			소멸

건물등기 (채권합계금액:300,000,000원)

▲ 자료: 탱크옥션

하늘 말소기준은 ①가압류지? 그리고 그 아래 ②가처분은 원래 말
소되어야 하는 게 맞는데 가처분 내용을 보면 '부동산 철거청
구권'이란 문구가 보일 거야. 이게 조금 전 설명한 그 얘기야.
땅 주인이 건물 주인을 상대로 건물을 철거하라는 소송을 하

기 전에 이렇게 가처분을 해 놓은 거지.

　── 경수　우와! 그런 건물을 철거해야 하는 거야? 완전 멀쩡해 보이던데.

하늘　어떤 판결이 나올지에 따라 다르겠지. 앞서 법정지상권에 대해 간단히 설명했었는데 이게 그런 상황이야. 법정지상권이 성립하면 철거하지 않아도 된다는 판결이 나올 거고, 성립하지 않으면 철거하라는 판결이 나올 거니까.

　── 경수　재미있긴 한데 진짜 어렵다.

건물 철거, 토지 인도 등과 같은 내용의 가처분은 말소기준보다 후순위라 해도 말소되지 않는다.

하늘　맞아. 정말 공부를 많이 해야 하는 내용이지.
　　　그런데 이거 하나만 기억하면 돼. 이렇게 건물 철거, 토지 인도 등과 같은 내용의 가처분은 말소기준보다 후순위라 해도 말소되지 않는다는 거.

　── 경수　말소되지 않으면 어떻게 되는 거야?

하늘　쉽게 말해 판결 결과가 낙찰 받은 사람에게도 적용된다고 생각하면 돼. 만약 철거하라는 판결이 나왔다면 철거해야 한다는 거지.

　── 경수　헉! 그럼 완전 거지 되는 거네?

하늘　맞아.

　── 경수　너무 어렵다. 내용도 그렇고 결과도 너무 무섭고...

하늘　걱정하지 않아도 돼. 왜냐하면 이런 유형은 특별한 물건에만 있을 수 있거든.

—— **경수**　특별한 물건?

하늘　응, 아까 네가 맞췄었잖아.

—— **경수**　아! 건물만 매각?

하늘　맞아. 건물 철거, 토지 인도 가처분은 이렇게 건물만 매각하는 유형에서만 볼 수 있는 거야. 따라서 일반적으로 토지, 건물을 함께 매각하는 유형에서는 절대 볼 일이 없다는 거지.

—— **경수**　그렇구나! 그럼 굳이 '건물만 입찰' 뭐 이런 거에 입찰할 게 아니라면 괜찮겠네?

하늘　그렇지. 그런데 이런 유형은 나중에 심도 있게 공부하면 특별한 수익 유형이 될 거야.

대지권 미등기

─── 경수　하늘아! 경매 물건 보다 보니까 좀 이상한 게 있어.

▶ 〈경매 사례〉 참조

▲ 자료: 탱크옥션

─── 경수　이 사건인데 '매각물건명세서' 비고란에 이런 말이 있네?
'대지권 미등기이며, 대지권 유무는 알 수 없음. 최저매각가격에 대지권가격이 포함됨'
대지권 가격이 포함되어 있으면 별문제 없는 거 아닌가?

2022타경108151

매각물건명세서

사 건	2022타경108151 부동산임의경매 2022타경4464(중복)		매각 물건번호	1	작성 일자	2023.05.10	담임법관 (사법보좌관)	이일재	인
부동산 및 감정평가액 최저매각가격의 표시	별지기재와 같음		최선순위 설정		2020.7.21.근저당		배당요구종기	2023.01.18	

부동산의 점유자와 점유의 권원, 점유할 수 있는 기간, 차임 또는 보증금에 관한 관계인의 진술 및 임차인이 있는 경우 배당요구 여부와 그 일자, 전입신고일자 또는 사업자등록신청일자와 확정일자의 유무와 그 일자

점유자 성 명	점유 부분	정보출처 구 분	점유의 권 원	임대차기간 (점유기간)	보증금	차임	전입신고 일자 사업자등록 신청일자	확정일자	배당 요구여부 (배당요구일자)
김무영	미상	현황조사	주거 임차인	미상		미상	미상	2022.01.10	미상
	전부	권리신고	주거 임차인	2021.12.16-20 22.12.16	20,000,000	750,000	2022.01.10	2022.01.10	2022.11.09

〈비고〉

※ 최선순위 설정일자보다 대항요건을 먼저 갖춘 주택·상가건물 임차인의 임차보증금은 매수인에게 인수되는 경우가 발생 할 수 있고, 대항력과 우선변제권이 있는 주택·상가건물 임차인이 배당요구를 하였으나 보증금 전액에 관하여 배당을 받지 아니한 경우에는 배당받지 못한 잔액이 매수인에게 인수되게 됨을 주의하시기 바랍니다.

등기된 부동산에 관한 권리 또는 가처분으로 매각으로 그 효력이 소멸되지 아니하는 것
매각에 따라 설정된 것으로 보는 지상권의 개요

비고란
대지권 미등기이며, 대지권 유무는 알 수 없음. 최저매각가격에 대지권가격이 포함됨

▲ 자료: 탱크옥션

하늘 음... 결론적으로 보면 문제없는 게 맞는데 이 내용은 공부를 좀 해야겠다. 초보자들이 겁 없이 덤비다가 손해를 보는 유형이기도 하니까 핵심만 정리해 줄게.

우리 등기부 보는 방법에서 대지권에 대해 공부했을 거야. 아파트는 집합건물이고, 집합건물 등기부 표제부에는 다음과 같이 총 4가지 내용이 기재되어 있지.

1. 1동의 건물의 표시
2. 대지권의 목적인 토지의 표시
3. 전유부분의 건물의 표시
4. 대지권의 표시

하늘 그런데 이 경매 사건 아파트 등기부를 보면 ④대지권에 대한

내용이 없어. 이런 유형을 대지권이 등기되어 있지 않다고 해서 '대지권 미등기'라고 해.

등기사항전부증명서(말소사항 포함)
- 집합건물 -

고유번호 1615-2020-007171

[집합건물] 충청남도 천안시 서북구 두정동 2078 두정역효성해링턴플레이스 제116동 제14층 제1402호

【 표 제 부 】 (1동의 건물의 표시)

표시번호	접 수	소재지번,건물명칭 및 번호	건 물 내 역	등기원인 및 기타사항
1	2020년6월15일	충청남도 천안시 서북구 두정동 63-6 충청남도 천안시 서북구 성정동 23, 23-1, 23-2, 23-4, 23-5, 23-6 충청남도 천안시 서북구 두정동 58-10, 58-12, 58-33, 58-38, 58-42, 58-43, 58-45, 58-48, 58-49, 58-52, 59-1, 59-4, 59-10, 59-13, 59-14, 61-1, 61-9, 61-10, 61-11, 61-12, 61-14, 61-18, 63-31, 63-32	철근콘크리트구조 (철근)콘크리트지붕 28층 공동주택(아파트) 1층 460.17㎡ 2층 487.77㎡ 3층 487.77㎡ 4층 487.77㎡ 5층 487.77㎡ 6층 487.77㎡ 7층 487.77㎡ 8층 487.77㎡ 9층 487.77㎡ 10층 487.77㎡	

(대지권의 목적인 토지의 표시)

표시번호	소 재 지 번	지 목	면 적	등기원인 및 기타사항
1	1. 충청남도 천안시 서북구 두정동 2078	대	94754.8㎡	2022년12월21일 등기

[집합건물] 충청남도 천안시 서북구 두정동 2078 두정역효성해링턴플레이스 제116동 제14층 제1402호

【 표 제 부 】 (전유부분의 건물의 표시)

표시번호	접 수	건 물 번 호	건 물 내 역	등기원인 및 기타사항
1	2020년6월15일	제14층 제1402호	철근콘크리트구조 51.92㎡	

【 갑 구 】 (소유권에 관한 사항)

순위번호	등 기 목 적	접 수	등 기 원 인	권리자 및 기타사항
1	소유권보존	2020년6월15일 제66370호		소유자 교보자산신탁주식회사 110111-1617434 서울특별시 강남구 테헤란로 424 (대치동,삼성생명 대치타워)

▲ 자료: 탱크옥션

─── 경수   헛! 그럼 대지권이 없다는 뜻인가?

하늘 아니, 무조건 그런 건 아니야. 대지권 등기가 없어도 대지권이 있는 경우가 있고, 때로는 진짜 대지권이 없는 경우가 있어. 앞 (p.173)에 나왔던 '매각물건명세서' 비고란에 '최저매각가격에 대지권 가격이 포함됨'이란 말은 감정 평가서에 대지권도 포함되어 감정되었다는 뜻인데 사실 이것이 대지권이 있고 없고 유무에는 아무런 상관이 없어.

───── **경수** 그럼 어떤 경우가 대지권이 있고 어떤 경우가 없는 거야?

하늘 음… 어려운 내용인데 최대한 쉽고 간단하게 설명해 줄게. 대지권은 토지와 건물 소유자가 같은 상태에서 건물이 집합건물이라고 특정되는 순간 성립하게 돼. 예를 들자면 토지 소유자 A가 자신의 토지에 아파트를 건축하기로 하고 건축 허가 신청을 했어. 그럼 이미 그 아파트에 대한 대지권은 성립된 것이지. 이 상태에서 아파트가 완공되어 각 호수별 '등기사항전부증명서'가 나왔는데 만약 '등기사항증명서'에 대지권에 대한 등기가 없다 해도 이 경우는 대지권이 있는 거지.

───── **경수** 그래? 그런데 왜 '등기사항증명서'에 대지권에 대한 등기가 안 되어 있을 수 있는 거지?

하늘 여러 가지 이유가 있는데 그냥 행정적인 절차의 지연이라 생각하면 돼. 위와 같은 경우라면 대지권은 있는데 행정적인 절차 지연으로 대지권에 대한 등기만 아직 안 되어 있는 것이야. 이 상태에서 경매로 진행되어 누군가 낙찰 받았다면 당연히 대지권도 함께 낙찰 받는 것이고, 행정적인 정리가 끝나면 다른 호수들과 함께 대지권 등기가 진행된다고 이해하면 돼.

───── **경수** 그럼 결과적으로 별문제가 없는 거네?

하늘 그렇지. 이 경매 사건의 경우 아파트 시행사가 토지를 매입하고 아파트 건축을 진행했기 때문에 대지권은 성립한 것이고 결과적으로 문제가 없다고 보면 돼. 그런데 다음 물건을 한번 봐 봐.

▶ 〈경매 사례〉 참조

▲ 자료: 탱크옥션

▶ 〈등기부〉 참조

▲ 자료: 탱크옥션

(대지권의 목적인 토지의 표시)

표시번호	소 재 지 번	지 목	면 적	등기원인 및 기타사항
1	1. 울산광역시 남구 신정동 167-36	대	1046.9㎡	2015년6월8일 등기
2				2015년6월8일 1토지 대지권 표시등기 전부말소 2015년8월11일 등기 대위자 신한슈펠주식회사 대전광역시 유성구 은구비남로 34, 807동 202호(노은동,열매마을아파트8단지) 대위원인 울산지방법원 2013타경 15069호, 2014타경 7034호 임의경매
3	2. 울산광역시 남구 신정동 167-36	대	1046.9㎡	2015년10월13일 등기

【 표 제 부 】 (전유부분의 건물의 표시)

표시번호	접 수	건 물 번 호	건 물 내 역	등기원인 및 기타사항
1		제6층 제601호	철근콘크리트구조 82.1796㎡	2013년7월22일 등기

【 갑 구 】 (소유권에 관한 사항)

순위번호	등기목적	접 수	등기원인	권리자 및 기타사항
1	소유권보존			소유자 전현희 700313-******* 울산광역시 남구 북부순환도로44번길 19-2 (무거동) 가압류 등기의 촉탁으로 인하여 2013년8월1일 등기
2	가압류	2013년8월1일 제76762호	2013년7월31일 울산지방법원의 가압류	청구금액 금1,942,192,463원 채권자 한마음새마을금고 181244-0001559 울산광역시 동구 화정동 173-10

▲ 자료: 탱크옥션

하늘 마찬가지로 '대지권의 표시' 등기가 없지? 그런데 이 물건은 대지권도 없는 경우야.

── **경수** 왜??!!

하늘 가장 쉽고 간단한 이유는 토지 소유자가 아파트를 건축한 게 아니라서야. 그래서 대지권이 성립된 상태가 아닌 것이고, 그 와중에 건물만 경매가 진행되었기 때문에 이 물건을 낙찰 받을 경우 단지 건물만 낙찰 받게 되는 거지. 결국 대지권은 별도로 토지 소유자에게 매입해야 하는 거야.

그런데 더 무서운 것은 법정지상권이 성립하지 않을 경우 이 아파트를 철거해야 할 수도 있다는 것!

— 경수   와! 무섭고 어렵다.

하늘 맞아. 대지권 미등기는 사실 정말 많은 공부를 해야 제대로 이 해할 수 있어.

— 경수   그럼 대지권 미등기는 일단 무조건 패스해야 하 나? 뭔가 쉬운 방법이 없을까?

하늘 있지! ^^
해당 아파트 인근 공인중개사에게 물어보면 돼.
정확한 법리까지는 모르겠지만 최소한 중개 대상의 해당 아 파트가 대지권이 있고 없고의 문제는 알고 있을 테니까.

— 경수   역시~~~.

하늘 단, 조심해야 할 건 분양 대금 미납이야. 내용을 설명하자면 정 ~~~~말 길어지고 어려우니까 그냥 외워.
대지권 미등기 아파트인데 대지권이 있다 해도 수분양자가 분양 대금을 미납했다면 일단 입찰하지 말 것! 사실 기회가 될 수도 있는 유형이지만 이런 물건은 공부를 좀 더 하고 도전할 것!

— 경수   알겠어! 꼭 기억할게! ^^

토지별도등기

하늘 대지권 미등기를 공부한 김에 '토지별도등기'에 대해서도 정리해 줄게.

—— **경수** 둘 다 집합건물에서 꼭 알아야 할 내용이니까.

하늘 집합건물은 보통 토지 등기부가 없어. 예컨대 토지 위에 빌라 한 동을 건축하고 토지는 각 호수별 대지권으로 옮기면 토지 등기부는 없어지는 거야. 그런데 만약 토지에 남아 있는 권리가 있다면 토지 등기부를 없애면 안 되겠지?

—— **경수** 그렇지. 그 권리자가 손해를 보니까.

하늘 맞아. 그래서 토지에 권리가 남아 있을 경우 집합건물임에도 토지 등기부가 남아 있는 경우가 있는데 이것을 **토지별도등기**라고 해.

예를 들어 줄게. 아래 경매 사건과 등기부를 봐 봐.

◀ 〈경매 사례〉 참조

탱크옥션 2021타경4674

진행내역: 경매개시 95일 배당요구종기일 189일 최초진행 286일 매각 15일 납부 42일 배당종결 (627일 소요)

목포지원 1계 (061-270-6691)

아파트 토지·건물 일괄매각

매각일자 2023.05.01 (월) (10:00)
종국일자 2023.06.27

전남 목포시 용해동 ○○○, 비동 ○층○○○호 (용해동,대화파크아파트) 외 ○필지 새주소검색
(도로명주소:전남 목포시 안장산로 ○○-○)

대 지 권	26.15㎡(7.91평) 토지별도등기있음	소유자	박○○	감정가	66,000,000
건물면적	59.55㎡(18.014평)	채무자	박○○	최저가	(70%) 46,200,000
개시결정	2021-10-08(임의경매)	채권자	신○○○	매각가	(70%) 46,280,000

오늘: 1 누적: 205 평균(2주): 0 차트

구분	매각기일	최저매각가격	결과
1차	2022-07-19	66,000,000	유찰
	2022-09-13	46,200,000	변경
2차	2023-05-01	46,200,000	

매각 46,280,000원 (70.12%) / 입찰 1명 / 전남 무안군 ▓▓
매각결정기일 : 2023-05-08 - 매각허가결정
지급기한 : 2023-06-12
납부 : 2023-05-16
배당기일 : 2023-06-27
배당종결 : 2023-06-27

전경도   전경도

1 / 6

▲ 자료: 탱크옥션

등기사항전부증명서(말소사항 포함)
- 집합건물 -

고유번호 2011-1996-482483

[집합건물] 전라남도 목포시 용해동 169외 1필지 대화파크아파트 제비동 제8층 제803호

【 표 제 부 】 (1동의 건물의 표시)

표시번호	접 수	소재지번,건물명칭 및 번호	건 물 내 역	등기원인 및 기타사항
1 (전 1)	1994년3월10일	전라남도 목포시 용해동 169, 171-122 대화파크아파트 제비동	철근콘크리트조 슬래브지붕 10층 아파트 1층 217.91㎡ 2층 217.91㎡ 3층 217.91㎡ 4층 217.91㎡ 5층 217.91㎡ 6층 217.91㎡ 7층 217.91㎡ 8층 217.91㎡ 9층 217.91㎡ 10층 199.61㎡ 지하층 1460.33㎡	도면편철장 제1책제49면 부동산등기법 제177조의 6 제1항의 규정에 의하여 2000년 03월 08일 전산이기

(대지권의 목적인 토지의 표시)

표시번호	소 재 지 번	지 목	면 적	등기원인 및 기타사항
1 (전 1)	1. 전라남도 목포시 용해동 169 2. 전라남도 목포시 용해동 171-122	전 임야	3057㎡ 50㎡	1994년3월10일
2 (전 2)				1. 2 토지만에 관하여 별도등기 있음 1994년3월10일
				부동산등기법 제177조의 6 제1항의 규정에 의하여 1번 내지 2번 등기를 2000년 03월 08일 전산이기

▲ 자료: 탱크옥션

하늘 목포시에 있는 어느 아파트 경매 사건인데 집합건물 등기부에 '토지만에 관하여 별도등기 있음'이라고 기재되어 있지.

그럼 토지 등기부를 봐 볼까?

등기사항전부증명서(말소사항 포함)
- 토지 -

고유번호 2011-1996-067563

[토지] 전라남도 목포시 용해동 169

【 표 제 부 】 (토지의 표시)

표시번호	접 수	소 재 지 번	지 목	면 적	등기원인 및 기타사항
1 (전 5)	1994년3월10일	전라남도 목포시 용해동 169	전	3057㎡	
					부동산등기법 제177조의 6 제1항의 규정에 의하여 2000년 03월 06일 전산이기

3. (근)저당권 및 전세권 등 (을구)

순위번호	등기목적	접수정보	주요등기사항	대상소유자
1-2 (전 10-2)	가압류	1994년8월23일 제42971호	채권자 기술신용보증기금	유한회사대화건설

▲ 자료: 탱크옥션

하늘 토지 등기부에 아직 가압류가 남아 있어. 그래서 집합건물이지만 토지 등기부가 아직도 존재하는 거지. 이런 상황에서 경매로 진행되면 어떨까?

—— **경수** 글쎄... 머리 아파지는데?

하늘 이것도 최대한 간단히 설명해 줄게. 우리 말소기준등기 배웠지?

—— **경수** 그럼! 진작에 배웠지!

하늘 좋아. 가압류는 말소기준이다, 아니다?

—— **경수** 당연히 말소기준이지!

하늘 맞아! 그렇다면 토지에 있는 가압류도 배당해 주면 당연히 말소가 되는 거겠지?

——— **경수** 그렇네!

하늘 그럼 결과적으로 토지별도등기라 해도 특별히 문제될 건 없다는 거야. 이 사건 '매각물건명세서'를 봐도 매각으로 소멸되지 않는 권리는 없다고 나와 있지.

▶ **〈매각물건명세서〉 참조**

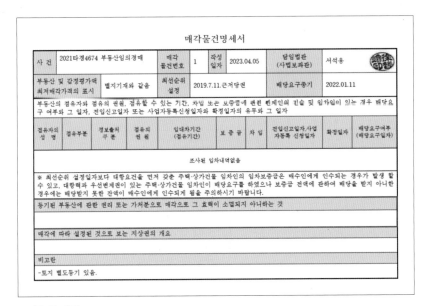

매각물건명세서

<table>
<tr><td>사 건</td><td colspan="2">2021타경4674 부동산임의경매</td><td>매각 물건번호</td><td>1</td><td>작성 일자</td><td>2023.04.05</td><td>담임법관 (사법보좌관)</td><td colspan="2">서석용</td></tr>
<tr><td colspan="2">부동산 및 감정평가액 최저매각가격의 표시</td><td>별지기재와 같음</td><td>최선순위 설정</td><td colspan="3">2019.7.11.근저당권</td><td>배당요구종기</td><td colspan="2">2022.01.11</td></tr>
<tr><td colspan="10">부동산의 점유자와 점유의 권원, 점유할 수 있는 기간, 차임 또는 보증금에 관한 관계인의 진술 및 임차인이 있는 경우 배당요구 여부와 그 일자, 전입신고일자 또는 사업자등록신청일자와 확정일자의 유무와 그 일자</td></tr>
<tr><td>점유자의 성 명</td><td>점유부분</td><td>정보출처 구 분</td><td>점유의 권 원</td><td>임대차기간 (점유기간)</td><td>보 증 금</td><td>차 임</td><td>전입신고일자,사업자등록 신청일자</td><td>확정일자</td><td>배당요구여부 (배당요구일자)</td></tr>
<tr><td colspan="10">조사된 임차내역없음</td></tr>
<tr><td colspan="10">※ 최선순위 설정일자보다 대항요건을 먼저 갖춘 주택·상가건물 임차인의 임차보증금은 매수인에게 인수되는 경우가 발생 할 수 있고, 대항력과 우선변제권이 있는 주택·상가건물 임차인이 배당요구를 하였으나 보증금 전액에 관하여 배당을 받지 아니한 경우에는 배당받지 못한 잔액이 매수인에게 인수되게 됨을 주의하시기 바랍니다.</td></tr>
<tr><td colspan="10">등기된 부동산에 관한 권리 또는 가처분으로 매각으로 그 효력이 소멸되지 아니하는 것</td></tr>
<tr><td colspan="10"></td></tr>
<tr><td colspan="10">매각에 따라 설정된 것으로 보는 지상권의 개요</td></tr>
<tr><td colspan="10"></td></tr>
<tr><td colspan="10">비고란</td></tr>
<tr><td colspan="10">-토지 별도등기 있음.</td></tr>
</table>

▲ 자료: 탱크옥션

——— **경수** 아! 그렇구나! 그럼 토지별도등기는 신경 안 써도 되는 거네?

하늘 그럴까 봐 설명해 주는 거야. 때로는 매우 심각한 문제가 발생할 수도 있거든.

——— **경수** 그래?!

하늘 응. 위에서처럼 토지에 있는 등기가 말소되는 경우도 있지만, 말소되지 않는 경우도 있어. 그런데 말소되지 않아도 괜찮은 유형이 있고, 정말 큰 문제가 되는 유형도 있지.

아래 경매 사건을 보면, 반포동에서 꽤 유명한 아파트가 경매
로 진행 중인데 '토지별도등기'가 있어.

◀ 〈경매 사례〉 참조

탱크옥션 2023타경1495

진행내역: 경매개시 80일 | 배당요구종기일 87일 | **최초진행**

서울중앙지방법원 7계 (02-530-1819)

아파트 토지·건물 일괄매각

매각일자 2023.10.26 (목) (10:00)

서울 서초구 반포동 ○○-○, ○○○동 ○○층○○○○호 (반포동,래미안퍼스티지) 외 ○필지 새주소검색
(도로명주소:서울 서초구 반포대로 ○○○)

대지권	42.3503㎡(12.811평) 토지별도등기있음	소유자	정○○	감정가	3,700,000,000
건물면적	84.93㎡(25.691평)	채무자	정○○○○○	최저가	(80%) 2,960,000,000
개시결정	2023-03-31(강제경매)	채권자	(주)디○○○○○○○○	보증금	(10%) 296,000,000

오늘: 2 누적: 123 평균(2주): 3 [차트]

전경도   전경도

구분	매각기일	최저매각가격	결과
1차	2023-09-14	3,700,000,000	유찰
2차	2023-10-26	2,960,000,000	

◀ 〈등기부〉 참조

【 표 제 부 】 (전유부분의 건물의 표시)

표시번호	접 수	건물번호	건물내역	등기원인 및 기타사항
1	2009년12월23일	제26층 제2602호	철근콘크리트구조 84.93㎡	도면편철장 2책제167장

(대지권의 표시)

표시번호	대지권종류	대지권비율	등기원인 및 기타사항
1	1. 2 소유권대지권	133059.6분의 42.3503	2009년12월4일 대지권 2009년12월23일
2			별도등기 있음 1토지(을구 1번,2번 구분지상권설정등기) 2009년12월23일

▲ 자료: 탱크옥션

하늘 그런데 토지별도등기 내용을 보니 근저당, 가압류 같은 게 아
니라 '구분지상권'으로 이런 저런 내용들이 있지.

▶ 〈토지 등기부〉 참조

등기사항전부증명서(말소사항 포함)
- 토지 -

고유번호 1102-2010-001744

[토지] 서울특별시 서초구 반포동 18-1

【 표 제 부 】 (토지의 표시)

표시번호	접 수	소 재 지 번	지 목	면 적	등기원인 및 기타사항
1 (전 1)	2009년12월23일	서울특별시 서초구 반포동 18-1	대	120824.6m²	
					등기용지 파다로 인하여 구등기 서울특별시 서초구 반포동 18-1에서 이기 2010년 12월 13일 등기

【 을 구 】 (소유권 이외의 권리에 관한 사항)

순위번호	등 기 목 적	접 수	등 기 원 인	권리자 및 기타사항
1 (전 1)	구분지상권설정	2009년12월23일 제78697호	2009년12월4일 설정계약	목 적 남측 하수암거 시설물등의 소유 범 위 토지 중 1892m²에 대해 평해수면 기준 지상으로부터 -2미터 사이 존속기간 2009년 12월 4일부터 보도

순위번호	등 기 목 적	접 수	등 기 원 인	권리자 및 기타사항
				시설물등의 존속시까지 지 료 없음 지상권자 서울특별시서초구 도면편철장 2책제162장
2 (전 2)	구분지상권설정	2009년12월23일 제78699호	2009년12월4일 설정계약	목 적 도시철도 9호선 출입구 및 정화조 범 위 토지 중 75.4m²에 대해 평해수면 기준 지상 0.5미터 부터 -2미터 사이 존속기간 2009년 12월 4일부터 도시철도 9호선 시설물등의 존속시까지 지 료 없음 지상권자 서울특별시 도면편철장 2책제163장
				등기용지 파다로 인하여 순위 제1번 내지 2번등기를 구등기 서울특별시 서초구 반포동 18-1에서 이기 2010년 12월 13일 등기

▲ 자료: 탱크옥션

——— 경수 그러네?

하늘 이런 내용들은 낙찰 후에도 말소되지 않아. 하지만 내용을 보면 권리자가 지자체이고 내용도 하수도, 지하철 등의 공공시설 사용을 위한 거지. 이런 내용이라면 별다른 문제가 되지 않아.

——— 경수 아! 그렇겠구나.

하늘 그런데 다음 사건을 볼까?

◀ 〈경매 사례〉 참조

탱크옥션 2020타경6512

진행내역 : 경매개시 77일 배당요구종기일 527일 최초진행 259일 매각 49일 배당종결 (912일 소요)

서울중앙지방법원 7계 (02-530-1819)

매각일자 2023.04.27 (목) (10:00)
종국일자 2023.06.15

다세대주택 토지·건물 일괄매각 대항력 있는 임차인

서울 종로구 명륜○가 ○-○○, ○층○○○호 (명륜○가,방산빌라) 새주소검색
(도로명주소:서울 종로구 성균관로○○길 ○○)

대지권	24.2㎡(7.321평) 토지별도등기있음	소유자	김○○	감정가	260,000,000
건물면적	55.95㎡(16.925평)	채무자	김○○	최저가	(21%) 54,526,000
개시결정	2020-12-15(강제경매)	채권자	한○○	매각가	(21%) 54,526,000

전경도　　　전경도　　　1 / 13

구분	매각기일	최저매각가격	결과
1차	2022-08-11	260,000,000	유찰
6차	2023-02-16	85,197,000	유찰
7차	2023-03-23	68,158,000	유찰
8차	2023-04-27	54,526,000	

오늘:1 누적:1,316 평균(2주):0　차트

매각 54,526,000원 (20.97%) / 입찰 1명 / 종로구 한○○

매각결정기일 : 2023-05-04 - 매각허가결정
지급기한 : 2023-06-15
배당기일 : 2023-06-15
배당종결 : 2023-06-15

▲ 자료: 탱크옥션

하늘 종로구에 있는 한 빌라가 경매로 진행되었는데 '토지별도등
　　　기'가 있어.

◀ 〈집합건물 등기부〉 참조

등기사항전부증명서(말소사항 포함)
- 집합건물 -

고유번호 1103-1996-774126

[집합건물] 서울특별시 종로구 명륜동1가 5-99 방산빌라 제2층 제202호

【 표 제 부 】 (1동의 건물의 표시)

표시번호	접　수	소재지번,건물명칭 및 번호	건물내역	등기원인 및 기타사항
~~1~~ (전 1)	~~1996년1월4일~~	~~서울특별시 종로구 명륜동1가 5-99 방산빌라~~	~~철근콘크리트조 평스라브지붕 4층 다세대주택 1층 127.03㎡ 2층 127.03㎡ 3층 127.03㎡ 4층 127.03㎡ 지하1층 127.03㎡ 지하2층 24.60㎡ 층별용도:지하2층 관리실 지하1층,2,3,4층 〈주택각2세대〉~~	~~도면편철장 제1책1호~~ 부동산등기법 제177조의 6 제1항의 규정에 의하여 2000년 04월 10일 전산이기

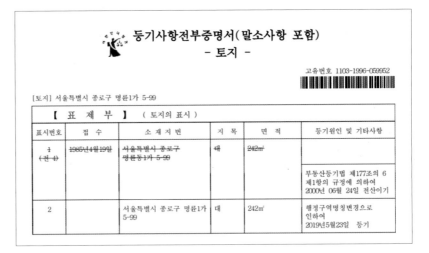

【 표 제 부 】	(전유부분의 건물의 표시)			
표시번호	접 수	건 물 번 호	건 물 내 역	등기원인 및 기타사항
1 (전 1)	1996년1월4일	제2층 제202호	철근콘크리트조 55.95㎡	도면편철장 제1책1호
				부동산등기법 제177조의 6 제1항의 규정에 의하여 2000년 04월 10일 전산이기
	(대지권의 표시)			
표시번호	대지권종류		대지권비율	등기원인 및 기타사항
1 (전 1)	1 소유권대지권		10분의 1	1995년12월22일 대지권 1996년1월4일
				부동산등기법 제177조의 6 제1항의 규정에 의하여 2000년 04월 10일 전산이기
2				별도등기 있음 1토지(을구 11번 근저당권설정 등기, 을구 12번 근저당권설정 등기)

▲ 자료: 탱크옥션

하늘 그래서 토지 등기부를 살펴봤더니 매우 복잡하다는 거지. 여러 토지 소유자에게 각각 근저당이 있는데, 이게 해당 호수별로 공동 담보도 설정되어 있는 상황이야. 아래 등기부가 그중 해당 호수인 202호에 설정되어 있는 근저당이고.

▶ 〈토지 등기부〉 참조

등기사항전부증명서(말소사항 포함)
- 토지 -

고유번호 1103-1996-059952

[토지] 서울특별시 종로구 명륜1가 5-99

【 표 제 부 】	(토지의 표시)				
표시번호	접 수	소 재 지 번	지 목	면 적	등기원인 및 기타사항
1 (전 4)	1985년4월19일	서울특별시 종로구 명륜동1가 5-99	대	242㎡	
					부동산등기법 제177조의 6 제1항의 규정에 의하여 2000년 06월 24일 전산이기
2		서울특별시 종로구 명륜1가 5-99	대	242㎡	행정구역명칭변경으로 인하여 2019년5월23일 등기

순위번호	등 기 목 적	접 수	등 기 원 인	권리자 및 기타사항
11 (전 30)	갑구6번김혜일지분1 0분지1근저당권설정	1995년7월31일 제30638호	1995년7월31일 설정계약	채권최고액 금육백오십만원정 채무자 김혜일 　인천시 계양구 작전동 134-2 광명아파트 　3-402 근저당권자 ~~한국주택은행~~ ~~111235-0001908~~ 　~~서울 영등포구 여의도동 36-3~~ 　~~(대학로지점)~~
11-1	11번근저당권담보추			공동담보 동소 동번지
(전 30-1)	가			건물 2층 202호 1996년1월18일 부기
11-2	11번근저당권이전	2015년2월16일 제7992호	2001년11월1일 회사합병	근저당권자 주식회사국민은행　110111-2365321 　서울특별시 중구 남대문로 84 (을지로2가) 　(대학로지점)
12 (전 31)	갑구6번김혜일지분1 0분지1근저당권설정	1995년7월31일 제30639호	1995년7월31일 설정계약	채권최고액 금일천오백육십만원정 채무자 김혜일 　인천광역시 계양구 작전동 134-2 　광명아파트 3-402 근저당권자 ~~한국주택은행~~ ~~111235-0001908~~ 　~~서울 영등포구 여의도동 36-3~~ 　~~(대학로지점)~~
12-1 (전 31-1)	12번근저당권담보추 가			공동담보 동소 동번지 　　　　　건물 2층 202호 1996년1월18일 부기
12-2	12번근저당권이전	2015년2월16일 제7992호	2001년11월1일 회사합병	근저당권자 주식회사국민은행　110111-2365321 　서울특별시 중구 남대문로 84 (을지로2가) 　(대학로지점)

▲ 자료: 탱크옥션

——— 경수　우와! 머리가 터져 버릴 것 같다. 무슨 얘긴지 하
　　　　　나도 모르겠어. T.T

하늘　괜찮아. 최대한 쉽게!
　　　이거 하나만 더 보자. '매각물건명세서'야.

〈근저당〉,
〈가압류〉 같은 걸
잘 살펴봐야겠지.

▶

2020타경6512

매각물건명세서

사 건	2020타경6512 부동산강제경매		매각 물건번호	1	작성 일자	2023.04.12	담임법관 (사법보좌관)	윤현숙	
부동산 및 감정평가액 최저매각가격의 표시	별지기재와 같음		최선순위 설정		2016.8.24.근저당		배당요구종기	2021.03.02	

부동산의 점유자와 점유의 권원, 점유할 수 있는 기간, 차임 또는 보증금에 관한 관계인의 진술 및 입차인이 있는 경우 배당요구 여부와 그 일자, 전입신고일자 또는 사업자등록신청일자와 확정일자의 유무와 그 일자

점유자 성 명	점유 부분	정보출처 구 분	점유의 권 원	임대차기간 (점유기간)	보 증 금	차 임	전입신고 일자. 사업자등록 신청일자	확정일자	배당 요구여부 (배당요구일자)
한귀옥		현황조사	주거 임차인		250,000,000		2016.04.21	미상	
	전부	권리신고	주거 임차인	2016.04.21.- 현재	2억5천만원		2016.04.21.	2016.03.23.	2021.01.28

〈비고〉

※ 최선순위 설정일자보다 대항요건을 먼저 갖춘 주택·상가건물 입차인의 임차보증금은 매수인에게 인수되는 경우가 발생 할 수 있고, 대항력과 우선변제권이 있는 주택·상가건물 임차인이 배당요구를 하였으나 보증금 전액에 관하여 배당을 받지 아니한 경우에는 배당받지 못한 잔액이 매수인에게 인수되게 됨을 주의하시기 바랍니다.

등기된 부동산에 관한 권리 또는 가처분으로 매각으로 그 효력이 소멸되지 아니하는 것

1995.7.31. 근저당(토지 별도등기)

매각에 따라 설정된 것으로 보는 지상권의 개요

비고란

토지등기부 을구 11번, 12번 근저당권설정있음
금융거래제출명령으로 유효여부 문의한바 2022. 5. 9.자 회신서 제출됨

하늘 어때? 매각으로 소멸하지 않는 권리에 근저당이 있지?

——— 경수   그러네?!

하늘 원래 근저당도 말소기준이니까 배당해 주고 말소되는 게 맞는데 워낙 복잡하다 보니까 법원에서 말소하지 않는 조건으로 경매가 진행되는 거야. 이럴 경우 낙찰 받고 잔금을 납부해도 토지 등기에 대한 내용은 그대로 남아 있게 되는 거지. 이런 유형은 조심해야 해.

사실 면밀히 이 내용을 검토해 보면 의외로 수익이 될 수도 있어. 만약 해당 근저당이 이미 상환되었거나 소액만 남아 있다면 말이지. 하지만 이 또한 충분한 공부를 한 다음에 접근해야겠지? 앞에서 말했듯이 일단은 기본에만 충실해도 돼. 이런 유형의 물건은 정말 찾아보기 힘드니까. 그리고 사실 어렵다고 무조건 좋은 수익이 되는 것도 아니거든.

자 이제 거의 다 왔어. 마지막으로 대항력 있는 임차인만 정리하고 본격적인 입찰로 가 보자.

2

대항력 있는 임차인

임차인에게 대항력이 있는 경우 매우 조심해야 해.
낙찰자가 대항력 있는 임차인의 보증금을 인수한다는 것은
전 임대인인 전 소유자의 지위를 인수한다는 것이야.
현장을 방문해서 탐문을 하든, 관련 금융기관이나 이해관계인에게서 정보를 얻든
무조건 점유자에 관해 확인하고 입찰해야 하는 거야.

▌낙찰자가 책임져야 하는 대항력 있는 임차인

하늘 지금까지 많이 힘들었지?

—— **경수** 맞아. T.T

하늘 이제 다 왔어. 마지막은 다시 임차인이야. 임차인에 대한 권리
분석 기억나지?

—— **경수** 응. 임차인이 없거나 임차인이 있어도 대항력이
없다면 아무 문제가 없다. 맞지?

하늘 굿! 하지만 대항력이 있는 경우 매우 조심해야 해. 왜냐하면
낙찰자가 책임져야 하니까.

사례 몇 가지를 보면서 설명해 줄게.

▶ 〈경매 사례〉 참조

▲ 자료: 탱크옥션

▶ 〈등기부 현황〉 참조

▲ 자료: 탱크옥션

하늘 위 경매 사건의 '말소기준등기'는 뭘까?

——— **경수** 응? '경매기입등기' 말고는 아무것도 없네? 이럴 때 경매기입등기가 말소기준인가?

하늘 맞아!

——— **경수** 그럼 임차인 손○○의 대항요건은 전입신고를

한 2020.11.13. 다음 날인 2020.11.14. 0시부터니까 대항력이 있는 임차인이야. 왜냐하면 말소기준인 2021.07.26. 강제경매기입등기보다 빠르니까. 이럴 경우 임차인의 보증금 8,500만 원은 낙찰자가 책임져야 한다고 했지?

하늘 응, 맞아!

그런데 이 임차인은 확정일자를 받아서 우선변제권이 있고, 배당요구종기일 이전에 유효하게 배당요구를 했어. 그럼 임차인이 우선변제권을 갖는 시점은 언제일까?

—— **경수** 음... 확정일자를 받은 2020.11.13.?

하늘 아니지. 우선 대항요건이 충족되는 시점이 언제라고?

—— **경수** 전입신고를 한 2020.11.13. 다음 날인 2020.11.14. 0시.

하늘 그럼 우선변제권은 대항요건이 충족된 상태에서 발생한다고 했지?

—— **경수** 아! 맞다! 그럼 우선변제권이 생기는 시점도 2020.11.14. 0시부터가 되겠구나!

하늘 정답!

임차인이 배당 받는 순서는 등기부상 가장 빠른 권리인 강제경매기입등기보다 빠르니까 가장 우선순위로 배당이 되겠지?

—— **경수** 맞아!

하늘 그렇다면 만약 이 경매 사건이 9,000만 원에 낙찰된다면 집행 비용을 여유 있게 200만 원 정도로 책정해도 임차인이 보증금 전부를 배당 받을 수 있게 되는 거야.

낙찰가(배당되는 금액): **90,000,000원**

No	접수	권리 종류	채권자	채권 금액	배당액	잔액
①	–	집행비용	–	2,000,000	2,000,000	88,000,000
②	–	우선변제권	손○○	85,000,000	85,000,000	3,000,000
③	2021.07.26	강제경매	정○○	10,496,666	3,000,000	0

하늘 이렇게 되면 낙찰자가 임차인의 보증금에 대해 책임져야 할 금액이 없게 되겠지? 왜냐면 임차인이 보증금 8,500만 원을 전부 배당 받았으니까. 결국 이 경매 사건은 8,700만 원 이상 으로만 낙찰 받으면 낙찰자 입장에서 권리적으로 문제 될 것 이 없는 거야.

—— **경수** 그럼 임차인이 대항력이 있어도 우선변제권이 있고 배당요구를 했으면 권리적으로 문제없는 거네?

하늘 꼭 그렇지만은 않아. 만약 이 경매 사건이 8,000만 원에 낙찰 된다면 임차인은 보증금 일부를 배당 받지 못하게 되거든.

낙찰가(배당되는 금액): **80,000,000원**

No	접수	권리 종류	채권자	채권 금액	배당액	잔액
①	–	집행비용	–	2,000,000	2,000,000	78,000,000
②	–	우선변제권	손○○	85,000,000	78,000,000	0
③	2021.07.26	강제경매	정○○	10,496,666	0	0

하늘 보증금 8,500만 원 중 7,800만 원만 배당 받게 되니까 나머지 700만 원은 낙찰자가 인수해야 하는 거야. 이런 유형은 8,500만 원 이하로 낙찰 받더라도 배당 받지 못한 임차인의 보증금을 낙찰자가 인수해야 하니 결국은 집행비용을 포함하여 8,700만 원에 낙찰 받는 결과가 되지.

그래서 대항력 있는 임차인 사건에 입찰할 때는 입찰가에 따라 임차인 보증금 인수 금액이 달라질 수 있다는 사실을 인지하고 잘 계산해서 입찰해야 해.

다음 사건도 그런 유형이지.

◀ 〈경매 사례〉 참조

탱크옥션 2022타경24948

군산지원 1계 (063-450-5161)

진행내역: 경매개시 90일 | 배당요구종기일 152일 | 최초진행 84일 | 매각 17일 | 납부 34일 | 배당종결 (377일 소요)

| 아파트 | 토지·건물 일괄매각 임차권등기/대항력 있는 임차인 | 매각일자 2023.09.04 (월) (10:00)
종국일자 2023.10.25 |

전북 익산시 영등동 ○○○-○, ○○○동 ○○층○○○○호 (영등동,제일아파트) 새주소검색
(도로명주소:전북 익산시 고봉로○○길 ○○)

대지권	42.533㎡(12.866평)	소유자	배○○	감정가	236,300,000
건물면적	84.92㎡(25.688평)	채무자	배○○	최저가	(49%) 115,787,000
개시결정	2022-10-13(강제경매)	채권자	주○○○○○○	매각가	(76%) 178,999,999

오늘: 1 누적: 72 평균(2주): 0   차트

구분	매각기일	최저매각가격	결과
1차	2023-06-12	236,300,000	유찰
2차	2023-07-24	165,410,000	유찰
3차	2023-09-04	115,787,000	

매각 178,999,999원 (75.75%) / 입찰 6명 / 심○

매각결정기일: 2023-09-11 - 매각허가결정

지급기한: 2023-10-18

전경도   전경도

▲ 자료: 탱크옥션

잠깐! 다시 떠올려보기

우선변제권은 대항요건이 충족된 상태에서 발생한다.

▶ 〈등기부 현황〉 참조

임차인 현황

말소기준일 : 2019-03-22   소액기준일 : 2023-09-04   배당요구종기일 : 2023-01-11

점유 목록 ?	임차인	점유부분/기간	전입/확정/배당	보증금/차임	대항력	분석	기타
1	월○○	주거용 전체 2018.08.30.	전입:2018-08-30 확정:2018-08-30 배당:2021-10-18	보:200,000,000원	있음	순위배당 있음 미배당 부증금 매수인 인수	임차권등기자

기타사항
* 현장에서 채무자(소유자)나 점유자 등을 만나지 못하여 점유관계를 알 수 없으므로, 점유관계 등은 별도의 확인이 필요함.(전입세대열람내역서에 등재자 없음)
* 임규진 : 경매신청인 주택도시보증공사는 임차인 임규진의 주택임차권 양수인임

건물등기   (채권합계금액:274,552,048원)

순서	접수일	권리종류	권리자	채권금액	비고	소멸
갑(1)	1996-11-13	소유권이전	배○○		매매	
갑(6)	2019-03-22	가압류	전○○○○○○○○ ○○○○○○○○○○	23,590,000	말소기준등기 2019카단499	소멸
갑(7)	2019-09-20	가압류	페○○○○○	16,702,961	2019카단1625	소멸
갑(9)	2019-10-29	압류	익○○○○○			소멸
갑(12)	2021-04-06	압류	국○○○○○ ○○○○○○○○			소멸
갑(13)	2021-04-23	가압류	(주)한○○○○○ ○	7,410,704	2021카단10074	소멸
을(22)	2021-10-18	주택임차권	임○○	200,000,000	범위:전부 2021카임6 전입:2018.08.30 확정:2018.08.30	
갑(15)	2022-06-24	가압류	지○○○○○○○ ○○○	26,848,383	2022카단51946	소멸
갑(16)	2022-10-13	강제경매	주○○○○○○○○ ○○○○○○○○○ ○○	청구금액 206,398,477	2022타정24948	소멸

▲ 자료: 탱크옥션

하늘   임차인의 보증금은 2억인데 대항력이 있고, 확정일자도 받았고, 유효하게 배당요구도 해서 가장 우선순위로 배당 받지만 낙찰가가 1.78억이야. 이러면 어떻게 되는 걸까?

————   **경수**   응? 임차인이 배당 받을 수 있는 금액이 1.78억 밖에 안 되는 거잖아? 경매 비용 빼면 그보다 더 적을 것이고.

하늘   맞아. 만약 임차인이 1.75억만 배당 받는다면 나머지 2,500만 원은 낙찰자가 인수해야 하는 거야. 왜? 대항력이 있으니까. 그런데 이 아파트 시세가 2억이 채 안 되거든. 이 낙찰자는 이 내용을 알고 낙찰 받았을지가 궁금하다.

경수   그렇구나. 이 유형은 확실히 이해했어. 그런데 다음 경매 사건은 도무지 이해가 안 돼.

◀ 〈경매 사례〉 참조

경매 2020타경27138

통영지원 8계(055-640-8519)

🔎 진행내역 : 경매개시 73일   배당요구종기일 420일   최초진행

아파트   신건으로 매각물건명세(입찰7일전 공고) 등의 내용이 입력되지 않았습니다.
토지·건물 일괄매각 / 대항력 있는 임차인

매각기일 2022.02.21 (월)(10:00)

경남 거제시 사등면 사○○   도로명주소검색
(도로명주소:경상남도○○)

대지권	71.2615㎡(21.557평)	소유자	이○○	감정가	187,000,000
건물면적	84.91㎡(25.685평)	채무자	이○○	최저가	(100%) 187,000,000
개시결정	2020-10-16 (임의경매)	채권자	경○○	보증금	(10%) 18,700,000

전경도   위치도

오늘 : 9   누적 : 18   평균(2주) : 2

구분	매각기일	최저매각가격	결과	비고
1차	2022-02-21	187,000,000		

📷 사진 ▼   🌐 지도 ▼   ○ ● ○ ○ ○

◀ 〈등기부 현황〉 참조

임차인 현황

말소기준일(소액) : 2017-02-20   배당요구종기일 : 2020-12-28

목록	임차인	점유부분/기간	전입/확정/배당	보증금/차임	대항력	분석	기타
1	정○○	주거용 전부	전입: 2016-04-05 확정: 2020-06-01 배당: 2020-11-26	보20,000,000원 월400,000원	있음	소액임차인 주임법에 의한 최우선변제 액 최대 1,700만원 순위배당 있음 미배당 보증금 매수인 인수	임차인

기타사항   *임차인 정숙자씨와 면담한바, 본 건 임차인세대가 전부 점유하고 있다고함.
*주민등록 열람한바, 임차인세대외에 전입자 없음.

건물등기   (채권합계금액 : 200,200,000원)

순서	접수일	권리종류	권리자	채권금액	비고	소멸
갑(1)	2017-02-17	소유권보존	이○○			소멸
을(1)	2017-02-20	근저당권설정	경○○	200,200,000	말소기준등기	소멸
갑(3)	2020-10-16	임의경매	경○○	청구금액 181,122,575	2020타경27138	소멸

▲ 자료: 탱크옥션

경수   우선 2017.02.20. 근저당이 말소기준이니까 자신을 포함해서 아래에 있는 권리 모두 말소되어 등기부상 권리 분석은 쉽게 끝났거든. 그런데 임차인 부분이 어렵더라고. 전입을 보면 대항력이 있어 보이는데 확정일자가 많이 늦어. 이럴 경우

에도 대항력이 있는 게 맞지?

하늘 맞아. 대항력은 확정일자와 아무런 상관이 없으니까. 확정일자는 우선변제권 취득 요건 중 하나일 뿐이지. 이런 유형이 낙찰자 입장에선 매우 위험해.

—— **경수** 그럴 거 같더라고. 이건 임차인 배당이 어떻게 되는 거야?

하늘 처음부터 살펴보자.

등기부 현황(p.195)을 보면 임차인 정○○의 전입이 2016.04. 05.이니까 대항요건이 충족되는 시점은 2016.04.06. 0시이고 말소기준보다 빠르니까 임차인은 대항력이 있는 게 맞아. 그래서 임차인의 보증금은 낙찰자가 책임져야 해.

확정일자를 받은 시점은 4년 정도가 지난 2020.06.01.이니까 우선변제권은 이날 발생되겠지? 그래서 배당요구는 유효하게 했지만 임차인이 배당 받는 순서는 2017.02.20. 경○○의 근저당 다음이 되는 거야.

만약 이 물건이 1억 7,000만 원에 낙찰된다면 먼저 집행비용 300만 원 정도가 채권자에게 배당되고 그다음은 근저당권자인 정○○에게 200,200,000원이 배당되어야 하는데 잔액이 1억 6,700만 원밖에 없으니 그 금액만 전부 근저당권자에게 배당되고 끝나게 되겠지.

결국 임차인은 한 푼도 배당 받지 못하게 되는 거야.

낙찰가(배당되는 금액): **170,000,000원**

No	접수	권리종류	채권자	채권금액	배당액	잔액
①	–	집행비용	–	3,000,000	3,000,000	167,000,000
②	2017.02.20	근저당	경○○	200,200,000	167,000,000	0
③	2020.06.01	우선변제권	정○○	20,000,000	0	0

하늘　그런데 임차인 정○○은 대항력이 있으니 보증금 2,000만 원
　　　은 낙찰자가 인수해야겠지?

　　　── 경수　아, 그렇구나! 이렇게 설명을 들으니 쉽네.

하늘　그런데 여기서 끝이 아니야. 최우선변제권 기억나지?

　　　── 경수　응. 소액보증금 그런 거 말이지?

하늘　맞아. ^^ 이 임차인 보증금이 소액보증금에 해당하는지 봐야
　　　해. 근저당 설정일이 2017.02.20.이니까 적용되는 기간은 아
　　　래 표이고, 경남 거제시는 그 밖의 지역이니까 소액보증금은
　　　5,000만 원 이하인데 이 경매 사건 임차인의 보증금은 2,000
　　　만 원이니까 소액보증금에 해당되겠네.

담보물권 설정일자	지　역	소액보증금	최우선변제금
2016. 03. 31~ 2018. 09. 17	서울특별시	1억 원 이하	3,400만 원
	과밀억제권역	8,000만 원 이하	2,700만 원
	광역시(군 제외), 안산, 용인, 김포, 광주, 세종	6,000만 원 이하	2,000만 원
	그 밖의 지역	5,000만 원 이하	1,700만 원

하늘　그렇다면 임차인 배당은 다음과 같이 되는 거야.

낙찰가(배당되는 금액): **170,000,000원**

No	접수	권리 종류	채권자	채권 금액	배당액	잔액
①	–	집행비용	–	3,000,000	3,000,000	167,000,000
	–	최우선변제권	전○○	20,000,000	17,000,000	150,000,000
②	2017.02.20	근저당	경○○	200,200,000	150,000,000	0
③	2020.06.01	우선변제권	정○○	3,000,000	0	0

하늘 임차인은 보증금 2,000만 원 중 최우선 변제금으로 1,700만 원을 먼저 배당 받게 되니까 남은 보증금 300만 원만 낙찰자가 인수하면 되겠다. 그런데 사실 낙찰자가 인수해야 하는 보증금은 이보다 더 적을 가능성이 높아.

—— **경수** 왜?

하늘 이 사건 임대차계약은 월세잖아? 보증금 2,000만 원에 월 40만 원이지.

—— **경수** 그러네.

하늘 그럼 이 임차인이 집이 경매로 진행된다는 사실을 알고 나서도 계속 월세를 임대인에게 잘 냈을까? 보증금을 다 돌려받을지도 확실치 않은 상황에서 말이야. 네가 임차인이라면 어떨 거 같아?

—— **경수** 당연히 월세를 안 내겠지. 근데 임차인이 경매가 진행된다는 것을 어떻게 알 수 있지?

하늘 법원에서 임차인에게 임차인 통지서를 보내 주거든. 경매가
진행될 거니까 만약 임차인이라면 배당요구를 하라는 내용의
문서를 밀이지. 예전에 내가 설명해 줬던 내용인데 송달 내역
이라고 기억나?

— **경수** 어. 그래. 법원에서 이해관계인들한테 인내문 같
은 거 보내 주는 거 말이지?

하늘 맞아. 아래 '송달내역'을 보면 임차인에게 2020.11.02.에 '임차
인통지서'를 보내 줬다는 내용이 나오지.

◀ 〈송달내역〉 참조

송달내역

송달일	송달내역	송달결과
2020.10.19	주무관서 거OOO 최고서 발송	2020.10.20 송달간주
2020.10.19	주무관서 국OOOOOOO OOOO 최고서 발송	2020.10.20 송달간주
2020.10.19	주무관서 통OOOO 최고서 발송	2020.10.20 송달간주
2020.10.19	근저당권자 주OOOOOOO 최고서 발송	2020.10.20 송달간주
2020.10.19	압류권자 국(OOOOOOOOOO) 최고서 발송	2020.10.20 송달간주
2020.10.19	집행관 통OOO OOO 조사명령 발송	2020.10.20 도달
2020.10.19	감정인 심OO 평가명령 발송	2020.10.22 도달
2020.10.19	채무자겸소유자 이OO 개시결정정본 발송	2020.10.23 이사불명
2020.10.19	채권자 주OOOOOOO 개시결정정본 발송	2020.10.20 도달
2020.10.30	채권자 주OOOOOOO 주소보정명령등본 발송	2020.10.30 도달
2020.10.31	채권자 주OOOOOOO 주소보정명령등본 발송	2020.10.31 도달
2020.11.02	임차인 정OO 임차인통지서 발송	2020.11.05 도달

▲ 자료: 탱크옥션

— **경수** 그러네. 근데 임차인이 월세를 안 낸 거 하고 무
슨 상관이 있어?

하늘 자, 보자. 낙찰자가 대항력 있는 임차인의 보증금을 인수한다
는 것은 전 임대인인 전 소유자의 지위를 인수한다는 것이야.
즉, 전 임대인이 임차인에게 반환해야 할 보증금을 인수하는
것이잖아?

— **경수** 맞아.

하늘 그럼 임차인이 나갈 때 체납된 월세가 있다면 보증금에서 그 금액만큼을 제외하고 돌려줘야겠지?

— **경수** 아! 맞다. 그럼 임차인이 월세를 안 냈다면 결국 그만큼 낙찰자가 인수해야 할 보증금이 줄어든다는 거지?

하늘 빙고! 임차인이 경매가 진행된다는 내용의 임차인 통지서를 송달 받은 날이 2020.11.05.인데 만약 이때부터 2022년 2월까지 15개월 동안 월세를 안 냈다면 체납된 금액은 40만 원 × 15개월이니까 600만 원 정도 되겠네.
그럼 임차인 보증금 2,000만 원 중에 낙찰자가 인수해야 할 보증금은 1,400만 원인데, 소액보증금으로 1,700만 원을 배당 받을 것이니 결국 낙찰자가 인수해야 할 보증금은 없게 되는 거야.

— **경수** 그럼 좀 불공평한데? 임차인이 체납한 월세를 빼고 남은 보증금은 1,400만 원인데 1,700만 원을 배당 받게 되면 말이야.

하늘 그래서 법원은 배당해 주기 전에 임차인에게 월세를 납부한 내역을 제출하라고 하지. 그래서 체납된 것이 없어야 1,700만 원을 다 배당해 주고 체납한 게 있다면 그 금액을 제외하고 배당해 주는 거야.

— **경수** 그럼 그렇지. 이제 완벽하게 이해가 된다. ^^

그럼 이 사건도 좀 봐 주라. 내가 제대로 권리 분석 한 게 맞는지 말이야.

◀ 〈경매 사례〉 참조

경매 2018타경2464

🅿 진행내역 : 경매개시 77일 배당요구종기일 1102일 **최초진행**

통영지원 2계(055-640-8502)

아파트 토지 건물 풀패키지 / 검사전등기,내방력 있는 임차인

매각기일 **2022.03.11 (금)(10:00)**

경남 거제시 상동동 50,○○. 외2필지 도로명주소검색
(도로명주소:경상남도○○)

대 지 권	56.0184㎡(16.946평)	소유자	최○○	감정가	129,000,000
건물면적	59.5141㎡(18.003평)	채무자	최○○	최저가	(24%) 30,973,000
개시결정	2018 03 13 (임의경매)	채권사	당○○	보증금	(10%) 3,097,300

전경도 | 전경도

📷 사진 ▼   🗺 지도 ▼

오늘 : **2** 누적 : **460** 평균(2주) : **4**

구분	매각기일	최저매각가격	결과	비고
1차	2021-06-04	129,000,000	유찰	
2차	2021-07-09	90,300,000	유찰	
3차	2021-08-13	63,210,000		
	낙찰 73,652,400원 (57.09%) / 2명 / 미납			
4차	2021-11-26	63,210,000	유찰	
5차	2022-02-04	44,247,000	유찰	
6차	2022-03-11	30,973,000		

▲ 자료: 탱크옥션

◀ 〈등기부 현황〉 참조

| 임차인 현황

말소기준일(소액) : 2016-08-26 배당요구종기일 : 2018-05-29

목록	임차인	점유부분/기간	전입/확정/배당	보증금/차임	대항력	분석	기타
1	최○○	주거용 건물전부 2016.07.11.~	전입: 2014-11-27 확정: 2016-06-27 배당: 없음	보140,000,000원	있음	배당금없음 보증금 전액 매수인 인수	임차권등기자
기타사항		* 소유자 최재호씨와 면담한바,본건 전부 점유하고 있다고함. * 전입세대열람한바 소유자세대외에 전입자 없음. * 최재호:서울보증보험주식회사가 보증금반환채권을 양수하였고, 최재호가 개인회생 변제계획확인가로 인해 변제중임.					

| 건물등기   (채권합계금액 : 505,903,862원)

순서	접수일	권리종류	권리자	채권금액	비고	소멸
갑(6)	2016-08-26	소유권이전	최○○		매매 거래가액:155,000,000원	
을(9)	2016-08-26	근저당권설정	당○○	136,500,000	말소기준등기	소멸
갑(7)	2017-02-07	가압류	김○○	85,596,251	2017카단93	소멸
을(10)	2017-03-16	근저당권설정	김○○	102,000,000		소멸
갑(8)	2017-12-12	가압류	농○○	41,807,611	2017카단53377	소멸
갑(9)	2018-03-14	임의경매	당○○	청구금액 107,441,830	2018타경2464	소멸
을(11)	2018-10-26	주택임차권	최○○	140,000,000	전입:2014.11.27 확정:2016.06.27 범위:건물전부	인수

▲ 자료: 탱크옥션

경수   임차인이 대항력이 있고 확정일자를 좀 늦게 받았지만 그래도 말소기준인 2016.08.26. 근저당보다는 빨라서 배당을 먼저 받는 게 맞지?

하늘 아니지.

—— **경수** 어? 아니라고?

하늘 응. 초보들이 정말 조심해야 할 유형이야. 보자.
임차인이 배당요구 한 날짜가 언제지?

—— **경수** 음... 어? 없네? 임차인이 배당요구를 안 했어!

하늘 그럼 어떻게 될까?

—— **경수** 맞다! 배당요구를 안 하면 배당을 안 해 주는
구나!

하늘 맞아. 그리고 배당요구를 했어도 배당요구종기일이 지나서 했
다면 안 한 거와 다름없고.

—— **경수** 아, 그렇구나.
그래서 낙찰자가 미납을 했던 거구나.

하늘 맞아. 7,300만 원 남짓에 낙찰 받았지만 임차인이 대항력이 있
고 배당요구를 안 해서 한 푼도 배당 받지 못하기 때문에 임차
인 보증금 1억 4,000만 원을 낙찰자가 인수해야 하니 실제로
낙찰 받은 가격은,
7,300만 원 + 1억 4,000만 원 = 총 2억 1,300만 원
에 낙찰 받은 게 되는 거지.
그런데 이 아파트의 시세는 고작 9천만 원 정도거든. 그러니
미납을 할 수밖에 없는 거지.

—— **경수** 공부 안 하고 막 덤비면 이렇게 되는 거구나.

하늘 그럼 마지막으로 하나만 더!

◀ 〈경매 사례〉 참조

탱크옥션 2023타경33

진행내역 : 경매개시 72일 · 배당요구종기일 124일 · 최초진행 35일 · 매각 33일 · 납부 38일 · 배당종결 (302일 소요)

대구지방법원 1계 (053-757-6771)

아파트 토지·건물 일괄매각 대항력 있는 임차인

매각일자 2023.08.23 (수) (10:00)
종국일자 2023.11.07

대구 수성구 상동 ○○○, ○○○동 ○층 ○○○호 (상동, 수성동일하이빌레이크시티) `새주소검색`
(도로명주소:대구 수성구 수성로 ○○)

대 지 권	60.4171㎡(18.276평)	소유자	강○○	감정가	727,000,000
건물면적	118.906㎡(35.969평)	채무자	강○○	최저가	(70%) 508,900,000
개시결정	2023-01-04(임의경매)	채권자	동○○○○○○	매각가	(83%) 600,000,000

오늘: 1 누적: 85 평균(2주): 0 `차트`

구분	매각기일	최저매각가격	결과
1차	2023-07-19	727,000,000	유찰
2차	2023-08-23	508,900,000	

매각 600,000,000원 (82.53%) / 입찰 2명 / 서울 서대문구 김▇▇

(2위금액 594,100,000원)

매각결정기일 : 2023-08-30 - 매각허가결정

지급기한 : 2023-09-25

전경도　　전경도

▲ 자료: 탱크옥션

◀ 〈등기부 현황〉 참조

임차인 현황
말소기준일(소액) : 2014-11-11　배당요구종기일 : 2023-03-17

점유목록 ?	임차인	점유부분/기간	전입/확정/배당	보증금/차임	대항력	분석	기타
1	강○○	주거용	전입:2013-12-10 확정:미상 배당:없음	보:미상		배당금 없음 보증금 전액 매수인 인수 대항력 여지 있음(전입 빠름)	임차인

기타사항　* 이건 부동산을 방문하였으나 거주자 부재하여 만나지 못하고 통지서를 두고 왔으나 달리 권리신고없음.전입세대 열람결과 소유자가 아닌 강화수가 전입되어 있음.

건물등기
(채권합계금액:1,108,161,693원)

순서	접수일	권리종류	권리자	채권금액	비고	소멸
갑(3)	2013-11-28	소유권이전	강○○		매매, 거래가액:395,043,858원	
을(2)	2014-11-11	근저당권설정	월○○○	415,200,000	말소기준등기	소멸
을(4)	2015-10-16	근저당권설정	월○○○	103,200,000		소멸
을(5)	2019-12-05	근저당권설정	동○○○○○○	140,400,000		소멸
을(9)	2021-12-02	근저당권설정	상○○○○○○	307,200,000		소멸
갑(4)	2022-11-14	가압류	산○○○○○○	22,157,513	2022카단36443	소멸
갑(5)	2022-11-22	가압류	(주)우○○○	9,815,084	2022카단824204	소멸
갑(6)	2022-11-30	가압류	(주)다○○○○○○ ○○○○○○○○○	23,857,008	2022카단825048	소멸
갑(7)	2023-01-04	임의경매	동○○○○○○	청구금액 120,395,380	2023타경33	소멸
갑(8)	2023-01-30	가압류	한○○○○○	86,332,088	2023카단30467	소멸

▲ 자료: 탱크옥션

───── 경수　점유자 강○○이 있는데 전입일로 보면 대항력이 있거든. 그런데 임차인이라는 신고를 하지 않았으니까 신경 안 써도 되는 거지?

하늘 아니야. 이런 유형이 굉장히 위험할 수 있어.

    —— 경수 왜?

하늘 경매 절차에서 임차인 신고를 하지 않았다고 임차인이 아닌 건 아니라는 거야. 즉, 임차인이라면, 더구나 대항력이 있는 임차인이라면 어떻게 될까? 그 보증금을 낙찰자가 인수해야 하는 거겠지?

    —— 경수 맞네!

하늘 그래서 이런 유형은 점유자가 어떤 지위에 있는지를 철저히 조사해야 해. 현장을 방문해서 탐문을 하든, 관련된 금융기관이나 이해관계인에게서 정보를 얻든 무조건 점유자에 관해 확인하고 입찰해야 하는 거야.
만약 낙찰 받고 점유자를 만나러 갔는데 전세 4억 임차인이라면 꼼짝없이 4억을 인수해야겠지?
반대로 기회가 될 수도 있어. 조사 결과 임차인이 아니라는 게 확인된다면 말이지. 그럼 웬만한 사람들은 입찰하지 못할 것이고, 나는 내용을 확인했으니 좀 더 저렴한 가격으로 낙찰 받을 확률이 높아질 것이니까.

    —— 경수 와! 제대로 이해했어. 경매에 있어서 임차인에 대한 권리 분석은 정말 어렵구나.

하늘 맞아. 등기부상 권리 분석보다 임차인에 대한 권리 분석이 훨씬 어렵지. 하지만 오늘 설명해 준 사례만 이해하고 있어도 사실 99% 정도의 권리 분석은 가능해. 그럼에도 불구하고 권리 분석이란 100% 완벽해야 하는데 그 나머지 1%를 위해서는 정말 정말 많은 공부가 필요하거든. 그중 상당수가 바로 대항력 있는 임차인에 관한 내용이야. 예컨대 최우선변제 임금채권, 근로복지공단의 체당금, 체납된 세금이나 공과금의 법정기일, 납부 기한 등등은 대항력 있는 임차인의 보증금 배당과 비교해 봐야 하거든.

———— 경수   응-??!!

경수가 난감한 표정을 짓는다.

하늘 그래. 어렵지. 어려울 수밖에 없어. 이 부분은 나중에 좀 더 공부하면 돼. 그래서 대항력이 있는 임차인 유형은 충분히 공부하기 전까지는 전문가에게 검토 받고 입찰하는 게 안전하고 훨씬 효율적이라 할 수 있겠지.

자! 드디어 어려운 건 다 끝났어!

———— 경수   그래? 그렇다면 어쨌건 기분은 좋다! 지나고 나니 경매가 그리 어려운 것 같지는 않다는 생각이 드네. 물론 하늘이 네가 설명을 너무 잘해 줘서겠지만 말야. 그래서 드는 생각인데 나도 이번 기회에 경매로 내 집 마련을 한번 해 볼까? 어차피 지금 살고 있는 아파트가 낙찰되면 우린 나가야 하잖아. 경매를 공부하고 나니 임차인이 이렇게 위험하다는 걸 알았고, 이제 이사 다니는 것도 지긋지긋하거든.

하늘 좋은 생각이야. 요즘 시장 흐름도 경매로 수도권에 내 집 마련하기 괜찮은 타이밍이거든. 왜 그런지는 뒤에서 설명해 줄게.

그렇다면 이제 입찰을 위한 실전으로 들어가 보자.
재미있을 거야.

전세권과 임차인

하늘 등기부상 권리분석 할 때 전세권 기억나지?

──── **경수** 응. 말소기준이 될 때도 있고 안 될 때도 있다. 배
당요구를 하면 말소기준이 되고 안 하면 말소기
준이 안 된다. 맞지?

하늘 정확해! 하나 더하자면 전세권자가 경매를 신청해도 배당요
구를 한 것으로 간주되어 말소기준이 된다는 것.

그런데 전세권은 임차인이란 사실을 등기부에 기재하는 거잖
아? 그래서 임차인에 대한 부분도 함께 살펴봐야 해.

자, 그전에 전세권 공부했던 사건을 다시 볼게.

▲ 자료: 탱크옥션

임차인 현황   말소기준일(소액): 2021-03-05   배당요구종기일: 2022-03-11

점유 목록 ?	임차인	점유부분/기간	전입/확정/배당	보증금/차임	대항력	분석	기타
② 1	현○○	주거용 전부 2021.3.4.~2023.3.3	전입:2021-03-04 확정:2021-03-04 배당:2021-12-24	보:140,000,000원	있음	전세권자로 순위배당 있음	선순위전세권등기자

기타사항	* 현■■ : 매수인에게 대항할 수 있는 임차인으로 배당에서 보증금 전액을 배당받지 못하면 그 잔액을 매수인이 인수함 * 임차인의 진술과 전입세대열람 내역 및 주민등록표 등본에 등재된 내용을 바탕으로 점유관계를 확인함 * 보증금은 임차인들의 진술을 바탕으로 등록함 * 현■■ : 임차인과 전세권자는 동일인이며 전세권설정등기일은 2021. 3. 4.임

건물등기   (채권합계금액: 2,140,000,000원)

순서	접수일	권리종류	권리자	채권금액	비고	소멸
갑(5)	2019-02-18	소유권이전	(주)에○○○○○		신탁재산의귀속	
① 을(6)	2021-03-04	전세권설정	현○○	140,000,000	존속기간: 2021.03.04 ~ 2023.03.03 범위:전부	인수
을(7)	2021-03-05	근저당권설정	대○○○○○○○○ ○○○○○	2,000,000,000	말소기준등기	소멸
갑(7)	2021-12-14	임의경매	대○○○○○○○ ○○○○○○○○	청구금액 2,000,000,000	2021타경57160	소멸

하늘 이 임차인은 등기부상 ①전세권 권리를 가지고 있고, 주택임대차보호법상 ②대항 요건과 우선변제권도 가지고 있어. 이해되지?

—— **경수** 응, 그래. 임차인을 배우고 나니 확실히 이해된다.

하늘 이 경우 임차인은 ①,② 두 개의 권리 중에 하나를 선택해서 배당요구를 할 수 있지. 물론 두 권리 모두를 행사해 배당요구를 할 수도 있고, 아예 배당요구를 안 할 수도 있어.

그럼 이 경매 사건에서 임차인은 어떻게 했는지를 볼까?

문건처리내역

접수일	접수내역	결과
2021.12.14	등기소 대○○○○○ ○○○○ ○○○ 등기필증 제출	
2021.12.22	임차인 김○○ 권리신고 및 배당요구신청서(주택임대차) 제출	
2021.12.23	임차인 이○○ 권리신고 및 배당요구신청서(주택임대차) 제출	
2021.12.24	전세권자 현○○ 권리신고 및 배당요구신청서(주택임대차) 제출	
2021.12.24	임차인 장○○ 권리신고 및 배당요구신청서(주택임대차) 제출	

───── 경수　전세권자로 배당요구를 했네?

하늘　맞아. ①전세권의 지위로 배당요구를 한 거야. 그럼 전세권은 말소기준이다, 아니다?

───── 경수　말소기준이지!

하늘　맞아! 그래서 등기부상 전세권은 자신을 포함해서 그 아래 있는 권리 모두가 말소되지. 그래서 이 전세권은 1.4억의 전세금을 전부 배당받든, 배당받지 못하든 무조건 말소되는 거야.

그런데 ②임차인의 권리는 어떻게 될까?

───── 경수　음... 대항력이 있는지의 여부에 따라 달라지는데... 대항력이 있는 건가?

하늘　말소기준이 전세권인데 그건 임차인 자신의 권리니까 대항력 여부는 전세권 아래에 있는 21.3.5. 근저당과 비교해서 결정되는데 임차인 전입일자가 21.3.4.이니까 대항력이 있다, 없다?

───── 경수　다음 날 0시니까... 응? 임차인 대항 요건과 근저당이 날짜가 같은데?

하늘　좋아. 그럼 근저당이 가장 빨리 등기될 수 있는 시간이 몇 시야?

───── 경수　등기소가 9시부터 업무를 하니까, 9시?

하늘　맞아. 그런데 대항 요건 발생 시간은?

───── 경수　아! 맞다! 0시니까 대항 요건이 더 빠른 거네?

하늘　정답!

－－ 경수   그럼 임차인은 대항력이 있는 거네! 맞지?

하늘 맞아. 임차인은 대항력이 있어.

그럼 ②임차인의 권리는 어떻게 된다?

－－ 경수   보증금 1.4억을 전부 배당받으면 낙찰자가 책임
                  져야 할 게 없는 거고, 만약 못 받으면 그 금액은
                  낙찰자가 책임져야 한다.

하늘 정확해! 그럼 낙찰가를 볼까?

1.93억이네. 보증금 1.4억을 전부 배당받을 수 있어. 맞지?

그래. 전세권은 이렇게 봐야 하는 거야.

－－ 경수   그렇구나. 신기하게도 다 이해가 돼. ^^

하늘 그런데 만약에 1.2억에 낙찰되었다면 어떨까?

－－ 경수   그럼 임차인은 1.2억만, 아니 경매비용 300만 원
                  정도 빼고 1억 1,700만 원 정도 배당받겠지?

하늘 그래. 그럼 등기부상 ①전세권은 말소되나?

－－ 경수   말소되지. 말소기준이니까.

하늘 그래. 그럼 ②임차인 권리는?

－－ 경수   어?! 대항력이 있잖아?! 그럼 못 받은 보증금은
                  낙찰자가 인수해야 하는 거야?

하늘 그렇지! 못 받은 2,300만 원 정도의 보증금을 낙찰자가 인수
하게 되는 거야.

이거까지 이해했으면 이제 전세권은 끝!

4

실전 입찰

1

입찰 준비 Ⅰ

사실 입찰가를 산정하는 데 필수적으로 고려해야 할 내용들이 있어.
그중 가장 중요한 건 시장 흐름이야.
시장 흐름에 따라 다른 전략을 구사해야 하거든.
쉽게 말해 향후 오를 것인지 떨어질 것인지를
여러 각도로 검토해 봐야 하는 거지.

▎임장, 시세 파악

—— 경수　하늘아! 나 입찰하고 싶은 물건 골랐어!

하늘　벌써? 실행력 대단한데?! ^^

—— 경수　응! 열정이 식기 전에, 내친김에 바로 해 보려고.
　　　　와이프랑도 얘기 끝났거든.

하늘　좋아! 어떤 물건인데?

—— 경수　우리 동네에서 멀지 않은 곳에 있는 아파트가
　　　　경매로 진행 중이더라고. 우리 와이프가 여기 너
　　　　무 맘에 든대. 엄청 여기서 살고 싶어 했거든. 권
　　　　리 분석도 다 해 봤지. ^^

◀ 〈경매 사례〉 참조

경매 2022타경5310

진행내역 : 경매개시 94일 배당요구종기일 261일 최초진행 77일 매각 49일 배당기일 (481일 소요)

고양지원 13계 (031-920-6325)

아파트 토지·건물 일괄매각

매각일자 2024.01.10 (수) (10:00)

경기 고양시 일산동구 식사동 ○○○○, ○○○동 ○○층○○○○호 (식사동,위시티일산자이○단지)　新주소검색
(도로명주소:경기 고양시 일산동구 위시티○로 ○○)

토지면적	미등기감정가격포함	소유자	정○○	감정가	987,000,000
건물면적	133.6079㎡(40.416평)	채무자	정○○	최저가	(49%) 483,630,000
개시결정	2022-11-04(임의경매)	채권자	국○○○	매각가	

오늘: 1 누적: 565 평균(2주): 1 　차트

구분	매각기일	최저매각가격	결과
1차	2023-10-25	987,000,000	유찰
2차	2023-11-29	690,900,000	유찰
3차	2024-01-10	483,630,000	

전경도　　전경도

▲ 자료: 탱크옥션

◀ 〈등기부 현황〉 참조

🏚 임차인 현황　　말소기준일(소액) : 2011-05-17　배당요구종기일 : 2023-02-06

점유목록	임차인	점유부분/기간	전입/확정/배당	보증금/차임	대항력	분석	기타
1	김○○	주거용 전부 2013.02.17~	전입:2013-02-19 확정:2013-01-28 배당:2023-02-02	보:241,500,000원	없음	순위배당 있음	임차인

기타사항
* 임차인 김○○과 가족이 거주함.
* 임차인은 전입세대열람내역 등재자임.
* 임차인 가족 한금열에게 안내문 교부함.
* 전입세대열람내역 및 임차인 가족 한금열 진술에 의거 작성함. 보증금 및 차임은 추후 제출한다고 함.
* 김○○ : 2021. 5. 3. 보증금 11,500,000원 증액하였고, 확정일자는 230,000,000원에 대한 것임.

🏚 건물등기　　(채권합계금액:673,609,853원)

순서	접수일	권리종류	권리자	채권금액	비고	소멸
갑(2)	2011-05-17	소유권이전	정○○		매매	
을(1)	2011-05-17	근저당권설정	국○○○○○○○○ ○○○○○○○○	527,400,000	말소기준등기	소멸
을(2)	2019-06-13	근저당권설정	하○○○○○○○○ ○○○○○	120,000,000		소멸
갑(7)	2021-08-20	압류	안○○○○○			소멸
갑(10)	2022-02-14	압류	국○○○○○○○○ ○○○○○○○○○			소멸
갑(11)	2022-03-07	가압류	(주)케○○○○○○ ○○	26,209,853	2022카단30816 (인용)	소멸
갑(13)	2022-11-07	임의경매	국○○○○○○○○ ○○○○○○○○	청구금액 379,651,277	2022타경5310	소멸
갑(14)	2023-11-02	압류	고○○			소멸

▲ 자료: 탱크옥션

─── 경수　2011.05.17. 근저당이 말소기준이라 등기부상 권리는 낙찰 후 모두 말소. 임차인이 있지만 대항력이 2013.02.20. 0시부로 발생, 말소기준보

다 늦어서 경매 사건 상 대항력이 없으므로 낙찰자가 인수하지 않아도 되고. 이 소유자가 점유하고 있으니 이것도 문제없고. 그런데 매각물건명세서 비고란에 있는 내용이 좀 걸려. '대지권미등기이나 매각목적물 및 평가에 포함됨.'이라고 되어 있는데, 그럼 별문제 없는 건가?

하늘 아니지. 대지권미등기 관련 앞에서 배웠잖아? 이 아파트는 시행사가 토지를 매입하고 아파트 건축을 진행했기 때문에 대지권은 성립한 것이고, 결과적으로 대지권 등기가 안 되어 있어도 대지권은 있어. 인근 부동산(공인중개사무소)에 문의해 보면 금방 알 수 있다고 했지?

—— **경수** 아, 맞다. 그럼 대지권은 있는 거고, 비고란 2번 공과금 및 수수료가 들 수 있다는 것은 대지권 등기하는 데 비용이 추가로 든다는 거지?

▶ 〈매각물건명세서〉 참조

사 건	2022타경5310 부동산임의경매		매각물건번호	1	작성일자	2023.09.25	담임법관(사법보좌관)	강우규	
부동산 및 감정평가액 최저매각가격의 표시	별지기재와 같음		최선순위 설정		2011.5.17.근저당권		배당요구종기	2023.02.06	

부동산의 점유자와 점유의 권원, 점유할 수 있는 기간, 차임 또는 보증금에 관한 관계인의 진술 및 임차인이 있는 경우 배당요구 여부와 그 일자, 전입신고일자 또는 사업자등록신청일자와 확정일자의 유무와 그 일자

점유자 성 명	점유 부분	정보출처 구 분	점유의 권 원	임대차기간 (점유기간)	보 증 금	차 임	전입신고 일자·외국인 등록(체류지 변경신고)일 자·사업자등 록신청일자	확정일자	배당 요구여부 (배당요구일자)
김▒▒	2104호	현황조사	주거 임차인				2013.02.19		
	전부	권리신고	주거 임차인	2013.02.17-	241,500,000		2013.02.19	2013.01.28	2023.02.02

〈비 고〉
김▒▒:2021. 5. 3. 보증금 11,500,000원 증액하였고, 확정일자는 230,000,000원에 대한 것임.

※ 최선순위 설정일자보다 대항요건을 먼저 갖춘 주택·상가건물 임차인의 임차보증금은 매수인에게 인수되는 경우가 발생 할 수 있고, 대항력과 우선변제권이 있는 주택·상가건물 임차인이 배당요구를 하였으나 보증금 전액에 관하여 배당을 받지 아니한 경우에는 배당받지 못한 잔액이 매수인에게 인수되게 됨을 주의하시기 바랍니다.

등기된 부동산에 관한 권리 또는 가처분으로 매각으로 그 효력이 소멸되지 아니하는 것

매각에 따라 설정된 것으로 보는 지상권의 개요.

비고란
1. 대지권 미등기이나 매각목적물 및 평가에 포함됨.
2. 대지권이전에 필요한 공과금 및 수수료 등이 발생할 수 있으며 차후 상황에 따라 변동될 수 있음.

▲ 자료: 탱크옥션

하늘 맞아. 그런데 조심해야 할 게 있다고 했지. 바로 분양대금 미납.

———— **경수** 아... 역시... 쉽지 않은 물건이었구나. 포기해야 하는 건가?

하늘 하하. 포기를 왜 해? 분양대금 미납 여부만 확인하면 될 텐데. 시행사에 문의하면 돼. 해당 동, 호수가 분양대금을 완납했는지 말이야. 그런데 이 사건은 분양대금을 완납했어. 걱정 안 해도 돼.

———— **경수** 어떻게 알아?

하늘 분양대금을 미납했으면 시행사에서 그냥 입주시켜 줄 리 없겠지? 보통 근저당을 설정하는데 이 사건 등기부에는 시행사의 근저당이 없어. 설령 분양대금을 미납했다 해도 해결하는 방법이 있어. 물론 소송을 해야 하지만. 그런데 그럴 리 없으니 결국 권리적인 문제는 없다고 보면 돼.

———— **경수** 우와! 역시 하늘이가 있어 너무 든든하다.

하늘 그래. 그럼 그다음 뭘 해야 할까?

———— **경수** 바로 입찰하면 되는 거 아닌가?

하늘 그래? 그럼 입찰가는 얼마로 할 건데?

———— **경수** 두 번이나 유찰돼서 엄청 싼데 마음 같아선 최저 매각가로 입찰 한번 해 보고 싶지만 무리겠지? 감정가가 9억 후반대인데 4억 후반이면 말이야. 그래도 7억은 넘겨야겠지?

하늘 음... 권리 분석 공부만 열심히 하다 보니까 가장 중요한 것을 잊고 있었구나. 자, 처음부터 다시 해 보자. 부동산 경매의 목적은 뭐다?

—— 경수   응? 그야 시세보다 싸게 사는 거지.

하늘   그치? 그럼 뭘 알아야 시세보다 싸게 살 수 있을까?

—— 경수   아... 맞다! 시세부터 알아야겠구나!

하늘   맞아. 초보들이 가장 흔히 하는 실수야. 권리 분석보다 훨씬 많이들 하는 실수가 바로 이거야. 그럼 시세 파악하는 방법부터 알려 줄게.

먼저 가격 흐름과 함께 실거래가를 봐야 해. 경매로 진행 중인 아파트는 전용 면적 133㎡이니까 해당 면적을 보면 되겠지. 혹시나 해서 말해 주는 건데 아래 162㎡는 분양 면적이야.

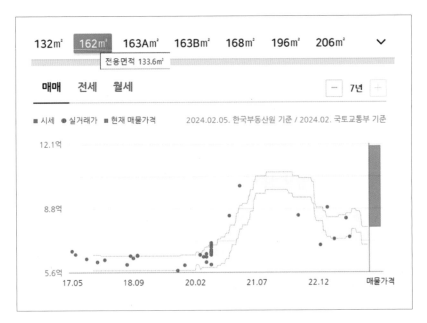

▲ 자료: 네이버 부동산

하늘 경기도는 몇 년 동안 미친 듯이 상승하다가 2021년 후반부터 매수세가 뚝 끊기면서 가격이 큰 폭으로 하락하기 시작했고, 2023년 초부터 거래가 좀 되면서 서서히 반등하는 분위기지. 하지만 경기도는 넓어서 지역별로 온도 차가 다르고 아파트별로도 다르지. 이 아파트는 2023년 1월에 바닥을 찍고 조금씩 반등하는 모습이 보이네. 그리고 얼마 전인 2023년 8월에 8.35억에 실거래되었는데, 9월에는 7.4억에 거래됐어. 지금 매물은 일반 층이 7.7억에 나와 있네.

집주인 **위시티일산4단지자이 412동**
매매 **7억 6,000**
아파트 · 163B/134m², 저/30층, 남서향
행복한자이 공인중개사사무소 | 매경부동산 제공

확인 24.01.15.

집주인 **위시티일산4단지자이 412동**
매매 **7억 7,000**
아파트 · 163B/134m², 중/30층, 남향
15년이내 대단지 대형평수 방네개이상

확인 24.02.13. 중개사 8곳 ∨

집주인 **위시티일산4단지자이 412동**
매매 **7억 8,000**
아파트 · 163B/134m², 고/30층, 남서향

▲ 자료: 네이버 부동산

하늘 그렇다면 이 아파트의 시세는 7.7억 정도로 보면 되겠다. 어때? 감정가하고 차이가 크지?

—— **경수** 아! 그렇구나. 맞아, 감정가가 중요한 게 아니라 시세가 중요하다고 했어.

하늘 맞아. 이제 기억이 좀 나는가 보구나. ^^ 그런데 당연히 현장에도 가 봐야 해. 임장을 꼼꼼히 해야 한다는 거야. 경매로 진행 중인 아파트도 가급적이면 한번 보고, 매물로 나와 있는 아파트들도 봐야겠지. 그리고 최종적으로 시세를 파악해 보는 거야. 만약 7.7억에 매물로 나와 있는 아파트가 인테리어가 제법 잘되어 있고 경매 진행 중인 아파트는 인테리어 상태가 엉망이라면 시세를 7.7억보다 더 싸게 책정해야 맞는 거지.

—— **경수** 맞네. 그런데 경매 진행 중인 아파트 내부는 어떻게 볼 수 있어?

하늘 그냥 가서 벨을 누르고 점유자에게 양해를 구하는 거지.

—— **경수** 그래? 순순히 잘 보여 줄까?

하늘 그건 점유자에 따라 다르겠지. 일반적으로 보증금 전액을 다 배당 받는 임차인이라면 집을 보여 주는 데 큰 거부 반응이 없을 가능성이 크고, 임차인이라도 대항력이 없는데 보증금 상당 부분을 배당 받지 못하는 상황이라면 분위기가 그다지 좋진 않겠지. 소유자도 마찬가지고. 하지만 이런 점은 참고만 하고 보통은 우리가 걱정했던 것보다는 잘 보여 주는 편이야. 어쨌건 내부를 볼 수 있다면 보다 정확한 시세를 파악할 수 있고 못 본다면 그냥 인테리어가 안 되어 있는 상태를 기준으로 시세를 책정하는 방법밖엔 없어. 이렇게 시세를 파악했다면 이제 입찰 준비를 하면 돼.

—— **경수** 좋았어! 그럼 임장을 다녀와서 정확한 시세를 파악해 봐야겠다. 그런데 입찰가는 어느 정도가 좋을까?

하늘 우선은 그냥 단순히 생각해 보자. 얼마 정도 썼으면 좋겠니?

> **경수** 음... 글쎄... 시세를 7.7억 정도로 본다면 한 1억 정도 싸게 써 보는 건 어떨까?

하늘 1억이나?! 그래...^^ 그런데 이 아파트는 현재 가격 위치가 낮은 편이거든.

> **경수** 가격 위치가 낮다고? 가격이 싸다는 건가?

입찰가를 따져 보는 것도 중요하다.

하늘 음... 비슷해. 가격 위치가 낮다는 건 앞으로 가격이 오를 가능성이 높다는 거야. 물론 오르는 시기는 흐름에 따라 다를 수 있어.

가격 위치에 관한 얘기는 뒤에서 자세히 설명해 줄게. 아주 아주 중요한 거거든.

> **경수** 그래? 오를 가능성이 높다?! 이거 너무 궁금해지는데?
> 좋아! 그럼 얼마 정도 쓰는 게 좋을까?

하늘 내가 봤을 땐 7~8천만 원 정도만 싸게 낙찰 받아도 괜찮을 거 같아. 6.9억 기준으로 몇 백만 원 더하거나 빼서 입찰해 봐.

> **경수** 그래? 그럼 300만 원 빼서 6.87억 괜찮을까?

하늘 굿!

> **경수** 입찰가를 정하고 나니 벌써부터 심장이 두근거리네. ^^ 하늘이 네가 잠깐 이야기해 준 건데도 왠지 과학적인 느낌이 들어. 뭔가 특별한 기준이 있는 건가?

하늘 음… 사실 입찰가를 산정하는 데 필수적으로 고려해야 할 내용들이 몇 가지 있어. 위에서 잠깐 말했던 가격 위치, 그리고 시장 흐름이 그것이야. 시장 흐름에 따라 다른 전략을 구사해야 하거든. 쉽게 말해 향후 오를 것인지 떨어질 것인지를 여러 각도로 검토해 봐야 하는 거지.

이 내용에 대해서는 가장 마지막 파트에서 설명해 줄게. 절대 잃지 않는 투자법에 대해서 말이야.

여기에 최근 해당 지역의 분위기와 낙찰가율 등등 여러 가지 요소들을 함께 보면 낙찰 받을 확률을 높일 수 있지.

매우 유용한 경매 사이트 – 리치고 경매

하늘 리치고 경매 사이트는 아파트 경매 투자에 최적화되어 있어.

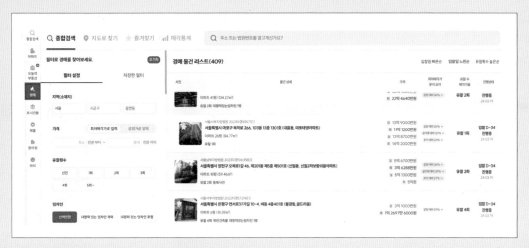

▲ 자료: 리치고 경매

하늘 경매 진행 중인 서울 마포구에 있는 한 아파트를 살펴볼게.

▲ 자료: 리치고 경매

하늘 '가격추이'를 클릭하면 쉽게 현재 시세를 파악할 수 있어.

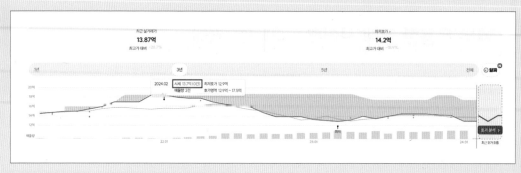

▲ 자료: 리치고 경매

하늘 최근 실거래가와 최저 호가를 참고로 현재 시세를 제법 합리
적으로 나타내 주지. 그런데 정말 대박인 건 그 아래에 있는
'투자체크리스트'야.

▲ 자료: 리치고 경매

하늘 서울의 '체크리스트 종합 점수'가 '보통 | 50.4점'이라고 나와
있지? 이게 쉽게 말하면 투자 점수거든. 높을수록 가격이 저평
가되어 있어서 투자 타이밍이 좋다는 뜻인데, 이 정도 점수면
별로라는 거지.
그런데 조금 더 좁게, 마포구로 들어가 보면 50.6점으로 서울
보다는 조금 더 괜찮네. 하지만 여전히 매입하기 좋은 점수는
아니야.

서울 마포구

체크리스트 종합 점수
보통 | 50.6점
본 점수가 높을수록 가격이 저렴해 되었다 판단하며
가격이 향후 상승할 가능성이 높아요.

가격 수준	시세 흐름	가격 추이
중립	보합 상태	▼ 0.1%
		3개월 전보다

▲ 자료: 리치고 경매

하늘 그런데 더 재미있는 건 2년 후의 전망도 나온다는 거지. 서울
마포구는 '횡보 혹은 약한 상승'이라 나와 있네.

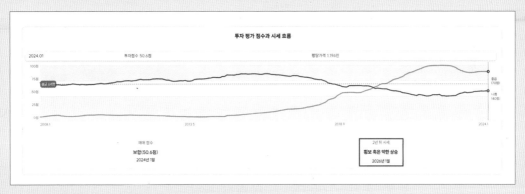

▲ 자료: 리치고 경매

—— **경수** 와! 대박! 도대체 뭘 근거로 이렇게 나오는 거
야? 진짜 이렇게 되는 건가?

하늘 가격에 영향을 미치는 여러 데이터를 종합해서 AI가 산출하
는 거지. 무조건 맹신할 순 없겠지만 어쨌건 참고할 만한 자료
는 될 수 있지.
이 내용대로라면 서울 마포구는 아직도 가격 위치가 높은 편
이지만 향후 추가적인 하락보다는 보합을 유지하거나 약간의
상승을 할 수 있다는 전망이야.
이 틀 안에서 경매 사건 아파트를 분석하면 되는 거지. 전망대

로라면 현재 시세보다 싸게 경매로 매입했을 경우 최소한 손해 볼 일은 없다는 거야.

――― 경수   그렇구나.

하늘   경수 네가 입찰하는 아파트도 한번 볼까?

――― 경수   좋지!

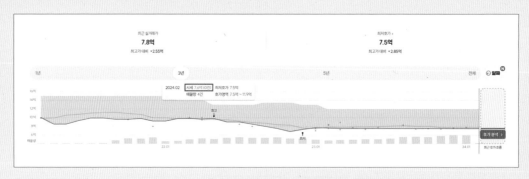

▲ 자료: 리치고 경매

하늘   시세는 7.6억으로 우리가 파악한 7.7억보다 조금 낮게 나와 있어.

▲ 자료: 리치고 경매

하늘   그 아래 투자체크리스트를 보면 경기도는 60.6점으로 서울보다는 제법 높지?

▲ 자료: 리치고 경매

───── 경수   그렇네. 10점도 더 차이 나는구나.

하늘   그런데 일산동구는 63.6점으로 조금 더 투자 점수가 높아.

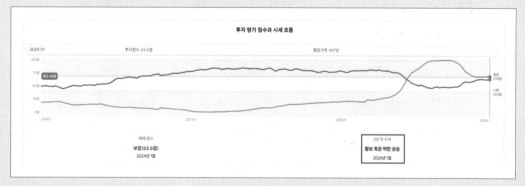

▲ 자료: 리치고 옥션

하늘   그리고 일산동구는 2년 후에 가격을 '횡보 혹은 약한 상승'으로 전망하고 있군.

▲ 자료: 리치고 경매

하늘 그렇다면 현재 시점에 매입한다고 했을 때 마포구보다는 일산동구가 더 좋다는 것이고, 2년 후에는 마포구보다 일산동구 가격이 조금 더 높은 비율로 상승할 가능성이 있다는 거야.

이 내용들을 토대로 경매 사건 아파트가 일산동구 평균보다 얼마나 많이 상승했으며, 또 얼마나 많이 하락했는지, 그래서 현재의 가격 위치는 어느 정도인지를 파악해 본다면 향후 가격 움직임을 예측하는 데 도움이 될 거야.

'리치고 경매 2개월 무료'라는 파격적인 할인 코드를 제공해 줄 테니까 잘 활용해 봐.

리치고 경매 – 전국 2개월 무료 이용

검색창에 '리치고' 검색
https://m.richgo.ai/pc

리치고 접속 → '마이' 클릭 후 회원가입, 로그인

가장 쉬운 독학 새벽하늘 부동산 경매 첫걸음

'결제' 아래 '경매 상품' 클릭 → '월간 이용권' 선택 후 아래 '구독하기' 클릭

'쿠폰 코드'에 'sky' 입력 후 '적용' 클릭

'0원 결제' 클릭 후 카드 정보 입력

쿠폰 코드

쿠폰 코드를 입력해주세요   적용

쿠폰코드 입력 후 적용 버튼을 눌러주세요

✓ **경매 마스터 쿠폰 적용됨** 🗑

   파격 무료체험 60일!

오늘 결제 금액

· 이용기간   2024.02.13~2024.04.12

· 상품금액   0원

04/13 결제 금액

· 이용기간   2024.04.13~2024.05.12

· 상품금액   50,000원

· 할인금액   0원

· 총 결제 금액   50,000원

0원 결제

입찰 준비 Ⅱ

가장 중요한 건 입찰 마감 시간이야.
입찰 마감 시간은 법원마다 다르기 때문에 입찰할 법원의 시간을 꼭 체크해야 돼.
'법원안내'를 클릭하면 알 수 있어.

▌필수 체크 사항과 유의 사항

하늘 시세 파악을 끝냈으면 이제 입찰할 준비를 하는 건데 일단 입찰할 법원과 날짜를 체크해야 해.

이 경매 사건은 고양지원에서 진행하고 매각 기일 즉, 입찰하는 날짜는 2024년 1월 10일이야.

◀ 〈경매 사례〉 참조

경매 2022타경5310

진행내역 : 경매개시 94일 배당요구종기일 261일 최초진행 77일 매각 49일 배당기일 (481일 소요)

고양지원 13계 (031-920-6325)

아파트   토지·건물 일괄매각

매각일자 2024.01.10 (수) (10:00)

경기 고양시 일산동구 식사동 ○○○○, ○○○동 ○○층○○○○호 (식사동,위시티일산자이○단지)   새주소검색
(도로명주소:경기 고양시 일산동구 위시티○로 ○○)

토지면적	마등기감정가격포함	소유자	정○○	감정가	987,000,000
건물면적	133.6079㎡(40.416평)	채무자	정○○	최저가	(49%) 483,630,000
개시결정	2022-11-04(임의경매)	채권자	국○○○	매각가	

오늘: 3 누적: 568 평균(2주): 1   차트

구분	매각기일	최저매각가격	결과
1차	2023-10-25	987,000,000	유찰
2차	2023-11-29	690,900,000	유찰
3차	2024-01-10	483,630,000	

전경도

전경도

▲ 자료: 탱크옥션

하늘 그런데 가장 중요한 건 입찰 마감 시간이야. 입찰 마감 시간은 법원마다 다르기 때문에 내가 입찰할 법원의 시간을 꼭 체크해야 돼. '법원안내'를 클릭하면 알 수 있어.

▶ 〈법원안내〉 참조

▲ 자료: 탱크옥션

—— **경수** 아, 그럼 입찰 마감 시간까지 법원에 들어가면 되는 건가?

하늘 아니야. 입찰 마감 시간이란 이 시간까지 입찰함에 입찰 봉투를 넣어야 한다는 뜻이야. 그러니 항상 여유 있게 법원에 도착해야겠지?

차를 가져간다면 주차하는 데도 많은 시간이 필요할 수 있어. 법원에 주차장이 있지만 입찰하는 날에는 대부분 주차 공간이 부족해서 주변에 있는 공영 주차장을 이용해야 할 경우가 많아.

그리고 경매를 진행하는 곳은 '입찰 법정'인데 처음 가는 법원이라면 '입찰 법정'을 찾는 시간도 감안해야 해. 그래서 입찰 마감 시간 최소 1시간 전에는 법원에 도착하는 게 좋아.
뒤에서 자세히 설명해 주겠지만 입찰 보증금은 수표 한 장으로 입찰 전날에 준비하고 입찰표도 미리 작성한 상태에서 말이야.

그리고 입찰하러 가기 전날 꼭 확인해 봐야 할 내용도 있어.

◀〈경매 사례〉 참조

경매 2022타경3326

부산서부지원 1계 (051-812-1261)

진행내역: 경매개시 `120일` 배당요구종기일 `201일` **최초진행**

아파트 토지·건물 일괄매각

매각일자 2024.03.19 (화) (10:00)

부산 사하구 하단동 ○○○○, ○○○동 ○○층 ○○○○호 (하단동,가락타운아파트) 외 ○필지 새주소검색
(도로명주소:부산 사하구 하신번영로 ○○○)

대 지 권	59.636㎡(18.04평)	소유자	김○○	감정가	`1년↑` 545,000,000
건물면적	130.56㎡(41.914평)	채무자	심○○	최저가	(80%) 436,000,000
개시결정	2022-11-09(강제경매)	채권자	(주)한○○○	보증금	(10%) 43,600,000

오늘: 2 누적: 84 평균(2주): 1   `차트`

구분	매각기일	최저매각가격	결과
1차	2023-09-26	545,000,000	유찰
	2023-10-31	436,000,000	변경
	2024-01-09	436,000,000	변경
2차	2024-03-19	436,000,000	

전경도 　　　　　전경도

▲ 자료: 탱크옥션

하늘　이 경매 사건은 두 번이나 변경된 적이 있지?

──── **경수**　그렇네? 왜 변경된 거고 그걸 어떻게 알 수 있는 거야?

하늘　그건 '문건처리내역'을 보면 알 수 있어.
보통 변경은 채권자의 신청에 의해서 되는 경우가 많은데, 채권자가 매각 기일 연기 신청을 하면 다음과 같이 그 내용이 기록되지.

▶ 〈문건처리내역〉 참조

문건처리내역

접수일	접수내역	결과
2022.11.08	채권자 주OOO OOOO 송달장소 및 송달영수인 신고서 제출	
2022.11.10	등기소 부OOOOO OOOO OOO 등기필증 제출	
2022.12.27	집행관 부OOOOO OOOO OOO 현황조사보고서 제출	
2022.12.28	압류권자 국(OOOOO) 교부청구서 제출	
2022.12.29	감정인 쎈OOOOOOOOOO 감정평가서 제출	
2022.12.30	압류권자 국OOOOOOO OOOOOO 교부청구서 제출	
2022.12.30	압류권자 국OOOOOOO OOOOOO 교부청구서 제출	
2022.12.30	압류권자 서OOOOO 교부청구서 제출	
2023.01.17	가압류권자 주OOOOOOOOOO 권리신고 및 배당요구신청 제출	
2023.02.23	교부권자 부O OOO 채권계산서 제출	
2023.02.23	교부권자 부O OOO 교부청구서 제출	
2023.02.24	교부권자 부OOOO OOO 채권계산서 제출	
2023.02.28	교부권자 부OOOO OOO 교부청구서 제출	
2023.03.07	배당요구권자 최OO 배당요구신청서 제출	
2023.09.14	교부권자 서OOOOO 교부청구서 제출	
2023.09.15	교부권자 진OOOO 교부청구서 제출	
2023.10.30	채권자 주OOO OOOO 매각기일연기신청서 제출	
2023.12.22	교부권자 서OOOOO 교부청구서 제출	
2023.12.28	교부권자 진OOOO 교부청구서 제출	
2024.01.03	채권자 주OOO OOOO 매각기일연기신청서 제출	

▲ 자료: 탱크옥션

하늘 채권자가 매각 기일 연기 신청을 할 경우 보통 한두 번 정도는 받아들여지는 경우가 대부분이야. 그래서 채권자가 연기 신청을 했다면 법원에 전화해서 경매 사건이 변경되었는지 여부를 꼭 확인해야 헛걸음을 안 할 수 있겠지?

그리고 희한하게도 꼭 연기 신청을 매각 기일 하루 전날 하는 경우가 많아. 이 사건도 매각 기일이 2023.10.31이었는데 연기 신청을 2023.10.30에 한 거 보이지?

—— **경수** 그렇네!

하늘 여기까지 확인했다면 이제 입찰에 필요한 준비물을 챙겨 보자.

3

입찰 준비 Ⅲ

가급적 보증금은 하루 전날 찾아 두는 게 좋고
아니면 반드시 법원 정보를 확인해서 법원 내에 어느 은행이 있는지
체크하고 출발하는 게 좋아.

입찰 준비물

하늘 입찰 전에 가장 신경 써서 준비해야 할 것은 바로 입찰 보증금
이야.

—— **경수** 보증금?

하늘 응. 우리가 부동산 매매 계약 할 때 매수인이 계약금을 지급하
듯이 입찰할 때도 계약금과 비슷한 개념으로 입찰 보증금을
함께 제출해야 해. 금액은 이미 배워서 알고 있지? 최저매각가
격의 10%.

경매 2022타경5310

진행내역 : 경매게시 94일 배당요구종기일 261일 최초진행 77일 매각 49일 배당기일 (481일 소요)

고양지원 13계 (031-920-6325)

매각일자 2024.01.10 (수) (10:00)

아파트 토지·건물 일괄매각

경기 고양시 일산동구 식사동 ○○○○, ○○○동 ○○층○○○○호 (식사동,위시티일산자이○단지) 새주소검색
(도로명주소:경기 고양시 일산동구 위시티○로 ○○)

토지면적	미등기감정가격포함	소유자	정○○	감정가	987,000,000
건물면적	133.6079㎡(40.416평)	채무자	정○○	최저가	(49%) 483,630,000
개시결정	2022-11-04(임의경매)	채권자	국○○○	매각가	

오늘: 3 누적: 568 평균(2주): 1   차트

구분	매각기일	최저매각가격	결과
1차	2023-10-25	987,000,000	유찰
2차	2023-11-29	690,900,000	유찰
3차	2024-01-10	483,630,000	

전경도   전경도

▲ 자료: 탱크옥션

하늘 이번 회차의 최저매각가격은 483,630,000원이니까 보증금은 48,363,000원을 준비하면 되는데, 수표 한 장으로 찾아 놓으면 돼.

그리고 아래처럼 미납으로 재매각되는 사건은 반드시 '매각물건명세서'에서 '특별매각조건'을 확인하고 그 금액에 맞게 보증금을 넣어야 하는 것도 기억하지? 다음 사건은 보증금이 20%야.

 잠깐! 다시 떠올려보기

기본적으로 '보증금액'은 최저매각가격의 10%를 기입하면 된다.

단, '매수신청보증금 20%'라고 기재되어 있을 경우에는 입찰할 때 반드시 매수신청보증금을 최저매각가격의 20%로 계산하여 봉투에 넣어 입찰해야 한다.

◀ 〈경매 사례〉 참조

탱크옥션 **2021타경9388**

진행내역 : 경매개시 **95일** 배당요구종기일 **58일** **최초전행**

대전지방법원 6계 (042-470-1806)

매각일자 2023.10.10 (화) (10:00)

아파트 | 토지·건물 일괄매각

대전 중구 유천동 ○○, ○○○동 ○층○○○호 (유천동,현대아파트) 외 ○필지 **새주소검색**
(도로명주소:대전 중구 계백로○○○○번길 ○○)

대 지 권	65.956㎡(19.952평)	소유자	김○○	감정가	403,000,000
건물면적	126.68㎡(38.321평)	채무자	김○○	최저가	(49%) 197,470,000
개시결정	2021-12-02(임의경매)	채권자	이○○	보증금	(20%) 39,494,000

원본보기 ▼   오늘: **13** 누적: **263** 평균(2주): **7**   차트

구분	매각기일	최저매각가격	결과
1차	2022-05-04	403,000,000	유찰
	2022-06-08	282,100,000	변경
	매각 307,700,000원 (76.35%) / 1명 / 불허가		
3차	2023-06-13	282,100,000	
	매각 310,050,000원 (76.94%) / 1명 / 미납		
4차	2023-08-29	282,100,000	유찰
5차	2023-10-10	197,470,000	

전경도   전경도   1 / 6

📷 사진 ▼   🗺 지도 ▼

◀ 〈매각물건명세서〉 참조

매각물건명세서

사 건	2021타경9388 부동산임의경매	매각물건번호	1	작성일자	2023.08.01	담당법관(사법보좌관)	노수웅	
부동산 및 감정평가액 최저매각가격의 표시	별지기재와 같음	최선순위 설정	2001.09.14. 근저당			배당요구종기	2022.03.07	

부동산의 점유자와 점유의 권원, 점유할 수 있는 기간, 차임 또는 보증금에 관한 관계인의 진술 및 임차인이 있는 경우 배당요구 여부와 그 일자, 전입신고일자 또는 사업자등록신청일자와 확정일자의 유무와 그 일자

점유자의 성 명	점유부분	정보출처 구 분	점유의 권 원	임대차기간 (점유기간)	보증금	차 임	전입신고일자·외국인등록(체류지변경신고)일자·사업자등록신청일자	확정일자	배당요구여부 (배당요구일자)

조사된 임차내역없음

※ 최선순위 설정일자보다 대항요건을 먼저 갖춘 주택·상가건물 임차인의 임차보증금은 매수인에게 인수되는 경우가 발생할 수 있고, 대항력과 우선변제권이 있는 주택·상가건물 임차인이 배당요구를 하였으나 보증금 전액에 관하여 배당을 받지 아니한 경우에는 배당받지 못한 잔액이 매수인에게 인수되게 됨을 주의하시기 바랍니다.

등기된 부동산에 관한 권리 또는 가처분으로 매각으로 그 효력이 소멸되지 아니하는 것

매각에 따라 설정된 것으로 보는 지상권의 개요

비고란

특별매각조건 매수보증금 20%

▲ 자료: 탱크옥션

─── 경수   그래! 기억난다. 보증금을 적게 내면 낙찰된다
해도 무효라고 했지?

하늘   맞아!

그리고 경매를 계속할 거라면 신한은행 계좌를 만들어 두는 게 편할 거야. 보통 법원 내부에 신한은행이 있거든. 그래서 만약 전날에 보증금을 준비해 두지 못했다면 당일 법원 내부에 있는 신한은행에서 찾으면 돼.

그런데 조심해야 할 게 있어. 대부분은 신한은행인데 신한은행이 아닌 법원들도 있다는 거지. 예컨대 서울북부지방법원은 농협이고, 성남지원은 우리은행이야.

만약 이 사실을 모르고 가면 낭일에 매우 낭황스럽겠지?

—— 경수 아! 그렇겠구나. 그럼 어느 은행이 있는지는 어떻게 알 수 있어?

하늘 다음 그림처럼 '법원안내'를 클릭해서 내용을 보면 '법원보관금' 취급점이 나와. 해당 은행이 법원에 있다는 거지.

▶ 《법원안내》 참조

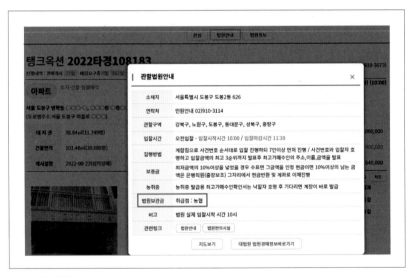

▲ 자료: 탱크옥션

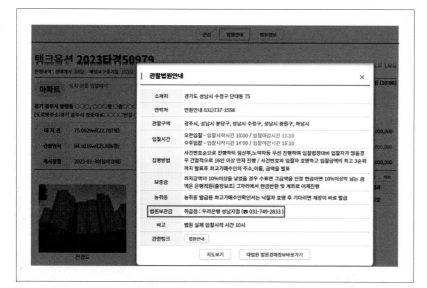

▲ 자료: 탱크옥션

하늘 그래서 가급적 보증금은 하루 전날 찾아 두는 게 좋고 아니면
반드시 법원 정보를 확인해서 법원 내에 어느 은행이 있는지
체크하고 출발하는 게 좋아.

이렇게 보증금을 준비했으면 다른 준비물도 꼭 챙겨야 하는
데 가장 기본적인 건 신분증과 도장이야.

입찰할 때 필요한 것들을 정리해 놓았으니까 참고하면 되고.
입찰표 작성하는 방법과 대리인 입찰 시 필요한 위임장, 공유
지분으로 입찰할 경우 필요한 공동 입찰 신고서 작성 방법은
다음 장에서 자세히 살펴볼 거야.

입찰할 때
신분증과 도장은 잊지 말자.

입찰 시 준비 서류

❶ 개인 입찰(입찰 명의자 본인)

<table>
<tr><td align="center">기본 사항</td></tr>
<tr><td>

• 입찰표, 매수신청보증금 봉투,
  입찰 봉투 : 입찰 법원에 비치되어 있음.

• 입찰 보증금(입찰 봉투에 넣음.)

※ 입찰 보증금은 최저 매각 대금의 10%
  (재경매의 경우 20%~30%이며 매각물건명세서 비고란에서
  조건 확인 필수. 수표 한 장으로 준비하는 것이 가장 편리함.)

</td></tr>
</table>

• 본인(입찰 명의자) 신분증 : 주민등록증, 운전면허증, 여권 등
• 본인(입찰 명의자) 도장 : 입찰자 본인이 참가하는 경우에는 인감도장이
  아니어도 됨.

❷ 개인 입찰(대리인 입찰)

• 기본 사항 + 본인(입찰 명의자)의 위임장(인감 날인), 인감증명서
• 대리인(입찰표 제출자)의 신분증, 도장

❸ 개인 입찰(미성년 자녀를 대리하는 부모의 입찰)

• 기본 사항 + 본인(미성년 입찰 명의자)의 위임장, 주민등록등본 또는
  가족관계등록부
• 부모(법정 대리인, 입찰표 제출자)의 신분증, 도장

❹ 법인 입찰(대표이사 본인 입찰)

- 기본 사항 + 법인(입찰 명의) 등기사항전부증명서

- 대표이사(법인 대표 명의자)의 신분증, 도장

❺ 법인 입찰(대리인 입찰)

- 기본 사항 + 법인(입찰 명의) 등기사항전부증명서, 법인(입찰 명의)의
  위임장(법인 인감 날인), 법인(입찰 명의) 인감증명서

- 대리인(입찰표 제출자)의 신분증, 도장

❻ 공동 입찰(입찰 명의자들 전부 본인)

- 기본 사항 + 공동입찰신고서, 공동 입찰자 목록

  ※ 입찰표와 공동입찰신고서 간인, 공동입찰신고서와 공동 입찰자 목록 간인

- 본인(입찰 명의자)들의 신분증, 도장

❼ 공동 입찰(대리인 입찰)

- 기본 사항 + 공동입찰신고서, 공동 입찰자 목록,
  본인(입찰 명의자)들의 위임장(인감 날인), 인감증명서(입찰 명의자들 전부)

  ※ 입찰표와 공동입찰신고서 간인, 공동입찰신고서와 공동 입찰자 목록 간인

- 대리인(입찰표 제출자)의 신분증, 도장

4

입찰표 작성하기

입찰 가격을 수정해야 하거나 기입 후 조금이라도 이상해 보인다면
새로운 입찰표에 다시 기입해야 해.
그래서 입찰표는 미리 한글파일에 타이핑 후 출력해서 가는 것이 가장 좋아.

▎입찰표는 미리 작성해 가라!

하늘 입찰표는 경매 법원에 비치되어 있다고 했지? 그래서 보통은
경매 법원에 가서 받은 다음 작성하는 경우가 많은데 굳이 사
람들 북적거리는 곳에서 정신없게 작성할 필요는 없어. 입찰
보증금처럼 입찰표도 미리 작성해서 가면 되거든.

―― **경수** 어떻게? 입찰표가 없잖아?

하늘 내 블로그에 들어와서 입찰표 한글파일을 다운받아 작성 후
출력하면 돼.
https://blog.naver.com/hazelnut0320
이 주소로 들어와서 '입찰표'를 검색하면 나와.

하늘 자, 이제 입찰표를 작성해 볼까?

먼저 가장 기본적인, 본인이 직접 입찰하는 경우부터 시작할
거야.

● 개인 본인 입찰

기 일 입 찰 표

① 의정부지방법원 고양지원 집행관 귀하					② 입찰기일 : **2024년 1월 10일**		
사건번호	③	**2022타경5310**		물건번호	④ *물건번호가 여러개 있는 경우에는 꼭 기재		

입찰자	⑤ 본 인	성 명	⑥ **고 경 수** (고경수)	전화번호	⑦010-1234-5678
		주민(사업자) 등록번호	⑧770505-1025412	법인등록 번호	⑨
		주 소	⑩**경기도 고양시 일산동구 위시티 4로 45, 445동 3501호**		
	⑪ 대리인	성 명	⑫ (인)	본인과의 관계	⑬
		주민등록 번호	⑭	전화번호	⑮
		주 소	⑯		

입찰 ⑰ 가격	천억	백억	십억	억	천만	백만	십만	만	천	백	십	일	원	보증 ⑱ 금액	천억	백억	십억	억	천만	백만	십만	만	천	백	십	일	원
			6	8	7	0	0	0	0	0	0								4	8	3	6	3	0	0	0	

보증의 제공방법	⑲ ☑ 현금 · 자기앞수표　　☐ 보증서	보증을 반환 받았습니다. 본인 또는 대리인　⑳ **고 경 수** (고경수)

1. 입찰표는 물건마다 별도의 용지를 사용하십시오. 다만, 일괄입찰시에는 1매의 용지를 사용하십시오.
2. 한 사건에서 입찰물건이 여러개 있고 그 물건들이 개별적으로 입찰에 부쳐진 경우에는 사건번호외에 물건번호를 기재하십시오.
3. 입찰자가 법인인 경우에는 본인의 성명란에 법인의 명칭과 대표자의 지위 및 성명을, 주민등록란에는 **입찰자가 개인인 경우에는 주민등록번호를, 법인인 경우에는 사업자등록번호를** 기재하고, 대표자의 자격을 증명하는 서면(법인의 등기부 등 · 초본)을 제출하여야 합니다.
4. 주소는 주민등록상의 주소를, 법인은 등기부상의 본점소재지를 기재하시고, 신분확인상 필요하오니 주민등록증을 꼭 지참하십시오.
5. **입찰가격은 수정할 수 없으므로, 수정을 요하는 때에는 새 용지를 사용하십시오.**
6. 대리인이 입찰하는 때에는 입찰자란에 본인과 대리인의 인적사항 및 본인과의 관계 등을 모두 기재하는 외에 본인의 위임장(입찰표 뒷면을 사용)과 인감증명을 제출하십시오.
7. 위임장, 인감증명 및 자격증명서는 이 입찰표에 첨부하십시오.
8. 일단 제출된 입찰표는 취소, 변경이나 교환이 불가능합니다.
9. 공동으로 입찰하는 경우에는 공동입찰신고서를 입찰표와 함께 제출하되, 입찰표의 본인란에는 "별첨 공동입찰자목록 기재와 같음"이라고 기재한 다음, 입찰표와 공동입찰신고서 사이에는 공동입찰자 전원이 간인 하십시오.
10. 입찰자 본인 또는 대리인 누구나 보증을 반환 받을 수 있습니다.
11. 보증의 제공방법(현금자기앞수표 또는 보증서)중 하나를 선택하여 ☑표를 기재하십시오.

▲ 자료: 새벽하늘 경매이야기

하늘 ① 해당 법원을 적으면 되고. 보통 해당 법원에서 교부해 준 입찰표에는 그 법원명이 타이핑 되어 있어.

② '입찰기일'은 매각 기일이야. 입찰하는 날이지. 그 날짜를 정확히 기입하고.

③ '사건번호'도 정확히 기입해야겠지?

④ 이 경매 사건처럼 물건 번호가 없는 사건은 그냥 공란으로 두면 돼. 그런데 가끔 개별 매각으로 진행되는 사건에서는 물건 번호가 여러 개 있는데, 이때는 반드시 해당 물건 번호를 기입해야 해.

───── **경수** 응? 이 내용은 좀 어려운데?

하늘 그럴 수 있어. 좀 더 자세히 설명해 줄게. 아래 사건을 보면 좀 특이한 게 있을 거야. 한번 찾아봐.

| 관련물건번호 (3건) | | 1 유찰 | 2 유찰 | 3 낙찰 | | |

탱크옥션 2022타경76154(2)

진행내역 : 경매개시 **134일** 배당요구종기일 **45일** **최초진행**

광주지방법원 10계 (062-239-1625)

아파트 토지·건물 일괄매각 대항력 있는 임차인

매각일자 2023.12.01 (금) (10:00)

광주 동구 계림동 ○○○○, ○○○ 동 ○층○○○호 (계림동,푸른길두산위브) 새주소검색
(도로명주소:광주 동구 계림로○○번길 ○○)

대지권	20.3809㎡(6.165평)	소유자	유○○○○○○○○	감정가	189,000,000
건물면적	39.862㎡(12.058평)	채무자	유○○○○○○○○	최저가	(100%) 189,000,000
개시결정	2022-12-12(임의경매)	채권자	(주)하○○○○○○○○○○	보증금	(10%) 18,900,000

오늘: **3** 누적: **268** 평균(2주): **3** 차트

구분	매각기일	최저매각가격	결과
1차	2023-06-09	189,000,000	유찰
2차	2023-07-21	132,300,000	유찰
	2023-09-01	105,840,000	변경
	2023-09-01	189,000,000	변경
	2023-10-20	189,000,000	변경
3차	2023-12-01	189,000,000	

전경도 전경도

▲ 자료: 탱크옥션

—— 경수   음... 제일 위에 '관련물건번호'라 해서 1, 2, 3이 있네? 그리고 사건 번호 다음에 '(2)'라고 붙어 있고.

하늘   맞아! 이렇게 한 사건 번호에 여러 부동산별로 물건 번호가 붙어서 진행되는 방식을 개별 매각이라고 해. '관련물건번호 1, 2, 3'이 바로 물건 번호야. 사건 번호 다음에 '(2)'라고 되어 있는 게 이 부동산의 물건 번호란 뜻이지.

쉽게 말해 한 사건에 1, 2, 3 세 개의 부동산을 각각 경매로 진행하는 것이고, 그중 이 아파트의 물건 번호는 2라는 거지. 이 물건에 입찰하려면 사건 번호뿐만 아니라 물건 번호 (2)도 반드시 입찰표에 기입해야 해.

[전산양식 A3360] 기일입찰표(흰색)　　　　　　　　　용지규격 210mm×297mm(A4용지)

기 일 입 찰 표

① 광주지방법원 집행관 귀하　　　　　　　　② 입찰기일 : **2023년 12월 1일**

사건번호	③ **2022타경76154**	물건번호	④ **2** * 물건번호가 여러개 있는 경우에는 꼭 기재

입 찰 자	⑤ 본 인	성 명	⑥ **고 경 수** (고경수)	전화번호	⑦**010-1234-5678**
		주민(사업자) 등록번호	⑧**770505-1025412**	법인등록 번호	⑨
		주 소	⑩**경기도 고양시 일산동구 위시티 4로 45, 445동 3501호**		
	⑪ 대리인	성 명	⑫ (인)	본인과의 관계	⑬
		주민등록 번호	⑭	전화번호	⑮
		주 소	⑯		

▲ 자료: 새벽하늘 경매이야기

하늘 만약 물건 번호를 기입하지 않으면 법원에서는 1, 2, 3 중에 어떤 물건에 입찰한지 모르니까 무효가 되는 거지.

그리고 또 조심해야 하는 게 만약 1, 2, 3 물건 모두에 입찰할 경우 입찰표를 각각 작성해서 제출해야 해. 총 3개의 입찰표를 3개의 봉투에 각각 넣어서, 물론 보증금도 각각 넣어서 입찰해야 한다는 거지.

───── **경수** 오! 완전 이해했어.

하늘 좋아. 다음으로 넘어가면, 입찰자가 나오는데 본인과 대리인이 있어.

⑤ 본인은 낙찰 받았을 때 등기 명의자야. 매매 계약 할 때 매수인이라 생각하면 돼. 여기서 주의할 점은 매매 계약의 경우

계약서 작성 후 잔금 전까지 매도인과 협의가 된다면 매수인을 변경할 수도 있는데 경매 절차에서는 이게 불가능해. 입찰자 본인으로 기입하고 입찰 후 낙찰되었다면 그 본인 명의로 등기되는 거야.

⑥, ⑦, ⑧, ⑩ 본인이 직접 법원에 가서 입찰할 경우 본인 이름 쓰고 도장 찍고 나머지 내용을 기입하면 돼.

—— **경수** 만약에 도장을 안 찍으면 어떻게 되는 거야? 사인으로는 안 되는 건가?

하늘 도장을 안 찍어도 되긴 해. 법에 그렇게 나와 있거든. 하지만 웬만하면 도장을 찍도록 해. 집행관이나 법원 직원과 괜히 실랑이할 필요 없게 말이야.

⑨ '법인등록번호'는 법인 명의로 입찰할 때만 기입하면 되고. 따라서 개인일 경우 그냥 공란으로 두면 돼.

⑪ '대리인'은 본인이 아닌 다른 사람이 입찰할 때 기입하는 건데 뒤에서 따로 설명할게. 본인이 입찰하는 경우라면 공란으로 두면 되겠지?

⑰ '입찰가격'은 아주 아주 중요해. 말 그대로 내가 입찰하는 금액을 기입하면 되는데 한 번 기입하면 절대 수정이 불가하다는 것! 수정 펜으로 지우고 다시 쓰거나, 줄을 긋고 다시 쓰거나, 9를 살짝 터치하여 8로 수정하는 등등 조금이라도 이상한 흔적이 있는 경우 무효 처리된다는 것을 꼭 기억해야 해.
수정 후 도장을 찍는다 해도 마찬가지야. 안 된다는 거지. 하물며 수정하지는 않았지만 기입한 숫자가 1인지 7인지, 0인지 6인지 등등 불명확해 보이는 경우도 무효가 될 수 있어. 따라서

입찰 가격을 수정해야 하거나 기입 후 조금이라도 이상해 보인다면 새로운 입찰표에 다시 기입해야 해. 그래서 입찰표는 미리 한글파일에 타이핑 후 출력해서 가는 것이 가장 좋아.

참고로 입찰 가격을 기입할 때는 금액 단위를 잘 확인하면서 앞자리부터 기입해 나가도록 해. 혹시나 6억을 60억 단위로 기입해 버리면 무조건 낙찰되는 경험을 하게 될 거야. 하지만 정말 60억대에 매입할 순 없으니 잔금 납부를 포기하면서 보증금을 잃게 되겠지.

⑱ '보증금액'은 최저매각가격의 10%를 기입하면 돼. 재매각일 경우 앞에서 설명한 '매각물건명세서 특별매각조건'에 맞는 금액을 기입하면 되고. 보증 금액 기입은 수정해도 상관없어. 보증금만 제대로 들어가 있다면 말이지.

⑲ '보증의 제공방법'은 수표 한 장으로 하는 게 가장 좋다고 얘기했지? 그러니 '현금·자기앞수표'에 체크하면 되고.

⑳ 마지막으로 '보증을 반환 받았습니다.' 아래에 이름 쓰고 날인하는 것은 원칙적으론 안 해도 돼. 법원은 개찰 후 낙찰되지 않은 사람들한테 입찰표를 제외하고 입찰 봉투째로 반환해 주는데, 입찰 봉투 안에 보증금 봉투도 들어 있지. 이때 입

찰표 '보증을 반환 받았습니다.' 아래에 이름 쓰고 날인을 받는 거야.

하지만 미리 써 놓으면 입찰한 사람들이 많아 북적거리는 상황에서 좀 더 편하게 입찰 봉투를 반환 받을 수 있지.

결론은 '안 써도 되지만 써두면 좀 더 편하다'로 정리하면 끝.

자, 이제부터는 대리인이 입찰할 때의 입찰표를 작성해 볼 거야.

'본인'은 낙찰 시 등기 명의자라 했지? '대리인'은 법원에 가서 입찰하는 사람이라고 생각하면 돼. 따라서 법원에 가서 입찰하는 사람을 ⑪ '대리인'으로 기입하면 돼.

⑬ '본인과의 관계'는 그냥 '지인'이라 하는 게 가장 무난하지. 물론 부부라면 그렇게 기입하면 되고.

● **개인 대리인 입찰**

[전산양식 A3360] 기일입찰표(흰색)　　　　　　용지규격 210mm×297mm(A4용지)

기 일 입 찰 표

① 의정부지방법원 고양지원 집행관 귀하　　　② 입찰기일 : **2024년 1월 10일**

| 사건번호 | ③ | **2022타경5310** | | 물건번호 | ④ | *물건번호가 여러개 있는 경우에는 꼭 기재 |

입찰자	⑤ 본인	성 명	⑥ **고 경 수** (고경수)	전화번호	⑦ **010-1234-5678**
		주민(사업자)등록번호	⑧ **770505-1025412**	법인등록번호	⑨
		주소	⑩ **경기도 고양시 일산동구 위시티 4로 45, 445동 3501호**		
	⑪ 대리인	성 명	⑫ **정 대 리** (정대리)	본인과의 관계	⑬ **지인**
		주민등록번호	⑭ **790501-2026415**	전화번호	⑮ **010-8765-4321**
		주소	⑯ **경기도 고양시 일산동구 위시티 4로 45, 446동 3702호**		

입찰가격 ⑰	천억	백억	십억	억	천만	백만	십만	만	천	백	십	일	원	보증금액 ⑱	천억	백억	십억	억	천만	백만	십만	만	천	백	십	일	원
				6	8	7	0	0	0	0	0	0							4	8	3	6	3	0	0	0	

| 보증의 제공방법 | ⑲ ☑ 현금 · 자기앞수표　□ 보증서 | 보증을 반환 받았습니다.
본인 또는 대리인　⑳ **정 대 리** (정대리) |

● **주의사항**

1. 입찰표는 물건마다 별도의 용지를 사용하십시오. 다만, 일괄입찰시에는 1매의 용지를 사용하십시오.
2. 한 사건에서 입찰물건이 여러개 있고 그 물건들이 개별적으로 입찰에 부쳐진 경우에는 사건번호외에 물건번호를 기재하십시오.
3. 입찰자가 법인인 경우에는 본인의 성명란에 법인의 명칭과 대표자의 지위 및 성명을, 주민등록란에는 **입찰자가 개인인 경우에는 주민등록번호를, 법인인 경우에는 사업자등록번호를** 기재하고, 대표자의 자격을 증명하는 서면(법인의 등기부 등 · 초본)을 제출하여야 합니다.
4. 주소는 주민등록상의 주소를, 법인은 등기부상의 본점소재지를 기재하시고, 신분확인상 필요하오니 주민등록증을 꼭 지참하십시오.
5. **입찰가격은 수정할 수 없으므로, 수정을 요하는 때에는 새 용지를 사용하십시오.**
6. 대리인이 입찰하는 때에는 입찰자란에 본인과 대리인의 인적사항 및 본인과의 관계 등을 모두 기재하는 외에 본인의 위임장(입찰표 뒷면을 사용)과 인감증명을 제출하십시오.
7. 위임장, 인감증명 및 자격증명서는 이 입찰표에 첨부하십시오.
8. 일단 제출된 입찰표는 취소, 변경이나 교환이 불가능합니다.
9. 공동으로 입찰하는 경우에는 공동입찰신고서를 입찰표와 함께 제출하되, 입찰표의 본인란에는 "별첨 공동입찰자목록 기재와 같음"이라고 기재한 다음, 입찰표와 공동입찰신고서 사이에는 공동입찰자 전원이 간인 하십시오.
10. 입찰자 본인 또는 대리인 누구나 보증을 반환 받을 수 있습니다.
11. 보증의 제공방법(현금자기앞수표 또는 보증서)중 하나를 선택하여 ☑표를 기재하십시오.

▲ 자료: 새벽하늘 경매이야기

하늘 그런데 대리인 입찰에서 가장 중요한 게 있는데 그게 바로 위임장이야. 위임장 작성과 관련해서는 다음의 4가지를 기억하면 돼.

① 대리인 인적 사항에는 입찰표 내용 그대로를 기입하면 돼.
② 다음은 어떤 사건을 위임했냐는 표시가 있어야 하는데 법원명과 함께 사건 번호를 정확히 기입해야 해.
③ 본인 인적 사항도 입찰표 내용 그대로 기입하고.
④ 도장을 찍는데 여기에는 반드시 인감도장을 찍어야 해. 이거 매우 매우 중요함. 그리고 인감증명서를 한 부 첨부해서 함께 제출해야 해. 따라서 여기 날인한 도장 인영과 인감증명서의 인영이 반드시 일치해야겠지?

반드시 인감도장을 찍어야 하니 잊지 말자!

—— **경수** 그렇구나! 그럼 대리 입찰 할 때는 입찰표 본인란에도 인감도장을 찍어야 하는 거야?

하늘 아니, 거기는 일반 도장을 찍어도 돼. 위임장에만 인감도장이 날인되어 있으면 되는 거지.

—— **경수** 그렇군. 그런데 인감증명서는 발급 받은 지 오래된 것도 상관없나?

인감증명서는 발급 받은 날로부터 6개월 이내의 것을 제출해야 한다.

하늘 아니야. 발급 받은 날로부터 6개월 이내의 인감증명서를 제출해야 해.

—— **경수** 오케이~ 정리됐어!

위 임 장

① 대리인	성 명	정 대 리	직 업	자영업
	주민등록번호	790501-2026415	전화번호	010-8765-4321
	주 소	경기도 고양시 일산동구 위시티4로 45, 446동 3702호		

위 사람을 대리인으로 정하고 다음 사항을 위임함.

－ 다 음 －

② 의정부지방법원 고양지원 2022 타경 5310 호 부동산 경매사건에 관한 입찰행위 일체

③ 본인 1	성 명	고 경 수 ④	직 업	자영업
	주민등록번호	770505-1025412	전화번호	010-1234-5678
	주 소	경기도 고양시 일산동구 위시티4로 45, 445동 3501호		
본인 2	성 명	(인감인)	직 업	
	주민등록번호		전화번호	
	주 소			
본인 3	성 명	(인감인)	직 업	
	주민등록번호		전화번호	
	주 소			

* 본인의 인감 증명서 첨부
* 본인이 법인인 경우에는 주민등록번호란에 사업자등록번호를 기재

2024 년 1 월 10 일

의정부지방법원 고양지원 귀중

▲ 자료: 새벽하늘 경매이야기

―――― 경수   그런데 우리 와이프랑 공동 명의로 입찰할 수도
있어?

하늘   당연하지!

공동 명의로 입찰하려면 '공동입찰신고서'를 함께 제출하면
돼.

먼저 입찰표 작성하는 것부터 해 볼 건데 본인 입찰은 두 명이
다 법원에 가야 해. 예컨대 너와 제수씨 공동 명의로 입찰할
경우 둘 다 법원에 가야 한다는 거야.

만약 둘 중 한 사람만 법원에 갈 수 있다면 대리 입찰 서류를
준비해서 입찰해야 한다는 거지.

먼저 본인 입찰부터 설명해 줄게.

입찰표 작성은 동일한데 ⑤ '본인' 인적 사항에는 "별첨 공동
입찰자목록 기재와 같음"이라고 써 주면 돼. 왜냐면 본인이
2명 이상일 거고 별도로 '공동입찰신고서'를 제출할 거니까.
매우 중요함.

공동 명의로 입찰할 때
본인 입찰은 두 명이 다
법원에 가야 한다는 것!

● **공동 입찰 + 본인 입찰**

[전산양식 A3360] 기일입찰표(흰색)　　　　　　　용지규격 210mm×297mm(A4용지)

기 일 입 찰 표

① 의정부지방법원 고양지원 집행관 귀하　　　　② 입찰기일 : **2024년 1월 10일**

사건번호	③	**2022타경5310**	물건번호	④ *물건번호가 여러개 있는 경우에는 꼭 기재

입찰자	본인 ⑤	성 명	⑥ **별첨 공동입찰자 목록** (인)	전화번호	⑦
		주민(사업자)등록번호	⑧ **기재와 같음**	법인등록번호	⑨
		주소	⑩		
	대리인 ⑪	성 명	⑫ (인)	본인과의 관계	⑬
		주민등록번호	⑭	전화번호	⑮
		주소	⑯		

입찰가격 ⑰	천억	백억	십억	억	천만	백만	십만	만	천	백	십	일	원	보증금액 ⑱	천억	백억	십억	억	천만	백만	십만	만	천	백	십	일	원
				6	8	7	0	0	0	0	0	0							4	8	3	6	3	0	0	0	

보증의 제공방법	⑲ ☑ 현금 · 자기앞수표　☐ 보증서	보증을 반환 받았습니다. 본인 또는 대리인 ⑳	**고 경 수** (고경수 인) **김 민 지** (김민지 인)

1. 입찰표는 물건마다 별도의 용지를 사용하십시오. 다만, 일괄입찰시에는 1매의 용지를 사용하십시오.
2. 한 사건에서 입찰물건이 여러개 있고 그 물건들이 개별적으로 입찰에 부쳐진 경우에는 사건번호외에 물건번호를 기재하십시오.
3. 입찰자가 법인인 경우에는 본인의 성명란에 법인의 명칭과 대표자의 지위 및 성명을, 주민등록란에는 **입찰자가 개인인 경우에는 주민등록번호를, 법인인 경우에는 사업자등록번호를** 기재하고, 대표자의 자격을 증명하는 서면(법인의 등기부 등 · 초본)을 제출하여야 합니다.
4. 주소는 주민등록상의 주소를, 법인은 등기부상의 본점소재지를 기재하시고, 신분확인상 필요하오니 주민등록증을 꼭 지참하십시오.
5. **입찰가격은 수정할 수 없으므로, 수정을 요하는 때에는 새 용지를 사용하십시오.**
6. 대리인이 입찰하는 때에는 입찰자란에 본인과 대리인의 인적사항 및 본인과의 관계 등을 모두 기재하는 외에 본인의 위임장(입찰표 뒷면을 사용)과 인감증명을 제출하십시오.
7. 위임장, 인감증명 및 자격증명서는 이 입찰표에 첨부하십시오.
8. 일단 제출된 입찰표는 취소, 변경이나 교환이 불가능합니다.
9. 공동으로 입찰하는 경우에는 공동입찰신고서를 입찰표와 함께 제출하되, 입찰표의 본인란에는 "별첨 공동입찰자목록 기재와 같음"이라고 기재한 다음, 입찰표와 공동입찰신고서 사이에는 공동입찰자 전원이 간인 하십시오.
10. 입찰자 본인 또는 대리인 누구나 보증을 반환 받을 수 있습니다.
11. 보증의 제공방법(현금자기앞수표 또는 보증서)중 하나를 선택하여 ☑표를 기재하십시오.

▲ 자료: 새벽하늘 경매이야기

하늘 그리고 '공동입찰신고서'를 작성해서 함께 제출하면 돼.

여기서 주의할 점은,

① 공동 입찰자가 2명이면 둘 중 한 사람 이름 외 1명이라고 기입하면 되고,

② 이름 옆에 도장은 꼭 인감도장이 아니라도 상관없어. 입찰표에 찍는 도장처럼 말이야.

③ '지분'에는 반드시 각자 지분 비율을 기록해야 해. 2명이면 통상 반반씩, 즉 1/2씩 하지만 2/3, 1/3씩 해도, 그 어떤 지분 비율로 해도 상관없어. 대신 지분의 총합이 1이 되게 해야겠지?

마지막으로 꼭 해야 할 게 '입찰표'와 '공동입찰신고서'와의 간인이야. 공동 입찰자 전원이 간인해야 해. 너와 제수씨 2명이니까 각자 도장으로 간인하면 되겠지. 이때도 일반 도장이면 돼.

그리고 법원에 따라서 '공동입찰신고서'와 '공동입찰자목록'이 따로 되어 있는 경우도 있어. 2장으로 되어 있는 거지. 작성하는 방법은 동일한데 이럴 경우 '공동입찰신고서'와 '공동입찰자목록' 사이에도 반드시 공동 입찰자 전원이 간인해야 한다는 것.

번거롭다고?
그럼 내 블로그에 들어와서 한 장으로 되어 있는 '공동입찰신고서'를 다운 받아 미리 작성 후 가져가면 돼. 특히 '공동입찰신고서'는 미리 작성해서 가도록 해. 작성 오류로 무효가 되는 경우가 정말 많거든.

공 동 입 찰 신 고 서

의정부지방법원 고양지원 집행관 귀하

사건번호   **2022** 타경 **5310** 호
물건번호
공동입찰자   아래 목록과 같음

위 사건에 관하여 공동입찰을 신고합니다

2024 년 **1** 월 **10** 일

①

신청인 **고경수** 외 **1** 인(아래 목록 기재와 같음)

공 동 입 찰 자 목 록

번호	성 명	주소		지분
		주민등록번호	전화번호	
1	고 경 수 (고경수) ②	경기도 고양시 일산동구 위시티4로 45, 445동 3501호		1/2 ③
		770505-1925412	010-1234-5678	
2	김 민 지 (김민지)	경기도 고양시 일산동구 위시티4로 45, 445동 3501호		1/2
		800909-2027521	010-5252-4646	
	(인)			
	(인)			
	(인)			

※ 공동입찰을 하는 때에는 입찰자 목록에 각자의 지분을 분명하게 표시하여야 합니다.

▲ 자료: 새벽하늘 경매이야기

[전산양식 A3364]

공동입찰신고서

법원   집행관   귀하

사건번호   타경   호

물건번호

공동입찰자   아래 목록과 같음

위 사건에 관하여 공동입찰을 신고합니다

20   년   월   일

신청인   외   인(별지목록 기재와 같음)

1. 공동입찰을 하는 때에는 입찰표에 각자의 지분을 분명하게 표시하여야 합니다.

2. 별지 공동입찰자 목록과 사이에 공동입찰자 전원이 간인하십시오.

용지규격 210mm×297mm(A4용지)

▲ 자료: 새벽하늘 경매이야기

공 동 입 찰 자 목 록

번호	성 명	주 소		지분
		주민등록번호	전화번호	
	(인)			
	(인)			
	(인)			
	(인)			
	(인)			
	(인)			
	(인)			
	(인)			
	(인)			
	(인)			

용지규격 210mm×297mm(A4용지)

▲ 자료: 새벽하늘 경매이야기

하늘 자, 마지막으로 공동 입찰인데 대리 입찰을 하는 경우야. 2명의 공동 명의로 입찰할 경우 경매 법원에 2명이 다 가야 하는데 그중 한 명만 갈 경우 대리 입찰 서류를 준비해야 해. 따라서 입찰표는 이렇게 작성해야 하는 거지.

⑪ '대리인'은 경수 네가 되는 거야. 원래 제수씨도 경매 법원에 참석해 입찰해야 하는데 참석할 수 없다면 경수 네가 제수씨 대리인으로 입찰한다고 생각하면 돼.

대리 입찰이니 위임장이 필요하겠지? (p.260 위임장 참고)
① '대리인'에 경수 네 인적 사항을 기입하면 되고,
③ '본인'에 제수씨 인적 사항이 들어가면 돼.
④ 이때도 반드시 제수씨의 인감도장을 날인하고 발급 6개월 이내의 인감증명서를 첨부하면 되겠지.

'공동입찰신고서'와 '공동입찰자목록'은 동일하게 하면 돼.

자! 이제 입찰하러 가 볼까?

● **공동 입찰 + 대리인 입찰**

[전산양식 A3360] 기일입찰표(흰색)　　　　　　　　　　　　용지규격 210mm×297mm(A4용지)

기 일 입 찰 표

① 의정부지방법원 고양지원 집행관 귀하　　　　② 입찰기일 : **2024년 1월 10일**

사건번호	③	**2022타경5310**	물건번호	④ *물건번호가 여러개 있는 경우에는 꼭 기재

입찰자	본인 ⑤	성 명	⑥ **별첨 공동입찰자 목록** (인)	전화번호	⑦
		주민(사업자)등록번호	⑧ **기재와 같음**	법인등록번호	⑨
		주소	⑩		
	대리인 ⑪	성 명	⑫ **고 경 수** (고경수)	본인과의 관계	⑬ **배우자**
		주민등록번호	⑭ **770505-1025412**	전화번호	⑮ **010-1234-5678**
		주 소	⑯ **경기도 고양시 일산동구 위시티 4로 45, 445동 3501호**		

입찰가격 ⑰	천억	백억	십억	억	천만	백만	십만	만	천	백	십	일	원	보증금액 ⑱	천억	백억	십억	억	천만	백만	십만	만	천	백	십	일	원
				6	8	7	0	0	0	0	0	0							4	8	3	6	3	0	0	0	

보증의 제공방법	⑲ ☑ 현금 · 자기앞수표　□ 보증서	보증을 반환 받았습니다. 본인 또는 대리인 ⑳	**고 경 수** (고경수)

● **주의사항**

1. 입찰표는 물건마다 별도의 용지를 사용하십시오. 다만, 일괄입찰시에는 1매의 용지를 사용하십시오.
2. 한 사건에서 입찰물건이 여러개 있고 그 물건들이 개별적으로 입찰에 부쳐진 경우에는 사건번호외에 물건번호를 기재하십시오.
3. 입찰자가 법인인 경우에는 본인의 성명란에 법인의 명칭과 대표자의 지위 및 성명을, 주민등록란에는 **입찰자가 개인인 경우에는 주민등록번호를, 법인인 경우에는 사업자등록번호를** 기재하고, 대표자의 자격을 증명하는 서면(법인의 등기부 등 · 초본)을 제출하여야 합니다.
4. 주소는 주민등록상의 주소를, 법인은 등기부상의 본점소재지를 기재하시고, 신분확인상 필요하오니 주민등록증을 꼭 지참하십시오.
5. **입찰가격은 수정할 수 없으므로, 수정을 요하는 때에는 새 용지를 사용하십시오.**
6. 대리인이 입찰하는 때에는 입찰자란에 본인과 대리인의 인적사항 및 본인과의 관계 등을 모두 기재하는 외에 본인의 위임장(입찰표 뒷면을 사용)과 인감증명을 제출하십시오.
7. 위임장, 인감증명 및 자격증명서는 이 입찰표에 첨부하십시오.
8. 일단 제출된 입찰표는 취소, 변경이나 교환이 불가능합니다.
9. 공동으로 입찰하는 경우에는 공동입찰신고서를 입찰표와 함께 제출하되, 입찰표의 본인란에는 "별첨 공동입찰자목록 기재와 같음"이라고 기재한 다음, 입찰표와 공동입찰신고서 사이에는 공동입찰자 전원이 간인 하십시오.
10. 입찰자 본인 또는 대리인 누구나 보증을 반환 받을 수 있습니다.
11. 보증의 제공방법(현금자기앞수표 또는 보증서)중 하나를 선택하여 ☑표를 기재하십시오.

▲ 자료: 새벽하늘 경매이야기

위 임 장

① 대 리 인	성 명	고 경 수	직 업	자영업
	주민등록번호	770505-1025412	전화번호	010-1234-5678
	주 소	경기도 고양시 일산동구 위시티4로 45, 445동 3501호		

위 사람을 대리인으로 정하고 다음 사항을 위임함.

– 다 음 –

② 의정부지방법원 고양지원 2022 타경 5310 호 부동산 경매사건에 관한 입찰행위 일체

③ 본인 1	성 명	김 민 지	④	직 업	자영업
	주민등록번호	800909-2027521		전화번호	010-5252-4646
	주 소	경기도 고양시 일산동구 위시티4로 45, 445동 3501호			
본인 2	성 명		인감인	직 업	
	주민등록번호			전화번호	
	주 소				
본인 3	성 명		인감인	직 업	
	주민등록번호			전화번호	
	주 소				

* 본인의 인감 증명서 첨부
* 본인이 법인인 경우에는 주민등록번호란에 사업자등록번호를 기재

2024 년 1 월 10 일

의정부지방법원 고양지원 귀중

▲ 자료: 새벽하늘 경매이야기

5

가자, 법원으로!(생생 입찰 절차)

매수신청보증봉투에 사건 번호와 제출자를 기입하고
도장 찍고 보증금을 봉투 안에 넣으면 돼.
대리인이 입찰한다면 제출자는 그 대리인이 되겠지?
봉투 뒤에 '인'이라 인쇄되어 있는 곳에도 제출자의 도장 찍어 주고.

▌입찰 준비부터 낙찰까지

하늘 경매 법원에 갈 때는 가급적 대중교통을 이용하는 게 좋아. 차
를 가지고 가는 경우 주차하는 게 쉽지 않거든. 만약 차를 가
져간다면 법원에 주차 공간이 협소한 경우가 많아서 인근 공
영 주차장에 주차하고 가는 게 편할 거야.

법원에 도착하면 경매 법정이 어딘지 물어봐서 찾아가면 돼.
입찰 법원에 가서 '입찰봉투', '매수신청보증봉투', '입찰표'를
받아서 입찰 준비를 하면 되는데, 경수 너는 미리 보증금을 수
표 한 장으로 찾아 놓았고 입찰표도 미리 작성했어. 맞지?

—— 경수   물론이지!

하늘 좋아. 그러면 이제부터 해야 할 건 어렵지 않아.

먼저 매수신청보증봉투에 사건 번호와 제출자를 기입하고 도장 찍고 보증금을 봉투 안에 넣으면 돼.

만약 대리인이 입찰한다면 제출자는 그 대리인이 되겠지?

그리고 봉투 뒤에 '인'이라 인쇄되어 있는 곳에도 도장 찍어 주고. 여기도 제출자의 도장을 찍어 주면 돼.

의정부지방법원 고양지원

매수신청보증봉투

사건번호	2022	타경 5310호
물건번호	※물건번호가 있는 경우에만 기재	
제출자	고경수	(고경수)

1. 매수신청보증을 넣고 봉한 후 날인의 표시가 있는 부분에 꼭 날인하시기 바랍니다.
2. 입찰표와 함께 입찰봉투(황색 큰 봉투)에 넣으십시오.

▲ 자료: 새벽하늘 경매이야기

하늘 그다음은 입찰 봉투인데 '제출자 ① 입찰자'에는 본인 이름을 쓰고 도장 찍고, 대리 입찰일 경우 ② '대리인'에 대리 입찰하는 사람 이름을 쓰고 도장 찍으면 돼.

그리고 입찰 봉투 뒷면으로 넘어가서 '인'이라 인쇄되어 있는 곳에두 도장 찍어 주고. 여기도 입찰자가 본인이면 본인 도장을, 대리인이면 대리인 도장을 찍어 주면 되겠지.

그리고 입찰 봉투 위 날개 부분에 ⑨ '사건번호' 기입하는 곳이 있는데 잊지 말고 여기에도 꼭 사건번호를 기입해 줘야 해. 개별 매각으로 물건번호가 있다면 이것도 꼭 기입해야 하고.

다 했으면 이제 입찰 봉투에 '기일입찰표', '매수신청보증봉투'를 넣어서 입찰 법원 앞에 있는 직원에게 가져가면 돼.

만약 대리 입찰이라면 반드시 위임장과 인감증명서도 입찰 봉투에 넣어야겠지?

공동 입찰일 경우는 '공동입찰신고서'와 '공동입찰자목록'을 넣어야 하고.

입찰 봉투를 가져가면 법원 직원이 신분증을 요구할 거야. 그럼 보여 주면 돼.

그다음 법원 직원은 입찰 봉투 위 날개 부분 ③ '집행관인' 부분에 도장을 찍고 ④, ⑤ 부분에 일련번호를 찍은 다음 ⑥ 절취선대로 잘라서 윗부분 '입찰자용 수취증'을 줄 거야.

이거 잘 챙겨 둬야 해.

입찰에서 떨어지면 입찰 봉투째로 돌려준다고 했잖아? 이때 이 수취증을 제출해야 하거든.

잃어버리면 굉장히 피곤해진다.

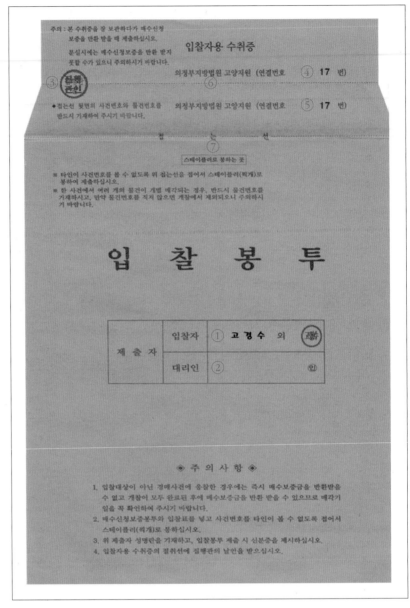

▲ 자료: 새벽하늘 경매이야기

그다음 법원 직원은 날개 부분을 접고 ⑦ 부분에 스테이플러
를 찍거나 아니면 입찰자에게 직접 스테이플러를 찍으라고
할 거야. 그리고 입찰함에 입찰 봉투를 넣으면 끝!

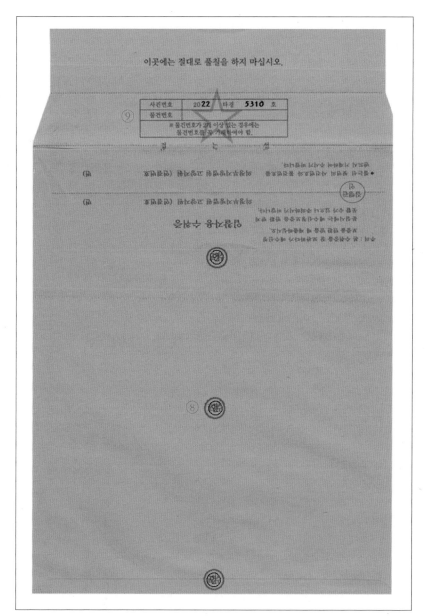

▲ 자료: 새벽하늘 경매이야기

입찰함에 입찰 봉투를 넣는 순간 이제 그 입찰은 되돌릴 수 없는 거야. 다시 빼서 수정한다거나 입찰을 무효로 해 달라고 할 수 없다는 거지.

이렇게 입찰 마감 시간까지 입찰은 진행되고 마감 시간이 되면 집행관은 입찰함을 열어 개찰을 시작하는 거야. 이제 두근거리는 가슴을 부여잡고 기다리면 돼. 건투를 빈다!

경수는 모든 것을 잘 준비해서 법원으로 향했다. 생전 처음 해 보는 입찰이었지만 하늘이가 워낙 세심하게 설명을 잘해 준 터라 별다른 어려움 없이 입찰을 할 수 있었다.

입찰 마감 후 집행관은 입찰함을 법원 앞 데스크로 가져가 입찰 봉투를 분류하기 시작했다. 아마도 사건 번호가 같은 것끼리 분류하는 것 같았다.

10여 분, 아니 20여 분쯤 지났을까, 드디어 개찰을 시작했다! 개찰 순서는 사건 번호 순인데 고양지원은 입찰자가 많은 사건을 우선적으로 개찰한다고 했다. 경수가 입찰한 사건도 입찰자가 많은 편이었지만, 훨씬 더 많은 사건이 몇 건 되는 터라 경수의 사건은 7번짼가 8번째로 개찰을 진행했다.

집행관 2022타경5310호 사건에 입찰하신 분들 앞으로 나와 주세요.

집행관이 이야기하자 경수의 심장은 그 어느 때보다 빠르게 뛰기 시작했다. 사람들이 하나둘씩 앞으로 나갔다. 얼추 20명은 되는 것 같았다.

앞에 있는 집행관은 몇 분간 여러 입찰표의 금액을 확인하며 정리하고 있었고 최종적으로 두세 장 정도만 한쪽으로 옮겼다. 그리고 드디어 입찰가를 부르기 시작했다.

집행관 *** 님 육억육천팔백칠십만 원에 입찰하셨습니다.

'휴~ 나보나 낮네?' 경수는 귀를 쫑긋 세우며 개찰하는 금액에 집중하고 있었다.

집행관   *** 님 육억팔천오백구십구만구천구백구십구 원에 입찰하
         셨습니다.

'어! 육억 팔천 오백 얼마니까 나보다 낮은 거 맞지?' 경민의 심장이 다시 빠르게
뛰기 시작했다.

집행관   고경수님 육억팔천칠백만 원에 입찰하셨습니다.
         따라서 2022타경5310호 사건의 최고가매수신고인은 육억
         팔천칠백만 원에 입찰하신 고경수님이 되겠습니다.

'헉! 내가?! 내가??!! 낙찰이라고?!!'

경수는 심장이 터져 버리는 줄 알았다. 일단은 아무 생각이 들지 않았다.

집행관   차순위 매수 신고 하실 분 있으십니까?
         없으시면 2022타경5310호 사건의 입찰을 종결하도록 하
         겠습니다.

앞에 있던 직원이 말한다.

경매 법원 직원   낙찰자는 이쪽으로 오시고 나머지 분들은 호명하는
              순으로 수취증과 신분증 들고 이쪽으로 오세요.

경수는 직원이 안내하는 곳으로 갔다. 신분증을 보여 주고 도장 찍으라는 데 찍
고, 정신없이 시키는 대로 하니 종이 한 장을 받을 수 있었다. 보증금 영수증이었
다. 얼떨떨한 기분으로 경매 법원을 나오는데 여기저기서 대출을 안내하는 분들
의 명함이 어느새 손에 한가득이었다. 심장은 아직도 쿵쾅쿵쾅 뛰고 있었다. 밖으
로 나와 하늘을 올려다보았다. 왜 이리도 아름다운 것인가!

차순위매수신고

하늘 경매 법원에서 입찰 후 개찰하는 과정에서 집행관은 이런 멘 트를 해.

> "2023타경1772호 사건의 최고가매수신고인은 378,920,000원에 입찰하신 이** 님입니다."
>
> "차순위매수신고 하실 분은 해 주시기 바랍니다."

차순위매수신고란 최고가매수신고인(낙찰자)이 잔금을 납부 하지 않았을 때 최고가매수신고인의 자격을 갖는 사람이야.

다음 경매 사례를 보면 최고가(낙찰가)가 643,960,000원인데 차순위매수신고를 한 사람의 입찰가는 601,000,000원이지? 만약 낙찰자가 매각 대금 납부 기한까지 잔금을 납부하지 않 으면 차순위매수신고인이 입찰한 가격인 601,000,000원에 낙 찰자가 되는 거야.

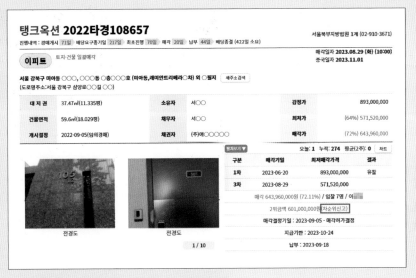

▲ 자료: 탱크옥션

—— 경수   와! 그럼 좋은 거네? 무조건 차순위매수신고는
         하는 게 좋겠다.

하늘   그럴 수도 있겠지만 고려해야 할 게 있어. 차순위매수신고를
       하면 최고가매수신고인이 잔금을 납부하기 전까지는 입찰 보
       증금을 돌려받을 수 없다는 것.

—— 경수   그래? 그럼 좀 고민이 되겠네. 그런데 아무나 차
         순위매수신고는 할 수 있는 거야?

하늘   아니. 최고가와 입찰가의 차이가 보증금 미만이어야 해.

       최고가(낙찰가) 643,960,000원
       - 입찰 보증금 57,152,000원
       = **586,808,000원**

       즉, 차순위매수신고가 가능한 사람은 **586,808,000원을 초과한
       금액으로 입찰**한 사람만 가능한 거지.

5

명도?
이것만 알아도
어렵지 않다!

1

낙찰 후 절차

제일 먼저 할 거는 법원에 가서 낙찰 받은 사건을 한번 열람해 봐.
점유자에 대한 인적 사항은 복사를 해서 와. 명도 과정에서 필요할 테니까.
그런 다음 낙찰 받은 아파트로 가 보는 거야.
점유자를 한번 만나 보고 내부도 한번 봐야 하니까.
그리고 내용증명을 보내면 며칠 안에 점유자에게서 연락이 올 거야.

▌명도 진행

—— 경수   하늘아! 나 당첨됐어! 아니, 낙찰 받았어!

하늘   오! 그래? 넌 타고났나 보다! 축하해! ^^
기분이 어때?

—— 경수   처음엔 아무 생각 없었는데 정신 차리고 나니
세상이 다 내 것 같아. 기분 정말 좋다!
그리고 내가 타고난 게 아니라 하늘이 네가 정
해 준 입찰가였잖아. 도대체 어떻게 정한 거였
어? 생각할수록 대단하다!

하늘   난 거의 매일같이 보잖아. 시장 흐름, 그리고 낙찰되는 가격을.
그러니 어느 정도의 감은 있지. 하지만 터무니없는 입찰가도

종종 있어서 네가 낙찰 받은 건 어느 정도의 운도 따른 거야. 확 질러 버리는 한 사람만 있어도 괜찮은 가격에 낙찰 받을 수 없으니까.

그리고 보통은 낙찰 받자마자 명도를 걱정하는데 넌 역시 대단하다. 내가 강의 때 명도 파트에서 항상 하는 말이 이거거든.

"명도는 전혀 걱정할 필요가 없어요. 지금껏 몇 백 건의 명도를 직접 해 보고 수강생 분들의 명도를 수없이 지켜봤지만 명도가 안 된 경우는 단 한 건도 없었거든요. 명도는 어차피 되는 거예요. 조금 빨리 되거나 늦게 되는 것일 뿐. 절차만 제대로 알고 진행하면 사실 어려운 게 아니거든요. 혹자는 경매의 꽃은 명도라고 하는데 당연히 그건 아닙니다. 경매의 꽃은 앞으로 오를 만한 부동산을 지금 시세보다 충분히 싸게 사는 거죠."

라고 말이야. 그런데 너는 이미 그것을 알고 있는 것 같아.

──── **경수** 그래? 사실 하늘이 네가 있어서 별로 걱정이 안 되긴 해. ^^

하늘 좋아. 지금부터 간단히 명도 절차를 알려 줄 테니 한번 해 봐.

제일 먼저 할 거는 법원에 가서 낙찰 받은 사건을 한번 열람해 봐. 그럼 지금까지 배웠던 내용들이 서류로 일목요연하게 정리되어 있을 거니까. 이 사건은 권리적으로 일반 물건이니 열람이 필수적인 건 아니지만 공부하는 차원에서 보란 얘기야. 그리고 점유자에 대한 인적 사항은 복사를 해서 와. 명도 과정에서 필요할 테니까.

그런 다음 낙찰 받은 아파트로 가 보는 거야. 점유자를 한번 만나 보고 내부도 한번 봐야 하니까. 그리고 내용증명을 보내면 보통 며칠 안에 점유자에게서 연락이 올 거야. 평균적으로 80% 이상은 연락이 오거든. 그러면 날짜를 잡아서 합의서를 쓰면 사실상 명도는 99% 된 거라고 보면 돼.

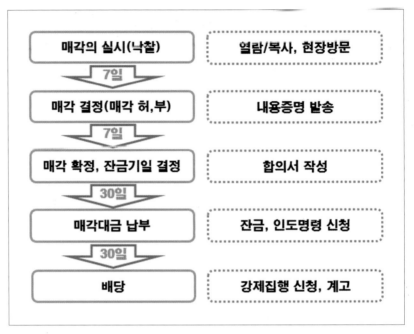

▲ 자료: 새벽하늘 경매이야기

—— 경수   그래?! 그렇게 간단해?

하늘   일반적으론 그래. 내가 하라는 대로만 한다면 말이야.

—— 경수   어떻게 하면 되는데?

하늘   우선 철저히 사무적으로 명도를 진행해야 해. 내가 내 물건을 명도하는 게 아니라 회사의 직원 위치에서 명도를 진행하는 콘셉트가 가장 좋아. 점유자와 감정적으로 부딪힐 일이 없거든.
그렇기 위해서는 기본적인 법리를 좀 공부해야겠지? 그 공부한 내용을 내용증명으로 작성해서 보내고 너 또한 그 내용을 머릿속에 잘 넣어 두어야 점유자를 잘 상대할 수 있어. 법리적인 내용은 다음 장에서 설명해 줄게.

내용증명을 보내고 합의서를 작성하는 과정에서, 또는 그 이후에 잔금을 납부할 때 인도명령 신청을 할 수 있어. 이건 무조건 해야 하는데 대출을 진행하는 은행과 연계된 법무사가 해 줄 거니까 걱정 안 해도 돼. 네가 해야 할 거는 인도명령이 제대로 신청되었는지, 인용되었는지, 점유자에게 송달되었는지만 확인할 줄 알면 돼.

지난 사건 진행 사례를 보면서 알려 줄게.

'사건내역'에 들어가서 '관련사건내역'을 보면 '****타인***'이라는 사건 번호가 뜨는데 이게 인도명령 사건이야. 이걸 보면 인도명령은 잘 접수되었다는 걸 알 수 있지.

<table>
<tr><td colspan="4">사건내역
사건기본내역</td><td>인쇄</td></tr>
<tr><td>사건번호</td><td>2022타경5863</td><td>사건명</td><td colspan="2">부동산임의경매</td></tr>
<tr><td>접수일자</td><td>2022.07.26</td><td>개시결정일자</td><td colspan="2">2022.07.27</td></tr>
<tr><td>담당계</td><td colspan="4">경매15계 전화 : (031)210-1375(구내:1375) (경매절차 관련 문의)
집행관사무소 전화 : 031-213-4500 (입찰 관련 문의)
(민사집행법 제90조, 제268조 및 부동산등에 대한 경매절차 처리지침 제53조제1항에 따라, 경매절차의 이해관계인이 아닌 일반인에게는 법원 경매정보 홈페이지에 기재된 내용 외에는 정보의 제공이 제한될 수 있습니다.)</td></tr>
<tr><td>청구금액</td><td>330,256,610원</td><td>사건항고/정지여부</td><td colspan="2"></td></tr>
<tr><td>종국결과</td><td>미종국</td><td>종국일자</td><td colspan="2"></td></tr>
</table>

◀ 〈사건내역〉 참조

배당요구종기내역

목록번호	소재지	배당요구종기일
1	경기도 용인시 기흥구 사은로126번길 33, 201동 6층602호 (보라동,민속마을신창미션힐아파트)	2022.10.11

항고내역

물건번호	항고제기자	항고접수일자	항고		재항고		확정여부
		접수결과	사건번호	항고결과	사건번호	재항고결과	
			검색결과가 없습니다.				

관련사건내역

관련법원	관련사건번호	관련사건구분
수원지방법원	2023타인652	인도명령
서울중앙지방법원	2022차전239021	지급명령
용인시법원	2022차전2702	지급명령

▲ 자료: 탱크옥션

하늘 그다음부터는 수시로 인도명령 사건 진행 과정을 체크해야 하는데 대한민국 법원 '나의 사건검색'으로 들어가서 인도명령 사건 번호를 입력하면 돼.

▲ 자료: 탱크옥션

하늘 그럼 아래처럼 '사건일반내용'을 알 수 있어.

▲ 자료: 탱크옥션

하늘 인도명령 접수를 23.10.10.에 했는데 그날 바로 인용되었네.

점유자가 소유자일 경우 이처럼 금방 인용되는 경우가 많아.

그다음은 점유자에게 송달되었는지를 확인해야 하는데 '사건진행내용'을 클릭해서 들어가면 돼.

와! 10월 16일 송달까지 다 완료되었네. 이걸 확인하고 법원으로 달려가서 강제집행 신청을 하면 돼.

—— **경수** 강제집행 신청까지 꼭 해야 하는 거야?

하늘 응. 잔금 납부 후에도 나가지 않았다면 당연히 해야지. 만약 합의서를 작성했고 그 날짜가 며칠 남지 않았다면 생략할 수도 있는데, 가급적이면 하는 게 좋아. 꼭 강제집행을 한다는 게 아니라 법적 절차를 계속 진행하고 있다는 건 점유자가 약속을 잘 지킬 수 있도록 압박하는 데 큰 도움이 되거든. 보통 이런 과정 중에 점유자는 이사를 나가게 될 거야.   .

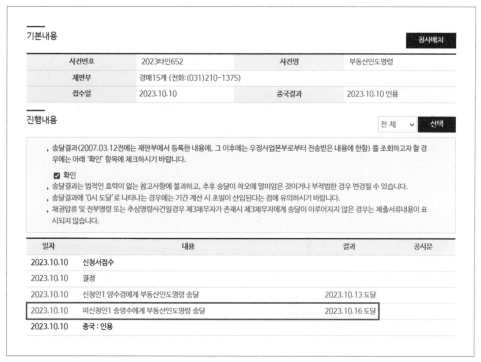

▲ 자료: 탱크옥션

—— 경수   그래? 그럼 이사비는 얼마나 주는 게 좋아?

하늘   경수 네가 주고 싶은 대로 주면 돼. 얼마 주고 싶니?

—— 경수   글쎄... 사실은 적을수록 좋겠지... ^^

하늘   맞아. 사람은 다 똑같거든. 낙찰자 입장에서는 적을수록 좋고 점유자 입장에서는 많을수록 좋고. 그런데 사실 이사비를 줘야 할 의무는 없어.

이제부터는 냉정하게 명도 관련 법리를 공부해 볼 거야. 공부하고 나면 이사비에 대한 나름대로의 기준이 생길 거니까

명도를 안 해도 되는 유형이 있다고? – 강제관리신청!

하늘 명도가 정 부담스럽다면 명도를 안 해도 되는 유형도 있어.

——— **경수** 어?! 정말?!

하늘 응. 아래 사건을 한번 봐 봐. 재미있을 거야.

▲ 자료: 탱크옥션

하늘 먼저 등기부상 권리 분석을 한번 해 볼까?

🏢 임차인 현황

말소기준일: 2021-12-13   소액기준일: 2024-03-12   배당요구종기일: 2023-05-30

점유목록	임차인	점유부분/기간	전입/확정/배당	보증금/차임	대항력	분석	기타
② 1	김▒▒	주거용 전유부분 2020.06.20.	전입:2020-06-19 확정:2020-06-05 배당:2022-07-15	보:330,000,000원	있음	순위배당 있음 미배당 보증금 매수인 인수 배당표 참조	임차권등기자
③ 1	주택도시보증공사	주택동 501호 2020.06.20.~2022.06.19.	전입:2020-06-19 확정:2020-06-05 배당:2023-05-30	보:330,000,000원	있음	순위배당 있음 미배당 보증금 매수인 인수 배당표 참조	임차인,경매신청인

기타사항
* 이 건 부동산의 전입세대열람 내역에 등재된 자는 없으며, 소유자 및 점유자를 만날 수 없어 연락처가 기재된 안내문을 현관문에 부착해두었으나 점유자 등으로부터 아무런 연락이 없으므로 점유관계 미상으로 보고함. 단, 점유관계는 별도 확인이 필요함.
* 주택도시보증공사 : 경매신청채권자겸 임차인 김▒▒의 임차보증금 승계인임.

🏢 건물등기

(채권합계금액:1,934,000,000원)

순서	접수일	권리종류	권리자	채권금액	비고	소멸
갑(4)	2020-06-26	소유권이전	훈▒▒		매매 거래가액:330,000,000원	
① 갑(5)	2021-12-13	압류	광주세무서장		말소기준등기	소멸
을(3)	2022-07-15	주택임차권	김▒▒	330,000,000	범위:전부 2022카임30260 전입:2020.06.19 확정:2020.06.05	
갑(6)	2022-10-07	압류	서울특별시관악구			소멸
갑(7)	2023-03-03	가압류	주택도시보증공사 (서울서부관리센터)	1,604,000,000	2023카단101206 (인용 📄)	소멸
④ 갑(8)	2023-03-17	강제경매	주택도시보증공사 (서울서부관리센터)	청구금액 344,219,470	2023타경103568	소멸

▲ 자료: 탱크옥션

——— 경수 ①압류가 말소기준이니까 등기부상 권리는 전부 말소되겠네. 임차권등기는 임차인 대항력 여부를 살펴보면 되고.

하늘 좋아. 그럼 임차인 권리는?

——— 경수 임차인이 둘이네? 주택도시보증공사도 임차인인 거야? 전입, 확정일자는 똑같은데?

하늘 응, 이건 임차인이 주택도시보증공사의 전세보증보험에 가입했는데, 임대차계약 만기 후 임대인에게 보증금을 받지 못해서 주택도시보증공사가 대신 지급해 준 거야.

―― **경수** 아, 맞다! 나도 그랬었지!

하늘 그래. 이제 입찰자 입장에서 살펴봐 봐.

―― **경수** ②임차인은 대항력이 있네.

보증금이 3.3억인데 확정일자를 받은 날은 20.06.05.이지만 대항요건이 성립되는 시점이 20.06.20.이니까 우선변제권은 20.06.20.부로 발생하고, 배당요구 유효하게 했으니까 우선변제권 순위대로 가장 먼저 배당받는다. 그럼 3.3억에 경매비용을 300만 원 정도라 한다면 3.33억에 낙찰 받으면 임차인이 전부 다 배당 받으니 낙찰자가 인수할 게 없겠네.

맞지?

하늘 정확해!

그런데 이 빌라, 정확히는 도시형생활주택의 시세는 3억이 채 안 될 거야. 21년 중반 서울 부동산 가격이 최정점일 때 3.4억에 거래됐었는데 이후 크게 하락했고, 현재는 아파트도 거래가 잘 안 되니 도시형생활주택은 더더욱 거래가 안 될 것이니까.

실제로 21년 이후 실거래 사례가 없어. 그렇다면 시세를 아주 후하게 3억으로 잡는다 해도 결국 시세보다 비싸게 낙찰 받는 격이겠지? 1억에 낙찰 받는다 해도 대항력 있는 임차인이 배당 받지 못한 금액은 낙찰자가 인수해야 하니까.

―― **경수** 그러네. 그래서 계속 유찰된 거구나?

하늘 맞아.

이대로 두면 아무리 많이 유찰돼도 낙찰될 일은 없을 거야.

그런데 현재 상황은 주택도시보증공사가 임차인에게 보증금을 주고 그 임차인 지위를 ③과 같이 승계한 거고, 그 보증금 채권으로 ④강제경매 신청을 한 상태야.
결국 주택도시보증공사는 이 경매 사건이 낙찰되어야 그 대금으로 채권을 회수하는데, 이런 상황에서는 낙찰될 리 없으니 아래와 같이 특단의 결정을 내리게 되지.

아래 매각물건명세서 비고란을 봐 봐.

등기된 부동산에 관한 권리 또는 가처분으로 매각으로 그 효력이 소멸되지 아니하는 것
매각에 따라 설정된 것으로 보는 지상권의 개요
비고란
1. 2023. 10. 24. 경매신청채권자 주택도시보증공사로부터 우선변제권만 주장하고 대항력을 포기하여, 배당금으로 임대차보증금반환채권 전액을 변제받지 못하더라도 매수인에 대한 잔존 임대차보증금반환청구권을 포기하고 임차권등기를 말소하는 것에 동의한다는 확약서가 제출됨 2. 을구 3번 임차권자 김혜림의 주택임차권등기(2022.7.15.등기)는 매수인에게 인수되지 않고 말소됨 3. 주택도시보증공사의 2023. 10. 24.자 확약서 제출로 관련 내용 추가함[2023. 10. 26. 정정.변경]

▲ 자료: 탱크옥션

—— 경수   어?! 대항력을 포기하고 임차권등기도 말소한다고?

하늘   맞아. 이렇게 되면 낙찰자 입장에서는 얼마에 낙찰 받든 임차인의 권리를 인수하지 않아도 되는 거야.
그럼 많은 사람이 입찰에 참여하겠지. 요즘 이런 사건들이 제법 있어.

—— 경수   어, 그렇구나. 신기하다.

하늘   그럼 핵심으로 넘어가서, 이 경매 사건의 점유자는 누구일까?

─── 경수   임차인이겠지?

아, 잠깐, 임차인은 현재 돈(전세보증금)을 받은
상태잖아? 그런데 계속 살고 있는 건가?

하늘   아니. 임차인이 주택도시보증공사로부터 전세보증금을 수령
하기 위해서는 반드시 해당 주택을 주택도시보중공사에 인도
해야 해. 즉, 이사를 가야 한다는 거야.

─── 경수   와! 그럼 비어 있는 거네?

하늘   맞아.

─── 경수   아! 그래서 명도 할 필요가 없다는 거구나?!

하늘   그렇지. 이 경매 사건의 점유자는 주택도시보증공사인 거야.
주택도시보증공사가 현관 비번을 가지고 있지. 그렇다면 낙찰
받고 잔금 내면서 주택도시보증공사로부터 비번만 받으면 명
도는 끝나는 거야.

─── 경수   와! 대박!

그런데... 경매가 진행되는 동안 만약 소유자가
다른 사람한테 임대를 줄 수도 있지 않나?

하늘   가능성이 작긴 하지만 그럴 수도 있지. 그럴 경우를 대비해서
주택도시보증공사는 강제관리신청을 하기도 해.

─── 경수   강제관리신청?!

하늘   하하. 너무 심각하게 생각할 필요는 없어.

다음 사건을 한번 봐 봐.

탱크옥션 2022타경32625

진행내역 : 경매개시 **95일** 배당요구종기일 **211일** **최초진행**

부천지원 3계 (032-320-1133)

다세대주택 토지·건물 일괄매각 임차권등기/대항력 있는 임차인/HUG 임차권 인수조건변경

매각일자 **2024.03.12 (화) (10:00)**

경기 부천시 원미동 ○○○-○○○, ○층○○○호 (원미동,에스케이프라임) 외 ○필지 **새주소검색**

(도로명주소:경기 부천시 원미로○○○번길 ○○)

대 지 권	35.8142㎡(10.834평)	소유자	김○○	감정가	310,000,000
건물면적	57.91㎡(17.518평)	채무자	김○○	최저가	(70%) 217,000,000
개시결정	2022-03-10(강제경매)	채권자	주○○○○○○○	보증금	(10%) 21,700,000

오늘: **7** 누적: **370** 평균(2주): **6** 차트

구분	매각기일	최저매각가격	결과
1차	2023-01-10	310,000,000	유찰
2차	2023-02-14	217,000,000	유찰
9차	2023-10-24	17,871,000	유찰
10차	2023-11-28	12,510,000	유찰
	2024-02-06	8,757,000	변경
11차	2024-02-06	310,000,000	유찰
12차	2024-03-12	217,000,000	

전경도 · 전경도 · 1 / 10

▲ 자료: 탱크옥션

🏠 임차인 현황 말소기준일 : 2022-01-17 소액기준일 : 2024-03-12 배당요구종기일 : 2022-06-13

점유목록	임차인	점유부분/기간	전입/확정/배당	보증금/차임	대항력	분석	기타
② 1	박▆	주거용 전부 2019.7.16.~2021.7.15	전입:2019-07-16 확정:2019-06-20 배당:2022-03-08	보:247,000,000원	있음	순위배당 있음 미배당 보증금 매수인 인수	임차권등기자

기타사항
* 현장에 임하였으나 아무도 만나지 못하여 점유관계 미상임. 별도의 확인이 필요함. 전입세대열람내역에는 등재자가 없음. 안내문을 우편함에 넣어 두었음.
* 박▆▆ : 주택임차권 등기일은 2021.8.10.임
* 박▆▆ : 주택도시보증공사로부터 임차인 권리승계신고 및 배당요구서가 제출됨. 경매신청채권자이고, 배당요구일자는 경매신청일임.

🏠 건물등기 (채권합계금액:247,000,000원)

순서	접수일	권리종류	권리자	채권금액	비고	소멸
갑(4)	2019-07-18	공유자전원지분전부이전	김▆		매매	
을(1)	2021-08-10	주택임차권	박▆	247,000,000	범위:302호 전입:2019.07.16 확정:2019.06.20	
③ 갑(5)	2022-01-12	강제관리신청	주택도시보증공사		2021타기5134	
① 갑(6)	2022-01-17	압류	노원세무서장		말소기준등기	소멸
갑(7)	2022-03-10	강제경매	주택도시보증공사 (서울동부관리센터)	청구금액 255,513,039	2022타경32625	소멸
갑(8)	2022-04-06	압류	부천시			소멸
갑(9)	2023-07-07	압류	시흥세무서장			소멸

▲ 자료: 탱크옥션

▲ 자료: 탱크옥션

하늘 이 경매 사건도 좀 전 사건과 유사한 상황이야. 그런데 ③강제관리신청이 있지? 강제관리신청이란 채권자가 해당 부동산의 수익을 변제에 충당하는 수단이야.

말이 어렵지?

쉽게 설명하자면, 해당 부동산에서 월세가 나오면 그걸 채권자가 갖는 거야. 채권자가 법원에 강제관리신청을 하고, 법원이 인용 결정을 하면 등기부에 '강제관리'라고 기재되고 그때부터 법원에서 지정한 사람이 그 부동산을 관리하게 되지. 보통 집행관이 하는 경우가 많아.

그 상황에서 임차인이 있다면 관리인은 임차인에게 "이제부터 채권자한테 월세를 납부하세요."라고 안내하고, 점유자가 없다면 문 앞에 강제관리 중인 부동산이며 무단출입을 금한다는 안내문을 붙여 놓게 되지.

즉, 점유를 법원에서 지정한 관리인이 한다는 기야.

강제관리의 원래 취지는 채권자가 관리인을 통해 해당 부동산을 임대하면서 그 수익을 채권에 충당하는 건데, 주택도시보증공사에서는 이렇게 공실인 부동산을 별도로 임대 주지 않거든. 이렇게 강제관리 중인 부동산은 다른 누가 점유할 가능성이 거의 없다는 뜻이야.

즉, 낙찰 받고 잔금 내면서 수택도시보증공사로부터 현관 비번 받으면 끝!

대신 '강제관리신청' 등기는 주택도시보증공사로부터 서류를 받아 별도로 말소해야 함.

2

법대로 해라?(기본 법리 파헤치기)

가장 먼저 알아야 할 건
법적 절차 진행간 지출된 비용에 대한 책임이야.
이사비는 잔금 납부 전에 이사했다면 좀 주는 게 맞지만,
잔금 후라면 오히려 돈을 받아야 해.
점유자가 인쓰러워 좀 챙겨 주고 싶다면 이사하는 날 주면 돼.

명도 기본 법리 파헤치기

하늘 점유자를 만나러 가면 보통 하는 말이 이거야.
"법대로 하세요!"

그럼 보통의 낙찰자는 당황하게 되지. 왜냐면 법대로 하는 게 뭔지 모르니까. 하지만 조금만 공부해서 그대로 하면 사실 점유자는 엄청난 손해를 볼 수밖에 없어. 결국 점유자는 법대로 하는 게 얼마나 자신에게 불리한지를 모르고 하는 말이지. 아니면 일종의 협박이거나.

자, 가장 먼저 알아야 할 건 인도명령 등의 법적 절차 진행간 지출된 비용에 대한 책임이야. 인도명령 신청 비용부터 강제집행 신청 비용, 강제집행 계고를 거쳐 실제로 강제집행까지 하게 되면 대략적으로 24평형 기준 400만 원 정도의 비용이

지출되거든. 지역마다, 법원마다 어느 정도의 편차는 있지만 말이야. 이 비용은 결국 점유자가 다 부담해야 하는 거야.

두 번째는 명도 과정에 있어서 점유자를 상대하는 아주 중요한 내용인데 바로 임료 상당의 부당 이득이야. 원칙적으로, 그리고 상식적으로 점유자가 이사 나가야 하는 날은 언제일까?

—— 경수　잔금 내는 날?

하늘　맞아! 잘 알고 있네. 낙찰되고 6주 정도의 시간이 있는 거야. 점유자가 이사 준비를 할 수 있는 시간이 말이야. 그리고 당연히 잔금 내는 날 점유자는 이사해야 하는 게 맞고. 그런데 이사를 안 했다면 낙찰자가 잔금 납부한 날부터는 월세를 내야겠지?

—— 경수　그렇네?

하늘　이게 바로 임료 상당의 부당 이득이야. 그렇다면 이제 물어볼게. 이사비는 얼마를 주는 게 적당할까?

—— 경수　점유자가 이사하는 날에 따라 다르겠네?

하늘　맞아. 잔금 납부 전에 이사했다면 이사비를 좀 주는 게 맞지만, 잔금 후라면 오히려 돈을 받아야 하는 거지. 이게 원칙이고 명도는 우선 원칙대로 진행해야 해. 그 후에 진정 점유자가 안쓰러워 좀 챙겨 주고 싶다면 이사하는 날 주면 돼.

—— 경수　그렇구나.

하늘 지금까지 내용들을 참고해서 내용증명 작성해서 보내고, 점유자에게 연락 오면 잔금일을 기준으로 이사 날짜를 정해서 합의서를 작성하도록 해 봐. 그 과성 중에 강세집행 신청도 해 보고. 생각보다 명도가 수월할 거니까.

—— **경수** 그래, 이제 자신간이 생긴다! ^^

하늘 자, 이제 마지막으로 체납 관리비에 관한 얘기를 좀 해 줄게.

관리비는 원칙적으로 사용자가 납부해야 하는 게 맞는데 낙찰자에게도 청구할 수 있는 게 바로 체납 관리비야. 하지만 전부는 아니고 법적으로 관리 주체는 공용 부분 원금에 대해서만 낙찰자에게 청구할 수 있어. 그래서 아파트 같은 공동 주택이나 구분 상가는 체납 관리비를 꼭 확인해야 하는 거야.

그런데 실무적으로 진행하다 보면 체납 관리비 전부를 낙찰자가 부담해야 하는 경우도 종종 있거든. 명도 과정에서 빨리 점유자를 내보내려다 보면 말이야.
체납된 금액이 많다면 일단 낙찰자가 내고 관리사무소를 상대로, 또 점유자를 상대로 소송을 해서 받아 낼 순 있지만 금액이 적다면 소송하기 애매하겠지.
그래서 그냥 내고 마는 경우도 적지 않다는 것.

잘 참고해서 마무리할 수 있도록 해!

건투를 빈다!

6

무조건 이기는
경매 투자 가이드

낙찰 사례로 보는 100% 경매 수익 비법

2022년은 전국적으로 하락하고 있는 시장이었어.
경매 물건을 선정하는 데 그 어느 때보다 신중해야 하는 시기였지.
향후 하락까지 감안하고도
수익을 낼 수 있는 가격에 낙찰 받는 게 전략이었어.
하락한다 해도 하락 폭이 작을 만한 지역을 선정해야 했지.

▎시장 흐름을 파악하라!

—— 경수   하늘아! 내가 낙찰 받은 거 부동산에 물어봤더
니 7.7억이면 바로 팔 수 있대! 그냥 파는 게 좋
을까? 아님, 좀 기다리면 더 오를까? 떨어질까?

하늘   하하, 이제 본격적으로 부동산 흐름에 관심을 가지기 시작했
구나. 사실 입찰하기 전에 공부했어야 하는데 말이야.

—— 경수   맞아. 발등에 불이 떨어지니 이제야 집중이 되더
라고. 명도도 그렇고.

하늘   그래, 그래서 가장 좋은 공부는 실행이야. 물론 제대로 된 방향
으로 말이야.

결론부터 말하자면 지금 팔면 남는 게 별로 없어. 양도세로 수

익의 77%를 내야 하거든. 6.87억에 낙찰 받았고 7.7억에 팔면 취득할 때 들어가는 비용을 대략 1천만 원으로 잡으면 차익이 7,300만 원 정도 되는데 그중 5,600만 원 성노를 세금으로 내야 한다는 거지.

——— 경수   뭐?! 77%?! 미친 거 아냐? 완전 날도둑이네?!

하늘   하하. 동감이야. 게다가 이 아파트는 당분간 괜찮은 상승을 기대할 만한 흐름이 아니야. 일정 부분 반등할 수도 있지만 다이내믹한 상승을 기대하기엔 시간이 좀 더 필요할 수 있다는 얘기지. 그래서 실거주 목적으로 접근하라 했던 거고. 왜 그런지는 뒤에서 설명해 줄게.
그런데 2년이 지난 후 팔면 양도세는 훨씬 줄어들어. 약 1,200만 원 정도만 내면 되니까. 부동산 투자에 있어서 세금은 매우 중요해. 하지만 세금보다 더 중요한 것은 시장 흐름을 파악하는 거야. 그리고 현재의 가격 위치를 파악하는 거지. 이 두 가지와 경매를 결합해서 현재 시세보다 싸게 낙찰 받으면 절대로 손해 보는 일은 없거든. 손해는 고사하고 더 큰 수익을 낼 수 있지.

낙찰 사례를 보면서 얘기해 줄게.

다음 두 개의 낙찰 중 어떤 게 잘 받은 걸까?

구로구 아파트는 낙찰 받았을 당시 시세가 4.5억 정도였고 낙찰가는 4.02억, 성북구 아파트는 낙찰 받았을 당시 시세가 8.5억 정도였고 낙찰가는 7.88억이야.

——— 경수   음... 더 싸게 받은 건 성북구네. 시세 대비 낙찰
           가율은 구로구가 더 낮은 거 같고.

▶ 〈구로구 경매 사례〉 참조

▶ 〈성북구 경매 사례〉 참조

▲ 자료: 탱크옥션

하늘   좋아. 그럼 가격이 어떻게 움직였는지를 한번 볼까?

고척리가   ✕

23년 8월
매매 73,500 / 1건
전세 거래내역 없음

매매, 전세, 월세 ∨
33평 │ 전용 84㎡

VS 가격비교

①

②

▲ 자료: 아실   ① 낙찰 시점   ② 낙찰 가격

하늘   구로구 아파트는 ①시점에, ②가격으로 낙찰 받았어. 21년 전
반기까지 미친 듯이 상승하다가 후반기부터 하락하기 시작했
지. 하락하기 전 최고점을 찍었던 21년 6월에 9.5억 정도에 팔
았다면 베스트였겠지. 그 후로부터 엄청나게 하락했으니까.
하지만 하락했어도 23년 11월 기준 7억 초 중반에는 팔 수 있
어. 4억 남짓에 낙찰 받았으니 3억 이상의 차익 실현이 가능하
겠지?

한신.한진 ✕

23년 10월
매매 73,500 / 2건
전세 51,800 / 5건

매매, 전세, 월세 ∨
33평 | 전용 84㎡

VS 가격비교

▲ 자료: 아실

① 낙찰 시점   ② 낙찰 가격

하늘 　성북구 아파트는 ①시점에, ②가격으로 낙찰 받았어. 21년 후
　　　반기까지 미친 듯이 상승하다가 22년부터 하락하기 시작했
　　　지. 하락하기 전 최고점을 찍었던 21년 11월에 9.85억 정도에
　　　팔았다면 베스트였겠지. 7.88억에 낙찰 받아 9.85억에 팔면 2
　　　억 가까운 차익이 발생하니까. 하지만 1년 이내 매도는 양도
　　　세가 77%라 했지? 그렇다면 2년이 지난 23년 11월 가격은 어
　　　때? 7억 중반으로 오히려 낙찰가보다 낮지.

　　　이래서 시장 흐름을 알고 투자하는 게 중요한 거야. 상승과 하락, 보합의 파도 속에 어떤 위치에서 낙찰 받느냐가 결국 수익을 극대화할 수 있고 최악의 경우라도 손해를 보지 않는 투자를 할 수 있는 거지.

지금부터 이런 방식으로 투자한 사례들을 보여 줄게. 좀 전 낙찰 사례를 포함해서 전부 니가 수업 시간에 추천한 물건을 수강생 분들이 낙찰 받은 사례니까 더 가슴에 와닿을 거야. 그중 내가 낙찰 받은 사례도 있고. 사실 사례들이 너무 많아서 연도별로 하나씩만 보자. 그래도 메커니즘을 이해하는 데는 충분할 거야.

◀ 〈노원구 경매 사례〉 참조

▲ 자료: 탱크옥션

하늘 2018년 중반 노원구였어. 중계동에 있는 입지 좋은 아파트였는데 조금씩 상승의 움직임이 있었던 초입이어서 강력 추천했던 물건이었지. 수강생 YJ 님이 과감히 입찰해서 낙찰 받았어. 너무 질러서 약간 아쉽긴 했지만 5.9억에 낙찰 받고 23년 11월 기준 크게 하락한 가격이라 해도 9.9억이니 괜찮지. 세전 4억 정도의 수익이니 말이야.

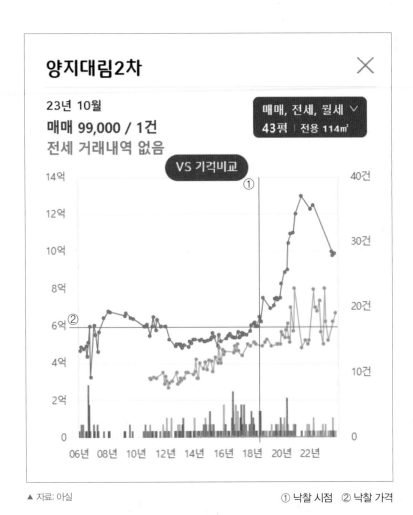

▲ 자료: 아실

① 낙찰 시점   ② 낙찰 가격

▶ 〈수원시 경매 사례〉 참조

▲ 자료: 탱크옥션

하늘 2019년으로 넘어가서 수원시로 가 볼 거야. 경기도, 그중 수원 시도 2019년 12월부터 본격적인 상승을 시작했어. 그런데 이 아파트를 낙찰 받은 시기는 19년 4월이었지. 경기도가 서울을 이어 크게 상승할 수밖에 없다는 결론을 가지고 엄청 적극적 으로 경기도에 진행 중인 경매 물건을 추천했었고, 그중 하나 를 수강생 GP 님이 낙찰 받았지. 낙찰가도 매우 훌륭해. 2.8억 에 낙찰 받고 23년 9월 기준 크게 하락한 가격이라 해도 5억 초반 정도니 매우 가성비 좋은 투자라 할 수 있지.

▲ 자료: 아실　　　　　　　　　　　① 낙찰 시점　② 낙찰 가격

▶ 〈용인시 경매 사례〉 참조

하늘 2020년은 이미 수도권이 불타오르고 있었는데 그중 흐름이 늦어 아직도 상승 폭이 작은 지역을 집중적으로 추천하고 있을 때였어. 용인시의 이 아파트를 낙찰 받은 시기는 20년 6월 이었는데 이제 막 본격적인 상승을 시작하던 시기였지. 황금 같은 타이밍에 황금 같은 낙찰가로 수강생 RC 님이 낙찰 소식을 전하셨어. 이 물건은 때마침 전세 가격도 폭등하던 시기여서 낙찰가보다 더 높은 가격에 전세를 세팅한 물건이기도 했지. 낙찰 후 역시나 폭등했고, 하락기에도 재건축 이슈로 하락 폭이 크지 않은 아파트야. 결국 얼마 전 4.5억에 매도했다는 소식을 전해 주셨지.

드림랜드

23년 9월
매매 45,000 / 1건
전세 30,000 / 1건

매매, 전세, 월세 ∨
33평 | 전용 84㎡

VS 가격비교

① 낙찰 시점

② 낙찰 가격

▲ 자료: 아실

① 낙찰 시점　② 낙찰 가격

◀ 〈평택시 경매 사례〉 참조

탱크옥션 2020타경41178

진행내역 : 경매개시 84일　배당요구종기일 273일　최초진행 56일　매각 42일　납부 44일　배당종결 (499일 소요)

평택지원 2계 (031-650-3109)

아파트　토지·건물 일괄매각

매각일자 **2021.03.29 (월) (10:00)**
종국일자 **2021.06.23**

경기도 평택시 장당동 ○○○ 한국아델리움 ○○○동 ○층 ○○○호　새주소검색
(도로명주소:경기도 평택시 송탄로○○번길 ○○)

대 지 권	50.0863㎡(15.151평)	소유자	권○○	감정가	231,000,000
건물면적	84.9394㎡(25.694평)	채무자	(주)미○○○	최저가	(70%) 161,700,000
개시결정	2020-02-10(임의경매)	채권자	중○○○○○	매각가	(111%) 256,999,999

물건보기▼　　오늘: 1　누적: 339　평균(2주): 0　차트

구분	매각기일	최저매각가격	결과
	2020-12-14	231,000,000	변경
2차	2021-03-29	161,700,000	

매각 256,999,999원 (111.26%) / 입찰 18명 / (주)○○○

(2위금액 251,799,910원)

매각결정기일 : 2021-04-05 - 매각허가결정

지급기한 : 2021-05-13

납부 : 2021-05-10

배당기일 : 2021-06-23

배당종결 : 2021-06-23

전경도　　전경도

1 / 8

사진 ▼　　지도 ▼

▲ 자료: 탱크옥션

하늘 2021년은 수도권은 물론 전국적으로 아파트 시장이 불타오르다 식기 시작하는 해였어. 따라서 경매로 접근하는 방식을 달리해야 하는 시기였지. 여러 가지 전략 중 불타기 직전의 아파트를 싸게 공략하는 유형이 있었는데, 대상 지역은 일부 수도권과 지방이었어. 그중 평택시의 아파트 하나를 BR 님이 괜찮은 가격에 낙찰 받으셨지. 상승을 시작해서 폭등 직전의 타이밍에 낙찰 받았고 역시나 몇 개월 이내 폭등했어. 이런 경우는 단기 매도로도 괜찮은 수익을 올릴 수 있어.

———— **경수** 단기 매도는 양도세가 77%잖아?

하늘 법인의 경우는 단기 매도라 해도 일반 법인세만 납부하면 돼. 주택 추가 과세 포함 실질 세율은 30% 초반 정도로 보면 되고. 각각 장단점이 있는데 이 내용에 대해서는 따로 공부해 두면 좋아.
추천대로 몇 개월 이내 매도했다면 1억 이상의 수익을 내셨을 거야. 만약 아직도 보유 중이라면 7천 남짓의 수익 정도일 테고.

 잠깐! 다시 떠올려보기

시장 흐름을 알고 투자하는 게 중요하다.
상승과 하락, 보합의 파도 속에 어떤 위치에서 낙찰 받느냐가 결국 수익을 극대화할 수 있고 최악의 경우라도 손해를 보지 않는 투자를 할 수 있게 된다.

한국아델리움

23년 9월
매매 32,700 / 1건
전세 거래내역 없음

매매, 전세, 월세 ∨
35평 | 전용 84㎡

VS 가격비교

① 낙찰 시점
② 낙찰 가격

▲ 자료: 아실

◀ 〈전북 전주시 경매 사례〉 참조

탱크옥션 2021타경38978

진행내역 : 경매개시 91일 | 배당요구종기일 119일 | 최초진행 56일 | 매각 42일 | 납부 30일 | 배당종결 (338일 소요)

전주지방법원 4계 (063-259-5534)

아파트　토지·건물 일괄매각 대항력 없는 임차인

매각일자 2022.09.19 (월) (10:00)
종국일자 2022.11.30

전북 전주시 덕진구 호성동○가 ○○○, ○○○동 ○층○○○호 (호성동○가,진흥더블파크○단지)　새주소검색
(도로명주소:전북 전주시 덕진구 호성로 ○○○)

대 지 권	72.5684㎡(21.952평)	소유자	최○○	감정가	392,000,000
건물면적	126.0536㎡(38.131평)	채무자	최○○	최저가	(70%) 274,400,000
개시결정	2021-12-27(임의경매)	채권자	패○○○○○	매각가	(74%) 291,000,000

오늘: 1 누적: 113 평균(2주): 0 | 차트

구분	매각기일	최저매각가격	결과
1차	2022-07-25	392,000,000	유찰
2차	2022-09-19	274,400,000	

매각 291,000,000원 (74.23%) / 입찰 3명 / ▨▨▨▨▨
매각결정기일 : 2022-09-26 - 매각허가결정
지급기한 : 2022-11-04
납부 : 2022-10-31
배당기일 : 2022-11-30
배당종결 : 2022-11-30

전경도　　전경도　　1 / 9

📷 사진 ▼　📍 지도 ▼

▲ 자료: 탱크옥션

하늘 2022년은 전국적으로 하락하고 있는 시장이었어. 그래서 경매 물건을 선정하는 데 그 어느 때보다 신중해야 했던 시기였지. 향후 하락까지 감안하고도 수익을 낼 수 있는 가격에 낙찰 받는 게 전략이었어. 그리고 하락한다 해도 하락 폭이 작을 만한 지역을 선정해야 했지.

그중 전북 전주시의 한 아파트를 매우 보수적인 가격으로 추천했었는데 LK 님이 시세보다 1억 정도나 싸게 낙찰 받은 물건이야. 이후 하락하긴 했어도 하락 폭이 크지 않았고, 이제 하락의 끝자락에 있다가 다시 반등하고 있어. 해당 단지는 아직 실거래가가 없지만, 인근 단지의 실거래가를 보면 이미 반등 중임을 알 수 있지. 4억에만 매도해도 1억 이상의 수익을 낼 수 있을 거야.

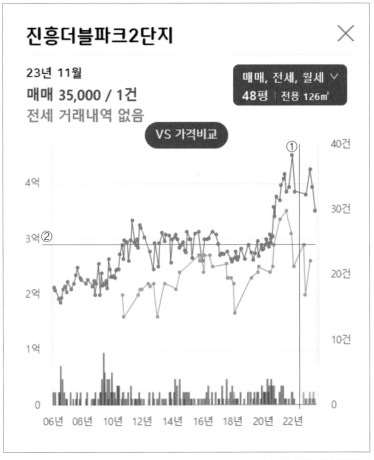

▲ 자료: 아실   ① 낙찰 시점 ② 낙찰 가격

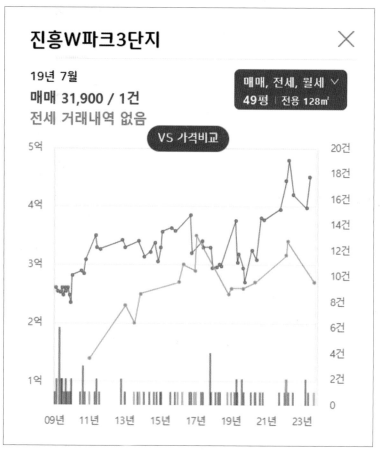

진흥W파크3단지 ✕

19년 7월
매매 31,900 / 1건
전세 거래내역 없음

매매, 전세, 월세 ∨
49평 | 전용 128㎡

VS 가격비교

▲ 자료: 아실

하늘 2023년은 수도권을 비롯한 전국이 다시 반등하고 있는 지역과 반등을 준비하는 지역으로 나뉘어 있어. 그래서 지역별로 구사해야 하는 전략도 달라졌어.

2024년부터는 지금과는 또 다른 재미있는 시장이 펼쳐질 거야. 우린 그 안에서 상황에 맞는 전략으로 수익을 낼 수 있을 것이고.

어때?

— 경수   와! 경매는 단지 싸게 낙찰 받는 게 다인 줄 알았는데, 이렇게 정교하게 시장 흐름과 접목한다는 것이 정말 신기하다! 결과만 보면 정말 돈 벌기 쉬운 거 같은데?! 물론 내용을 공부하는 과정이 쉽진 않겠지만 말이야. 수강생 분들은 정말 좋겠다. 그 강의는 어디서 들을 수 있는 거야?

하늘   앞에서 잠깐 얘기했던 멤버십인데 나중에 설명해 줄게. 정말 중요한 내용이 남았거든. 이제부터 왜 이런 수익을 계속해서 낼 수 있었는지 핵심적인 포인트를 설명해 줄게.

2

쌀 때 더 싸게 사면 무조건 이긴다!

소비자 물가 지수를 축으로 수도권 아파트 가격은 상승과 하락을 반복해.
부동산은 금과 함께 대표적인 실물 자산이지.
경매는 언제나 그리고 평생, 부동산을 할인 받을 수 있는 할인 카드야.
경매라는 할인 카드를 유용하게 잘 활용해서
더 풍요롭고 더 행복한 삶에 큰 도움이 되면 좋겠다.

▌ 절대 잃지 않는 투자법

하늘 경매 투자에 있어 가장 중요한 두 가지는 시장 흐름과 현재 가격 위치야.
시장의 흐름을 어느 정도 이해하기 위해서 먼저 알아야 할 게 있는데, 부동산은 왜 오르는 걸까?

—— **경수** 글쎄? 건축비가 오르니까?

하늘 음... 틀린 말은 아니네. ^^

자, 그래프를 한번 봐 봐.

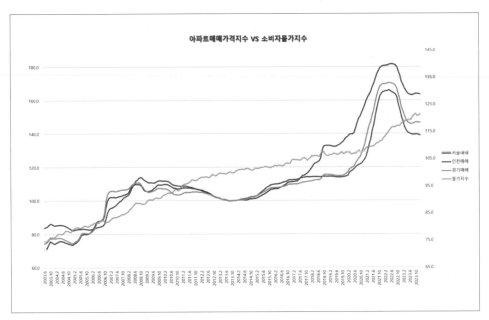

아파트매매가격지수 VS 소비자물가지수

▲ 데이터: KB부동산

하늘 연두색 선이 소비자 물가 지수야. 거의 직선 형태로 우상향하지?

—— **경수** 그렇네!

하늘 그리고 소비자 물가 지수를 축으로 수도권 아파트 가격은 상승과 하락을 반복하는데, 결과적으로는 우상향하는 형태를 보이지.

이유는 간단해. 경제 규모는 계속 성장하고 통화량이 많아지면서 화폐 가치가 떨어지니 상대적으로 실물 자산의 가격이 오르는 거고, 부동산은 금과 함께 대표적인 실물 자산이지.

하지만 부동산이란, 특히 아파트는 입주 물량과 그 밖의 여러 가지 요인들로 인해 가격이 크게 오르기도 하고 너무 올랐다 싶으면 하락하기도 해. 그렇지만 결국 물가가 오르듯 우상향하는 거지.

수도권 그래프를 보면 이번 상승장에서 너무 많이 올랐지? 그래서 하락하고 있는 거야. 하지만 단기간에 하락 폭이 너무 컸기에 잠시 반등하는 모양새인데 서울 같은 경우는 워낙 오른 폭이 컸었기 때문에 그 반등이 계속 지속되긴 힘들어 보이지?

——— **경수** 맞아. 서울이 정말 많이 올랐긴 했었네. 이제 약간 이해가 되는 거 같아.

하늘 그래서 경수 네가 낙찰 받은 아파트도 서울 정도까지는 아니지만 경기도의 비슷한 흐름을 갖고 있어서 하락 폭이 큰 만큼 약간의 반등을 할 수는 있지. 그러나 조만간 다시 가파르게 상승할 가능성은 높지 않다는 거야.

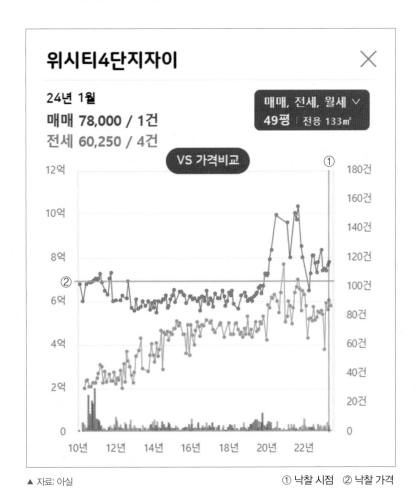

▲ 자료: 아실   ① 낙찰 시점   ② 낙찰 가격

하늘 자, 그러면 이제부터 더 중요한 얘기를 할 거야. 바로 **PIR**이란 건데 Price Income Ratio의 약자로 '소득 대비 가격 비율'이란 뜻이지. 간단히 말하자면 아파트 가격을 연소득으로 나눈 값이야.

예컨대 아파트 가격이 5억이고 연소득이 5천만 원이면 PIR은 10이 되는 거야. 10년 동안 연봉을 모으면 그 아파트를 살 수 있다는 뜻이지.
그런데 연소득도 물가 오르듯 해마다 계속 오르거든.
그럼 상대적으로 아파트 가격도 그 정도 수준으로 올라야 하는 게 맞지?
하지만 위에서 얘기한 것처럼 아파트 가격은 많이 오르기도 하고 떨어지기도 한다고 했어.
그렇다면 그 과정에서 PIR로 현재 가격 위치를 가늠해 볼 수 있는 거야.

경수 네가 낙찰 받은 아파트를 보면 2020년부터 폭등했다가 지금은 다시 큰 폭으로 하락한 상태야. 만약 더 하락한다면 얼마까지나 더 떨어질 수 있을까?

이것을 PIR 개념으로 본다면 하락해도 다시 폭등 전 가격까지 내려갈 가능성은 매우 희박하다는 거야.
왜?
2019년에 5.5억이었다면, 그것도 갑자기 올라서 형성된 가격이 아니라 상당 기간 동안 유지해 온 가격이었다면 5년이 지난 2023년 기준, 이 아파트도 5년 동안 올랐던 물가와 연소득 수준 정도는 올랐어야 PIR 지수가 2019년과 같을 것이니까.

이런 이유로 아파트는 보통 크게 상승했다가 하락해도 예전 오르기 전 가격까지 하락하는 경우는 많지 않아. 특히 수도권은 더더욱 그렇지.

그럼 2024년 2월 기준 경기도와 일산 동구의 PIR을 한번 볼까?

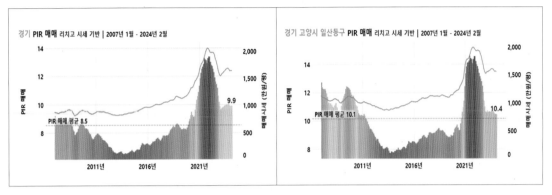

▲ 자료: 리치고

—— 경수   와! 많이 떨어졌어도 아직 꽤 높네.

하늘 맞아. 이런 이유로 경기도가 반등해도 그 상승 폭이 크긴 힘든 거야. 만약 보합 상태가 몇 년간 지속된다면 PIR 지수는 점점 낮아지겠지? 그러다 상승하면 상승의 폭이 커질 수 있는 거지. 그런데 일산동구는 상대적으로 PIR 지수가 많이 하락해서 평균에 근접한 상태야.
이게 내가 얘기했던 가격 위치야. 경기도는 가격 위치가 아직도 높은 편이다. 하지만 경기도 중 일산동구는 가격 위치가 중간보다 살짝 높은 정도다.
이해 가지?

—— 경수   응! 완전 이해했어! ^^

하늘   그런데 경수 너한테 매우 희망적인 자료를 하나 더 보여 줄게.

──── 경수   뭔데?

하늘   바로 네가 낙찰 받은 아파트의 PIR이야.

- **일산 위시티자이 4단지 전용 133㎡ PIR**

▲ 자료: 리치고

──── 경수   와! 딱 평균 정도네!

하늘   맞아. 그래서 흔쾌히 입찰해도 된다고 얘기해 준 거야.

그래프를 잘 보면 ① 2019년 9월이 가장 낮은 수치지. 폭등하기 직전의 위치야. 그리고 낙찰 받은 시점이 ② 2024년 1월로 평균 정도의 위치에 있어.

그런데 우리는 더 낮은 가격에 낙찰 받았잖아. 그래서 낙찰 받은 6.87억을 PIR에 대입한다면 가격 위치는 ① 정도 위치라는 거야. 이 아파트의 역사상 가장 낮은 가격 위치라 할 수 있지. 따라서 만약 하락한다 해도 6.87억 아래로까지 하락할 가능성은 매우 희박하다는 뜻이고, 다음 상승장이 오면 상승 폭은 제법 클 수 있다는 뜻이야.
지난번에 보여 줬던 나와 수강생 분들의 낙찰 사례도 이런 원리가 반영되었다고 보면 돼. 물론 시장 흐름의 시점은 조금 다르지만 말이야.

아래 PIR이 바로 낙찰 사례 중 망포동 늘푸른벽산 아파트의 PIR이야. 낙찰 받은 시점이 바로 ①'가격 위치'고 그때의 시세보다 몇 천만 원 더 싸게 낙찰 받았으니 ②'전세가 평균 정도의 가격 위치'로 매입한 격이 되는 거야. 절대로 손해 볼 수 없는 투자를 한 거지.

결론은 쌀 때 경매로 더 싸게 사면 무조건 이기는 게임을 할 수 있다는 거야.

● 망포동 늘푸른벽산 전용 114㎡ PIR

▲ 자료: 리치고

하늘 이런 원리는 투자뿐만 아니라 내 집 마련에도 당연히 적용해
야겠지? 내 집 마련도 일종의 투자니까 말이야.

전국적으로 지금도 이런 가격 위치에 있는 물건들은 많아. 기
회는 계속 있다는 뜻이지.

향후 몇 년간 아파트 시장은 지역별로 확연히 다른 흐름을 보
일 거야. 그 파도 속에서 우리는 지금까지의 내용을 적용해 내
집 마련도 하고 투자도 한다면 더 많은 자산을 형성할 수 있을
거야.

경매는 언제나 그리고 평생, 부동산을 할인 받을 수 있는 할인 카드야. 유용하게 잘 활용해서 더 풍요롭고 더 행복한 삶에 큰 도움이 되었으면 좋겠다.

그동안 수고 많았어.

끝.

거인의 어깨에 올라타라! — 새.아.경 멤버십

—— 경수   경매로 싸게 내 집 마련을 하고 지금까지 수강
생 분들 수익 낸 낙찰 사례까지 직접 보고 나니
나도 계속해서 투자하고 싶은 욕심이 안 생길
수가 없다. 특히나 하늘이 네가 설명해 준 가격
위치, 시장 흐름을 경매와 적용해서 투자하면 무
조건 잘될 것 같은 느낌이야. 그래서 말인데 아
까 말했던 그 멤버십이란 게 뭐야?

하늘   응, 멤버십에 가입하면 지금까지 설명해 준 방식을 기준으로
경매 물건을 선별해서 매주 추천해 주는 거야.

—— 경수   우와! 매주?!

하늘   응. 추천 물건 브리핑은 2주마다 하지만 2주 동안 입찰할 물건
을 브리핑 해 주니까 매주 입찰할 물건이 있는 거지.

—— 경수   권리 분석은 각자 해야 하는 건가?

하늘   아니, 권리 분석까지도 브리핑 해 줘. 그리고 매월 첫째 주
는 시장 흐름에 대한 강의도 진행되고 셋째 주는 단톡방에서
Q&A도 진행해.

—— 경수   와! 너무 좋다! 그런데... 사실 투자금이 없는 게
너무 한스럽다... T.T 혹시 소액으로 투자할 물
건도 있니?

하늘 물론이지. 아래 경매 사건은 수강생이 추천 물건을 낙찰 받은
사례야.

경매 2019타경13052

진행내역: 경매개시 `75일` 배당요구종기일 `357일` 최초진행 `56일` 매각 `39일` 납부 `26일` 배당종결 (553일 소요)

경주지원 1계 (054-770-4361)
매각일자 2021.02.01 (월) (10:00)
종국일사 2021.04.07

아파트 토지·건물 일괄매각

경상북도 경주시 충효동 ○○○○ 충효대우○차아파트 ○○○동 ○층 ○○○호 새주소검색
(도로명주소:경상북도 경주시 충효○길 ○○)

대 지 권	39.759㎡(12.027평)	소유자	김○○	감정가	120,000,000
건물면적	84.954㎡(25.699평)	채무자	김○○	최저가	(70%) 84,000,000
개시결정	2019-10-02(임의경매)	채권자	한○○○○○○	매각가	(95%) 114,300,810

오늘: 1 누적: 105 평균(2주): 0 차트

구분	매각기일	최저매각가격	결과
1차	2020-12-07	120,000,000	유찰
	2021-01-11	84,000,000	변경
2차	2021-02-01	84,000,000	

매각 114,300,810원 (95.25%) / 입찰 17명 / 서울 이▆▆

매각결정기일 : 2021-02-08 - 매각허가결정

지급기한 : 2021-03-16

납부 : 2021-03-12

배당기일 : 2021-04-07

배당종결 : 2021-04-07

전경도   전경도   1 / 5

사진 ▼   지도 ▼

▲ 자료: 탱크옥션

하늘 1.14억에 낙찰 받으셨지. 낙찰 당시 시세는 1.35억이었어. 2
천만 원 정도 싸게 낙찰 받은 거지. 그리고 1.2억에 전세를 놓
았어.

───   **경수**   어?! 1.14억에 낙찰 받았는데 전세를 1억 2천에?!
말도 안 돼...

하늘 하하. 경매로는 이런 게 충분히 가능해. 지방은 전세가율이 높
은 곳들이 많고 시세보다 싸게 낙찰 받으니까.
실거래가를 보면 알 수 있지.

계약	일	경과	체결가격	타입	거래 동층
23.02	27		전세 1억 2,000	84	204동 6층
21.04	21		전세 1억 2,000	84	205동 9층
21.02	19		전세 9,000	84	205동 7층
20.11	04		전세 9,500	84	203동 2층

▲ 자료: 아실

하늘 이렇게 되면 취득 비용에 인테리어 비용까지 포함해도 실제 투자금은 500만 원 남짓 되겠지? 물론 잔금 내고 전세금이 들어오기까지의 2~3개월 정도 기간에는 몇 천만 원 정도의 현금이 필요하지만 말야. 그리고 2년 후 1.58억에 매도했어.

계약	일	경과	체결가격	타입	거래 동층
23.07	11		매매 1억 3,400	84	204동 3층
23.06	14		매매 1억 5,800	84	204동 13층
	12		매매 1억 3,400	84	205동 7층
	09		매매 1억 3,800	84	205동 12층
	07		매매 1억 5,800	84	205동 9층
23.05	20		매매 1억 5,100	84	204동 12층

▲ 자료: 아실

하늘 양도세는 400 ~ 500만 원 정도 나왔을 테니 들어간 돈 모두
계산하고 양도세까지 납부한 후 순수익은 대략 3천만 원이 넘
을 거야.

—— 경수　와! 500만 원 투자해서 3천만 원?!! 너무 괜찮네!

하늘 그래? 이런 스타일이 맘에 들면 경매 물건은 얼마든지 있어.
얼마 전 추천 물건 낙찰도 아주 괜찮지.

▲ 자료: 탱크옥션

하늘 시세는 1.2억, 전세는 1억이야. 투자금이 전혀 안 들어가는 유
형이고 2년 후 그대로 1.2억에만 매도해도 나쁘지 않겠지? 이
지역은 더 이상 하락할 가능성이 매우 희박하거든. 시세가 상
승한다면 그건 보너스고 말야.

하늘   응. 지방에는 제법 있어.

다음 경매 물건은 수강생이 실거주 목적으로 낙찰 받은 사례야.

시세는 7.5억 정도로 8천만 원 가까이 싸게 낙찰 받았고 당분간의 분위기는 현 시세 기준으로 유지되거나 조금 더 상승할 가능성도 있어서 실거주 목적으로는 매우 훌륭한 낙찰이지. 경수 네가 낙찰 받은 것처럼 말야.

▲ 자료: 탱크옥션

하늘 아래 추천 물건도 상당히 괜찮은 가격에 낙찰되었어.

경매 2023타경102559

울산지방법원 1계 (052-216-8261)

진행내역 : 경매개시 82일 배당요구종기일 170일 최초진행 35일 매각 35일 납부 62일 배당기일 (384일 소요)

아파트	토지·건물 일괄매각					매각일자 2023.12.20 (수) (10:00)

울산 남구 달동 ○○○-○, ○○○동 ○층○○○호 (달동,어울림) 외 ○필지 〔새주소검색〕
(도로명주소:울산 남구 도산로○○번길 ○)

대지권	25.4603㎡(7.702평)	소유자	이○○	감정가	310,000,000
건물면적	74.25㎡(22.461평)	채무자	이○○	최저가	(70%) 217,000,000
개시결정	2023-03-08(임의경매)	채권자	한○○○○○○○○○	매각가	(75%) 232,900,000

오늘: 1 누적: 58 평균(2주): 0 〔차트〕

구분	매각기일	최저매각가격	결과
1차	2023-11-15	310,000,000	유찰
2차	2023-12-20	217,000,000	

매각 232,900,000원 (75.13%) / 입찰 2명 / ▓▓▓

(2위금액 221,980,000원)

매각결정기일 : 2023-12-28 - 매각허가결정

지급기한 : 2024-01-26

납부 : 2024-01-24

배당기일 : 2024-03-26

전경도　　　전경도

1 / 11

〔사진 ▼〕　〔지도 ▼〕

▲ 자료: 탱크옥션

하늘 2.32억에 낙찰되었는데 시세가 3억 정도 하거든. 7천만 원 정도 싸게 낙찰된 거지. 그런데 전세가 2.3억에서 2.4억 정도야. 투자금이 매우 적게 들어가겠지?

게다가 이 아파트는 향후 가격이 상승할 가능성이 매우 높아. 2년 후에 5천 정도 상승한 3.5억에 매도한다면 1.2억 정도의 양도 차익이 되겠지? 만약 오르지 않는다 해도 7천 정도의 양도 차익은 발생할 거고.

항상 좋은 물건은 넘쳐나고 있어. 게다가 경매 물건은 계속해서 늘어나고 있고. 계속 공부하면서 집중하고 실행하면 무조건 수익을 낼 수 있는 게 경매야.

하지만 혼자 하기는 힘들기에 가장 좋은 방법은 거인의 어깨에 올라타는 것이지. 그래야 제대로 된 방향으로 더 빨리 갈 수 있으니까.

그것이 바로 새.아.경 멤버십이야.

—— 경수   좋아! 나도 당장 시작할게!

하늘 그래. 새.아.경 1개월 무료 쿠폰이 제공되니 1개월간 경험해 보고 결정해도 돼.

새.아.경 멤버십 – 전국 1개월 무료 이용

QR코드로 접속 후 안내대로 진행!

쿠폰 활용 가이드

새벽하늘 : 30일 무료 구독권   🔍   ⋯   Built with Ⓝ

새벽하늘 : 30일 무료 구독권

새벽하늘 김태훈의 <새.아.경> 멤버십이란?

> 🐋 새벽하늘과 함께하는 아파트 경매 멤버십!
> 함께 <새.아.경> 에서 아파트 경매의 투자의 핵심을 탐구해보세요!
>
> <새.아.경> 멤버십의 간략한 소개 및 <30일 체험권 등록>을 안내드립니다.

부록

꼭 알아 두어야 할
경매 용어